W0016137

LES DERNIERS JOURS DES ROIS

Sous la direction de
PATRICE GUENIFFEY

LES DERNIERS JOURS DES ROIS

LE FIGARO HISTOIRE/PERRIN

Pocket, une marque d'Univers Poche, est un éditeur qui s'engage pour la préservation de son environnement et qui utilise du papier fabriqué à partir de bois provenant de forêts gérées de manière responsable.

ISBN : 978-2-266-25334-5

Sommaire

PRÉFACE

La cérémonie des adieux

« Les monarchies ne meurent jamais », titrait récemment d'un ton chagrin un hebdomadaire[1]. C'est vrai, n'en déplaise à ses détracteurs, la monarchie apparaît aujourd'hui, surtout en Europe, comme un facteur de cohésion, d'unité et de stabilité face aux crises et aux bouleversements qui assaillent nos sociétés modernes. La une faisait bien sûr écho au fameux « Le roi est mort, vive le roi ! », qui signifiait que la monarchie ne mourait pas avec le roi en titre, qu'elle lui survivait pour se réincarner immédiatement dans son successeur. Pourtant, les monarchies meurent, l'Histoire l'a souvent prouvé depuis deux siècles, et celles qui subsistent ne sont pas fortes seulement de leurs vertus propres, mais de l'état de décrépitude avancée où se trouvent la plupart des républiques.

Quant aux rois, ils n'échappent évidemment pas au sort commun. Des morts royales, il en est de toutes sortes – les unes paisibles, les autres affreuses ; à soixante-douze ans, Charlemagne s'éteint en quelques jours après

1. *Courrier international*, nº 1187, 1er août 2013.

avoir pris froid, Louis XIV agonise longtemps, dévoré par la gangrène… Des morts royales, il en est de violentes : Henri III et son successeur Henri IV meurent poignardés, Louis XVI, décapité et, avant eux, Henri II, des suites d'une blessure reçue lors d'un tournoi. Même les rois peuvent mourir bêtement, le cas d'Henri II le montre. Sans doute, aucun ne trépassa comme Eschyle, assommé par une tortue qu'un vautour avait lâchée sur son crâne chauve qu'il avait pris pour un caillou, mais, dans un temps où les portes étaient basses, Louis III (882) et plus tard Charles VIII (1498) se fracassèrent la tête contre un linteau qu'ils n'avaient pas vu.

Les rois, pourtant, ne seraient pas rois si quelque chose ne les distinguait. La mort leur consent en effet quelques privilèges. Les études qui suivent en témoignent. La mort se montre plutôt bonne fille avec eux ; elle patiente. Beaucoup d'entre nous meurent en silence. Le cœur lâche, le cerveau se désintègre ; nous émettons quelques râles, bredouillons quelques mots inaudibles. Souvent, c'est le coma, la vie encore, mais déjà la mort. Ici, majesté oblige, rien de tel. Même poignardés, même rongés par la gangrène, même estourbis par une poutre, les rois meurent comme au théâtre : en parlant. Le temps leur est donné de sacrifier au dernier grand rituel de leur règne, celui du bien-mourir. Ces mourants sont diserts. Ils se font entendre, même si parfois il leur faut aller vite. Ils s'appliquent à ne pas rater leur sortie de scène. Après s'être confessés et avoir reçu les derniers sacrements, ils mettent de l'ordre dans leurs affaires, adressent d'ultimes recommandations à leur successeur, expriment parfois regrets ou remords de n'avoir pas fait tout ce qu'ils s'étaient promis de faire ou tout ce qu'ils auraient pu faire pour la grandeur du royaume et le bonheur de leurs sujets… Gestes accomplis, paroles prononcées, le moment est venu pour eux de tirer leur révérence. On ferme les rideaux, le public s'éloigne. « Le roi est mort, vive le roi ! »

Ce savoir-mourir, tel qu'il est décrit par les témoins, participe à l'évidence d'un récit convenu. La mort royale se veut exemplaire et, en cela, édifiante.

Les sceptiques s'étonneront, non sans raison, qu'aucun de ces rois agonisants ne délire, ne se torde de douleur ou ne soit saisi d'un irrépressible sentiment de terreur à l'approche de la mort. Mais, pour autant, doit-on considérer que ces témoignages sont tous, et sans exception, faux ? Après tout, le roi mourant ne pense pas seulement, à l'heure fatidique, à l'immortalité de son âme, mais à l'image qu'il laissera de lui-même et de son règne. Bien mourir est aussi le moyen d'achever une œuvre, de parfaire un portrait, voire d'infléchir le jugement de la postérité. *Finis coronat opus.* Louis XVI n'est-il pas plus grand par sa mort que par son règne ?

Et puis la mort est chose sérieuse. Elle l'était en tout cas dans ces siècles où, étant omniprésente, on ne la dérobait pas au regard des vivants. On s'y préparait, dans l'espoir de jouir ensuite d'une immortalité dont il était admis qu'elle commençait après la fin de la vie. Les rois meurent d'abord en chrétiens. Ils livrent à cet instant leur ultime combat, le plus solennel aussi, « d'où résultera pour le soldat du Christ, disait Érasme, un éternel triomphe s'il obtient la victoire, un éternel déshonneur s'il est vaincu ». Ils doivent se montrer courageux, sereins à l'approche de la mort, et se dépouiller des grandeurs terrestres plutôt que « de se dépouiller du Christ » (Érasme). La mort est pour eux exercice d'humilité, aveu de leurs péchés, reconnaissance de la seule souveraineté qui vaille, celle de Dieu. C'est pourquoi la fin de Charles Quint exerça longtemps une telle fascination : s'il avait abdiqué, c'était pour se préparer, loin des fastes du pouvoir, à mourir en chrétien :

« Et véritablement, écrivait en 1702 Gregorio Leti, si l'on considère bien la grandeur d'âme avec laquelle cet empereur renonça à la domination et à la souveraineté de tant de terres et de mers, sans se réserver un pouce de terre, si outre cela on réfléchit sérieusement sur la constance et la persévérance avec lesquelles il mena [après son abdication] une vie solitaire parmi les moines, durant l'espace de deux ans, pendant lesquels il remporta sur lui-même la plus grande de toutes les victoires, enfin si l'on fait, comme il faut, attention à la fin de sa vie, qui loin de le surprendre fut attendue de lui avec un grand appareil, s'étant familiarisé avec elle [...], si, dis-je, l'on examine exactement toutes ces choses, on ne pourra s'empêcher de conclure que l'empereur Charles [Quint], bien loin d'avoir fait cette abdication légèrement, y fut porté par une résolution vraiment héroïque et chrétienne[1]. »

Bien sûr, le souci du bien-mourir n'est pas un privilège royal, mais les rois y sont tout particulièrement attentifs. Tous ou presque ont sacrifié aux exigences de cette cérémonie des adieux. La monarchie est, de tous les régimes politiques, le seul qui épouse le cycle biologique : la naissance, la procréation et la mort y sont des étapes importantes. Tout dysfonctionnement peut être la cause d'une crise majeure : un roi fou, un roi sans descendance, un roi mineur... Autant d'occasions de susciter des convoitises, de ranimer de vieilles rancœurs, d'aiguiser l'ambition des ennemis du royaume. Et celui de France en eut longtemps de redoutables :

1. Cité *in* Jacques Le Brun, *Le Pouvoir d'abdiquer. Essai sur la déchéance volontaire*, Paris, Gallimard, 2009, p. 136.

à l'extérieur, où le pape et l'empereur germanique contestaient la souveraineté du roi, l'un au nom de Dieu, l'autre au nom de l'héritage de Rome ; à l'intérieur, où même les premiers Capétiens n'étaient pas toujours les seigneurs les plus puissants de leur royaume. Aussi ne pouvait-on entourer de trop de précautions le moment périlleux de la succession royale, surtout dans un temps où, comme le dit Jacques Bainville, les hommes, prompts à prendre les armes, se gouvernaient moins facilement encore que ceux d'aujourd'hui[1].

Il est certain qu'en France le roi fut très tôt censé bénéficier d'accointances particulières avec Dieu. En ces siècles reculés, la cérémonie du sacre contribuait même plus efficacement qu'elle ne devait le faire par la suite à asseoir l'autorité royale, mais celle-ci, même forte de l'appui des évêques, était loin de l'être au point de s'imposer sans se heurter à aucune résistance.

Le philosophe Alain, pourtant bon républicain, trouvait à la monarchie, au gouvernement d'un seul, quelque chose de « naturel[2] ». Aucun régime politique n'est « naturel ». Tous, à condition de durer, peuvent certainement donner l'impression d'être intangibles : ils font partie du décor, on oublie les conditions de leur naissance, on ne songe plus à les remplacer par autre chose, on s'en accommode, et d'autant mieux que les régimes bien enracinés ont moins besoin de montrer leur force que les nouveaux. Grâce à la durée, le pouvoir acquiert le caractère de ce qui n'a pas été créé, dont l'origine remonte au-delà de la mémoire des hommes et

1. Jacques Bainville, *Histoire de France*, Paris, Tallandier, 2007, p. 89.

2. Roland Mousnier, *Monarchies et royautés, de la préhistoire à nos jours*, Paris, Perrin, 1989, p. 256.

dont il semble, dès lors, qu'il doive durer toujours. Pour autant, la durée ne peut rendre « naturel » ce qui ne l'est pas. La légitimité n'est pas une qualité innée, elle est le résultat d'une histoire.

Ainsi de la monarchie française, que mille ans finirent par « naturaliser », au point qu'en 1789, et encore au moment de la fuite à Varennes en 1791, on ne comptait pas en France plus d'une vingtaine d'authentiques républicains. Et pourtant, un an plus tard, c'en était fini de cette royauté de dix siècles.

Sa fin fut soudaine, ses débuts avaient été laborieux. Par exemple, le principe de la succession héréditaire avait été remis en cause au IXe siècle, lorsque les Carolingiens s'étaient révélés incapables de relever l'héritage de Charlemagne. Les rois furent désormais élus, pour être investis d'une autorité affaiblie, concurrencée par les nombreux pouvoirs qui se partageaient alors le territoire[1]. Dans « l'épouvantable chaos du Xe siècle », Hugues Capet fut encore élu, et ce ne fut pas sans mal qu'il assura les droits de son fils Robert : prétextant des circonstances exceptionnelles, il obtint d'une assemblée de barons et de clercs qu'elle « associât » le jeune prince à l'exercice du pouvoir royal, le « roi couronné » choisissant donc de son vivant un « roi désigné ». Cette procédure de « l'association », qui ne supprimait nullement le rituel de l'élection, dura longtemps, deux siècles qui en disent long sur la fragilité de la royauté, et peut-être les Capétiens eussent moins bien réussi si la chance n'avait secondé leurs projets : jusqu'en 1316, donc pendant plus de trois siècles, tous purent transmettre la Couronne à un héritier mâle. Mais

1. Bruno Dumézil, *Des Gaulois aux Carolingiens*, Paris, PUF, 2013, p. 206.

ils étaient si peu sûrs d'eux qu'à la procédure de l'association ils ajoutèrent l'anticipation du sacre afin que leur héritier apparût avant même leur propre mort comme leur successeur non seulement « désigné » par eux, mais choisi par Dieu. C'est seulement avec Philippe Auguste que ces artifices furent abandonnés. Lorsqu'il mourut en 1223, son héritier, Louis VIII, accéda au trône sans autre formalité. Le principe de la succession héréditaire s'était imposé et, jusqu'au XVIIIe siècle, nul ou presque ne parut plus se souvenir que les rois, en France, avaient été élus.

L'autre grand élément du système de la succession royale – la transmission à l'aîné par ordre de primogéniture – s'imposa lui aussi progressivement. Après tout, Mérovingiens et Carolingiens, appliquant les principes du droit civil et considérant le royaume comme un patrimoine, l'avaient à plusieurs reprises partagé entre leur héritiers. Les désastreuses conséquences du partage de Verdun, en 843, imposèrent la primogéniture. Le principe fut acquis dès le tournant de l'an mille, mais avec des conséquences autrement plus décisives que celles de la succession héréditaire. Il fut très tôt acté que la Couronne, même en l'absence d'héritier direct vivant, était dévolue en vertu d'une délégation perpétuelle qui autorisait le petit-fils ou l'arrière-petit-fils à succéder à son aïeul. Pour que le système acquît sa forme définitive, et spécifique à la France, il fallait encore que l'hypothèse de l'accession d'une fille au trône, et celle de la succession par les femmes, fût tranchée.

Elle ne le fut qu'au XIVe siècle, lorsque le problème se posa pour la première fois. Les deux crises de succession de 1316 et 1328, qui conduisirent à la guerre de Cent Ans, aboutirent en tout cas à la formulation de deux règles : l'exclusion des filles de la succession (pour des raisons autant religieuses que politiques) et celle des héritiers mâles du roi défunt par ses filles. La double règle de masculinité et d'exclusion des parents par les femmes ouvrait la voie à un dernier principe : celui de la transmission automatique de la Couronne à la branche collatérale la plus proche si la branche aînée venait à s'éteindre. Quand on sait quelle légitimité avait fini par acquérir l'idée dynastique après plus de trois siècles de transmission de la Couronne dans la famille capétienne, on imagine combien on pouvait craindre l'éventualité d'une succession collatérale. Sans doute les juristes, jamais à court d'arguments, affirmaient trouver les sources de ce nouveau et véritable droit public de la monarchie dans le droit des Francs Saliens venus s'installer à l'époque de l'écroulement de l'Empire romain quelque part du côté de la Somme et de la Meuse ; mais cette « loi salique », comme on l'appela bientôt, n'empêchait pas que le changement effectif de dynastie pût recéler bien des dangers. En 1328, Philippe VI de Valois hérita pourtant sans difficulté de la Couronne que le dernier Capétien direct, Charles IV le Bel, ne pouvait transmettre à aucun successeur, sinon au roi d'Angleterre Édouard III, de même qu'en 1515 la Couronne passa à François Ier, gendre mais surtout cousin éloigné de Louis XII, puis, en 1589, du dernier des Valois à l'un de ses cousins encore plus éloigné que ne l'avait été François Ier par rapport à Louis XII, le Bourbon Henri IV[1].

Cet ensemble de règles organisant la dévolution de la Couronne, définitivement constitué au XVIe siècle

1. Philippe Sueur, *Histoire du droit public français, XVe-XVIIIe siècle*, t. I, *La Constitution monarchique*, Paris, PUF, 2001.

où il fut complété par l'obligation pour le souverain de professer le catholicisme, devait avoir d'immenses conséquences. En effet, il faisait de la royauté, non plus le patrimoine privé d'une famille, mais une dignité, un office, une magistrature conférée par la loi et exercée selon ses prescriptions. Le roi devenait le premier officier de son royaume, son premier magistrat, le premier serviteur de ce qu'on commençait à appeler « l'État ». La liberté d'action du monarque s'en trouvait singulièrement limitée. Comme il tenait ses pouvoirs au titre de successeur légal et non d'héritier de son père le roi défunt, il ne pouvait ni refuser la Couronne, ni en disposer comme d'un bien privé, ni modifier l'ordre de succession. Louis XIV, qui avait légitimé les enfants nés de sa liaison avec Mme de Montespan, les ayant déclarés héritiers de la Couronne en cas d'extinction de sa descendance légitime et même fait entrer au Conseil de régence, le parlement de Paris cassa le testament royal, faisant dire au petit Louis XV que, la Couronne n'étant au roi « que pour le bien et le salut de l'État, l'État seul aurait le droit d'en disposer ».

Lorsque son aïeul avait déclaré, peu avant de s'éteindre : « Je m'en vais, mais l'État demeurera toujours », il n'avait fait, bien loin du « l'État, c'est moi » qu'on lui prête, que résumer d'une formule la théorie juridique de la dualité de la royauté composée d'un corps politique perpétuel – l'État – et d'un corps naturel mortel – le roi –, le premier continuant d'exister, inaltérable, à travers la succession de ses figurations éphémères[1]. Cette théorie des deux corps du roi, les juristes l'ont illustrée de nombreuses formules : « Le roi

1. Ernst Kantorowicz, *Les Deux Corps du roi. Essai sur la théologie politique du Moyen Âge*, Paris, Gallimard, 1989.

est mort, vive le roi ! », *« dignitas non moritur »*, etc., sans oublier celle – « Le mort saisit le vif » – qui venait en quelque sorte compléter cette doctrine puisqu'elle posait le principe de la succession instantanée, le nouveau roi devenant pleinement souverain à l'instant même de la mort de son prédécesseur. La cérémonie du sacre, si importante dans les premiers siècles de la monarchie où elle aidait à conforter l'autorité de la Couronne, cessa du même coup de jouer un rôle quelconque, sinon de confirmation de la légitimité royale, laquelle procédait tout entière du simple jeu des règles successorales. Nul besoin du sacre pour devenir roi : la cérémonie de Reims venait simplement orner la dignité royale par l'onction divine et lui conférer un prestige supplémentaire.

C'était là l'œuvre de plusieurs siècles. Rédigées sous leur forme définitive au XVIe siècle, ces règles avaient été formulées pour certaines dès le XVe, pour d'autres bien avant, au gré des événements. Nécessité avait fait loi. Aussi, l'élaboration de cet ensemble juridique de plus en plus complet et sophistiqué – qui permit à la monarchie de traverser la terrible épreuve des guerres de Religion du XVIe siècle – n'empêchait pas que la mort du souverain demeurât un moment de grande incertitude. On le vit bien après la mort accidentelle d'Henri II, pendant la minorité de Charles IX, après l'assassinat d'Henri III et plus tard encore à l'avènement de Louis XIV, puis de Louis XV.

Le bien-mourir était ainsi, pour chaque monarque en exercice, l'un des moyens de conjurer ces incertitudes et, au moment de s'en aller, de donner forme à la distinction fondamentale des deux corps du roi : il se préparait, mortel et singulier, à quitter cette terre en chrétien, tandis que ses ultimes recommandations à son successeur – plutôt qu'héritier – témoignaient précisément de la continuité de l'État qui « ne meurt jamais ». Et ce n'était pas fini, car la dépouille du roi défunt était encore l'occasion de matérialiser le principe sur lequel était fondé l'ordre politique au cours de funérailles moins remarquables par leur apparat ou leur solennité que par la multiplicité des allégories et des symboles qui faisait de chaque changement de règne l'occasion d'exalter autant, sinon plus, la majesté du corps politique que celle du roi.

Le cérémonial des funérailles royales connut ses beaux jours des obsèques de Charles VI en 1422 à celles d'Henri IV en 1610. Commençant dès le décès du roi, le rituel ne prenait fin qu'avec l'inhumation de la dépouille à Saint-Denis. Une effigie ressemblante du défunt remplaçait alors le corps embaumé – la dépouille des rois de France n'était pas jetée au « pourrissoir » comme celle des souverains espagnols – qu'auparavant on exposait. On rendait les honneurs à cette effigie, on lui servait ses repas. Le mort était pour ainsi dire toujours vivant, tandis que le nouveau souverain, devenu roi lorsque son prédécesseur avait rendu son dernier souffle et qui, déjà, gouvernait, signait arrêts, édits et ordonnances, prenait soin de n'être vu de personne, comme si l'effigie figurant le roi mort était investie des pouvoirs du roi vivant. C'était un moyen de matérialiser la fiction juridique, si difficile à saisir, des deux corps du roi et de donner forme, si l'on ose dire *in vivo*, à l'idée de perpétuité de la Couronne ou de l'État. L'effigie était encore là le jour des obsèques, suivant le catafalque dans les rues de Paris, le corps immortel et politique de la royauté faisant cortège à son corps naturel, puis elle était posée sur le cercueil pendant la cérémonie religieuse de Notre-Dame. Ce n'est qu'à

Saint-Denis, au moment de l'inhumation, que l'effigie disparaissait, tandis que l'on déposait sur le cercueil les insignes de la souveraineté : la couronne, le sceptre, la main de justice… juste le temps pour le héraut de crier « Le roi est mort ! », puis, après quelques instants, « Vive le roi ! ». La souveraineté royale renaissait alors de ses cendres, le roi mort laissant, définitivement cette fois, la place à son successeur[1].

En 1610, Henri IV fut lui aussi accompagné jusqu'au tombeau par son effigie, mais celle-ci n'était déjà plus que le vestige d'un rituel – presque – abandonné. En effet, l'effigie ne tenait plus lieu et du roi mort, et du roi vivant, puisque celui-ci, le jeune Louis XIII, était déjà apparu en public, quelques heures après la mort d'Henri, pour présider un lit de justice au parlement de Paris. Lorsqu'il mourut à son tour, plus personne ne se souvenait des funérailles de la Renaissance, et Louis XIV et Louis XV, âgés tous deux de cinq ans à leur avènement, effectuèrent leurs premiers actes publics sitôt la mort de leur prédécesseur et sans attendre d'avoir été sacrés ni même couronnés. La maxime énoncée par le juriste Loyseau l'année même de la mort d'Henri IV – « Au même instant que le roi défunt a la bouche close, son successeur est roi parfait » – était devenue règle incontestée. Le recours à une effigie n'était plus nécessaire pour manifester la continuité de l'État, et bientôt ce furent les funérailles royales elles-mêmes qui tombèrent en déshérence. Ni Louis XIV ni Louis XV ne furent inhumés en grande pompe.

Mais une chose subsista : le souci, chez ceux qui

1. Ralph E. Giesey, *Le roi ne meurt jamais. Les obsèques royales dans la France de la Renaissance*, Paris, Flammarion, 1987.

avaient personnifié l'État et sa souveraineté, de mourir en respectant autant que faire se peut les prescriptions d'un modèle désormais presque millénaire : accomplir des gestes religieux par lesquels, mourant en chrétiens, ils se dépouillaient des grandeurs terrestres dont ils avaient eu la charge, et adresser quelques mots à leur successeur, à ceux qui les avaient servis ou qu'ils avaient gouvernés.

La plupart des rois, je l'ai dit, ont été des mourants loquaces. L'un d'entre eux ne le fut pas, qui fut également le dernier monarque de l'Ancien Régime. Ce n'est pas que Louis XVI ne sacrifiât pas, lui non plus, à cette cérémonie des adieux. Prisonnier du Temple, il y consacra ses derniers moments mais, le jour venu, le roulement des tambours étouffa sa voix lorsqu'il voulut crier une fois encore son innocence et pardonner à ceux qui le mettaient à mort. La monarchie mourut en silence. « Hommes de l'avenir souvenez-vous de moi / Je vivais à l'époque où finissaient les rois / Tour à tour ils mouraient silencieux et tristes[1] », chante Apollinaire. En était-ce désormais réellement fini des rites de la mort royale ? La monarchie donna son ultime représentation en 1824, lorsque Louis XVIII, dernier roi à mourir sur le trône, s'éteignit. Il ne parla pas beaucoup. On le lui pardonne : il se décomposait vivant, ses orteils se détachant de son pied ; mais tout de même, il eut un mot pour chacun, prenant congé avec plus de dignité que de piété[2]. Mais dehors, devant le palais des Tuileries, une foule s'était réunie, qui attendait silencieusement l'annonce de la mort du roi, comme si l'on sentait

1. Guillaume Apollinaire, *Vendémiaire* (*Alcools*, 1913).

2. Voir ci-dessous le texte de Daniel de Montplaisir, et Philip Mansel, *Louis XVIII*, Paris, Perrin, 2013.

confusément que cet instant solennel ne se reproduirait plus. La royauté était bien morte avec Louis XVI. Le couperet avait tranché, en même temps que la tête du roi, le mystère de l'incarnation royale. Comme l'affirme Chateaubriand avec force dans les *Mémoires d'outre-tombe* : « Lorsqu'une colombe descendait pour apporter à Clovis l'huile sainte, lorsque les rois chevelus étaient élevés sur un bouclier, lorsque Saint Louis tremblait, par sa vertu prématurée, en prononçant à son sacre le serment de n'employer son autorité que pour la gloire de Dieu et le bien de son peuple, lorsque Henri IV, après son entrée à Paris, alla se prosterner à Notre-Dame, que l'on vit ou que l'on crut voir, à sa droite, un bel enfant qui le défendait et que l'on prit pour son ange gardien, je conçois que le diadème était sacré. L'oriflamme reposait dans les tabernacles du ciel. Mais depuis que, sur la place publique, un souverain, les cheveux coupés, les mains liées derrière le dos, a baissé sa tête sous le glaive au son du tambour, depuis qu'un autre souverain [Louis-Philippe], environné de la plèbe, est allé mendier des votes pour son élection, au bruit du même tambour, sur une autre place publique, qui conserve la moindre illusion sur la Couronne ? Qui croit que cette royauté meurtrie et souillée puisse encore imposer au monde ? » Trente ans plus tard, comme un lointain écho du passé, la mort du père de la Charte mit le sceau à cette histoire.

Des rois moururent encore, mais en exil. Charles X à Goritz, Louis-Philippe à Claremont et, en 1883, le comte de Chambord à Frohsdorf, près de Vienne. Ce sont des fins tristes, parfois silencieuses. Le choléra ne laissa pas à Charles X le loisir de prononcer quelques fortes paroles. On prête à Louis-Philippe – Arnaud Teyssier cite le mot – une repartie spirituelle à son médecin qui n'osait lui révéler son état : « Je comprends, cher docteur, vous venez m'apporter mon congé ! » Ce sont des morts simples, sans message politique, où subsiste toutefois le souci de s'en aller sans déchoir. À Frohsdorf, Chambord lui aussi tint à mourir selon les règles. Il était si prudent qu'il reçut à deux reprises l'extrême-onction et, bénéficiant d'une rémission du mal, il en profita pour recevoir ses partisans et même ses rivaux de toujours, les princes d'Orléans, confiant à sa femme avant l'entrevue : « Je les verrai un instant, voulant qu'on sache que je meurs sans rancune contre qui que ce soit. Dites à tous ceux qui peuvent avoir eu des torts envers moi que je pardonne à tous[1]... » Ce sont les mots, ou presque, du testament de Louis XVI. Mais comme son grand-oncle, Chambord ne put parler jusqu'au bout, quoique pour des raisons différentes : « La faiblesse, dit un témoin, avait atteint le cerveau[2]. »

Le plus étonnant sans doute n'est pas de voir les monarques exilés – qui, du reste, n'avaient nullement renoncé en leur for intérieur à se considérer comme souverains légitimes – se soucier de bien mourir, comme leurs aïeux, mais de constater que ces rituels avaient si bien fini, et depuis longtemps, par illustrer davantage la majesté de l'État que celle des rois qu'ils survécurent plus ou moins à l'abolition de la monarchie.

Ne perçoit-on pas l'écho assourdi de cette très ancienne tradition de la mort royale dans la fin, certes en exil, de nos deux empereurs ? Racontés par des historiens de renom, ces « derniers jours des rois » sont

1. Daniel de Montplaisir, *Le Comte de Chambord, dernier roi de France*, Paris, Perrin, 2008, p. 583.

2. *Ibid.*, p. 587.

bien plutôt ceux des souverains qui nous ont gouvernés, par-delà la différence des régimes et celle des titres. Ces traces, on les trouve jusque chez quelques-uns de nos présidents. Bien sûr, je ne parle pas ici de ceux de la IIIe ou de la IVe République qui, indépendamment de toute qualité ou tout mérite personnel, ne pouvaient jouer pareil rôle. Leurs fonctions, les institutions le leur interdisaient puisqu'elles avaient été précisément bâties de telle sorte que jamais la souveraineté collective ne pût s'incarner dans un homme. La république, affirmait-on, ne pouvait sans se renier ressembler à la monarchie ou à l'Empire. Les présidents de ces deux Républiques moururent comme ils avaient vécu : dans l'anonymat. Clemenceau, à qui l'on prête tant de mots savoureux et souvent cruels, eut celui-ci lorsqu'il apprit la mort de Félix Faure : « En entrant dans le néant, il a dû se sentir chez lui. »

Toute différente est la Ve République, du moins tant qu'elle a existé, jusque vers le milieu des années 1990. Pour la première fois depuis l'époque du régime consulaire, la souveraineté collective était appelée à s'y incarner dans le chef de l'État élu au suffrage universel direct. Il est banal, et pas faux, de parler de monarchie républicaine ou de république monarchique. La république a rompu en 1958, et plus encore en 1962, avec une tradition d'impersonnalité du pouvoir qui remontait à l'époque de la Révolution française. La comparaison avec l'ancienne monarchie n'a bien entendu qu'une portée limitée. L'éminence de la fonction présidentielle fait peut-être de son titulaire un monarque, plus puissant même que ne l'étaient nos monarques absolus, elle ne fait pas de lui un roi. Il manque à son personnage la dimension sacrée, les mythes et les symboles qui entouraient de mystère la personne royale. Nos présidents ne vivent pas en public et ne meurent pas en public. Leur visibilité, extraordinaire si on la compare à celle de leurs prédécesseurs de la IIIe ou de la IVe République, ne va pas jusque-là. On savait bien que Georges Pompidou était malade, mais jamais la maladie qui devait l'emporter ne fut le prétexte de manifestations publiques d'affliction ; elle fut même niée le plus longtemps possible. Et pourtant, conscient d'incarner l'État comme les rois longtemps avant lui, lui aussi eut à cœur d'en assumer jusqu'au bout la charge et d'affronter avec sérénité et courage le mal dont il ne pouvait ignorer, sinon qu'il allait lui être bientôt fatal, du moins qu'il compromettait l'achèvement de son mandat à la tête de l'État. Mais son prédécesseur et l'un de ses successeurs donnèrent à leur fin, quoiqu'ils eussent tous deux déjà quitté leurs fonctions, un tour pour le moins « royal ». Il est vrai que le peu de mois qui séparèrent leur sortie du palais de l'Élysée de leur disparition facilitait le rapprochement. Les chefs d'État n'ont pas d'intérêt à se survivre longtemps. Qui a oublié les photographies du général de Gaulle arpentant les dunes de Derrynane et ne regagnant le petit hôtel d'Irlande où il avait élu domicile que pour se plonger dans les deux grands chefs-d'œuvre de l'exil, les *Mémoires d'outre-tombe* et le *Mémorial de Sainte-Hélène* ? « La légende gaullienne, couronnée comme il se devait par l'ingratitude et par l'échec, s'exhaussait jusqu'au mythe », écrira l'historien de ce périple[1]. Paul Morand, dont on ne peut dire qu'il aimait de Gaulle, salua sa mort, un an plus tard, d'un laconique : « De Gaulle est mort, faisant des

1. Pierre Joannon, *L'Hiver du connétable*, La Gacilly, Artus, 1991.

réussites. Quel ambitieux[1] ! » Il s'en alla « sans musique ni fanfare[2] », c'est vrai, si l'on excepte le « Oh ! j'ai mal dans le dos ! » entendu par sa femme lorsqu'il s'effondra. Mais le voyage en Irlande du printemps 1969, plus que le périple en Espagne qui suivit, eut assurément un air de royale grandeur. Ce fut, sinon ses funérailles, du moins le cortège de ses noces avec la France.

On ne saurait, évidemment, comparer à cet épisode celui de la fin de François Mitterrand[3]. En effet, si le président aux deux septennats s'appliqua à « bien mourir », ce long face-à-face avec lui-même eut quelque chose de factice. Au fond, ce que cet épisode eut de vrai, c'est précisément ce qu'il avait de faux : le socialiste ne croyant plus qu'aux « forces de l'esprit », le politicien de chaque heure s'arrachant aux « contingences politiciennes », les dernières confidences à quelques intimes, les méditations sur la Bible, saint Paul et l'au-delà, des propos sur le christianisme que n'eût pas désavoués Joseph de Maistre, des dissertations sur la migration des âmes, tout cela distillé devant les affidés, vrais ou faux amis médusés qui faisaient la queue pour recevoir les adieux du vieux monarque, enfin le voyage sur les bords du Nil. Là, dans la suite de l'hôtel Old Cataract, à Assouan, qui avait jadis accueilli, entre autres, Nicolas II et Winston Churchill, ce ne fut pas exactement la retraite de Charles Quint à Yuste. Entre deux huîtres, réveillon oblige, l'ancien président, qui

1. Paul Morand, *Journal inutile, 1968-1972*, 2 vol., Paris, Gallimard, 2001, t. I, p. 448.

2. Jean Lacouture, *De Gaulle*, 3 vol., Paris, Seuil, 1986, t. III, p. 782.

3. Christophe Barbier, *Les Derniers Jours de François Mitterrand*, Paris, Grasset, 2011.

commençait à ressembler au sphinx, contemplait le Nil paresseux. Il ne mourut pas à Assouan. Décidant qu'il en avait assez, il appela Hosni Moubarak pour l'informer de son désir de rentrer à Paris. Il mourut chez lui, après avoir reçu l'extrême-onction. Il ne s'éteignit pas moins simplement que de Gaulle. La mort se soucie peu de la grandeur ou de la simplicité. Mais de Gaulle savait être sorti de l'Histoire, donc avoir cessé de vivre, le jour de l'échec du référendum. Il avait seulement cherché, en Irlande, à se montrer quittant majestueusement la scène avant d'aller mourir au milieu des siens, et d'eux seuls. Il avait fait ses adieux à la France. Un seul geste, une seule image avaient suffi ; François Mitterrand s'était moins attaché à prendre congé des Français que de lui-même, en ajoutant un ultime chapitre au roman de sa vie et aux contradictions et paradoxes dont elle était pétrie. Cette fois, en tout cas, c'en était bel et bien fini du vieux rituel de la mort royale et de l'idée qu'il avait matérialisée pendant tant de siècles : la perpétuité du royaume, ou celle de la nation. À sa manière, le livre que voici offre un regard inédit et élevé sur notre histoire.

Patrice GUENIFFEY

1

Mort d'un empereur et naissance d'une légende
Charlemagne, Aix-la-Chapelle, 814

par Georges MINOIS

814. « Aux alentours de sa soixante et onzième année, la quarante-septième de son règne, la quarante-troisième depuis la soumission de l'Italie, et la quatorzième depuis son couronnement comme empereur et auguste, le seigneur empereur Charles, qui était à Aix pour l'hiver, quitta cette vie, le 28 janvier [814]. » Telle est, sèche comme un acte de décès, la seule mention de la mort de Charlemagne dans les *Annales royales*.

Cette brève et froide notice rapporte pourtant un événement capital dans l'histoire européenne, qui s'est produit il y a mille deux cents ans : la disparition du plus grand souverain de l'époque, refondateur de l'Empire romain, véritable légende vivante qui régnait depuis presque un demi-siècle sur plus de la moitié du continent. Sa mort laisse un vide immense, dont on ne prendra pleinement conscience qu'avec les déboires de ses successeurs dans les années suivantes. Le décès d'un souverain, en raison du pouvoir qu'il exerce, a des conséquences sur une multitude d'hommes et de femmes ; et lorsque ce souverain a la stature de Charlemagne, l'événement bouleverse l'ordre européen. C'est pourquoi, très rapidement, il est rapporté par deux types de récits parallèles et interdépendants : la mort d'un homme, l'individu Charlemagne, avec ses circonstances matérielles et médicales, et la mort d'un souverain, événement officiel qui s'inscrit dans une suite d'actes indispensables à la bonne succession au trône. Les récits de la mort de Charlemagne rapportent, d'une part, les faits dans leur banalité et leur brutalité biologique et, d'autre part, élaborent un modèle de mort idéale d'un souverain afin d'édifier la postérité.

Un témoin privilégié : Éginhard

Les sources sont étonnamment précises et fiables pour une période aussi lointaine. Il s'agit avant tout, bien entendu, de la *Vita Caroli*, la *Vie de Charlemagne*, d'Éginhard. Ce clerc, formé à l'abbaye de Fulda, réside à la Cour depuis 792 et fait partie du cercle des intimes de l'empereur qui le traite familièrement et lui confie des missions diplomatiques : « Parmi tous les ministres de Sa Majesté, il n'y en avait presque aucun avec qui le puissant et sagace souverain était plus disposé à discuter librement des secrets de ses affaires privées », écrit à son sujet Walafrid Strabon, abbé de Reichenau, vers 840. Éginhard est donc un témoin oculaire, une source privilégiée, qui a assisté à la mort du souverain. Il écrit dans l'introduction de sa *Vita Caroli* : « Je suis très conscient du fait que personne ne peut décrire ces événements avec plus d'exactitude que moi, car j'étais présent quand ils se sont déroulés, et, comme on dit, je les ai vus de mes propres yeux. » De surcroît, il rédige son ouvrage peu de temps après le décès de Charlemagne, entre 817 et 829 d'après les historiens. Dans l'ensemble, on peut lui faire confiance sur la réalité des faits, même s'il a tendance à s'inspirer des auteurs latins classiques Cicéron et Quintilien, pour la forme et l'expression, et surtout de la *Vie des douze Césars* de Suétone, qui lui fournit des modèles de biographies impériales. Dans les signes qui entourent la mort de Charlemagne, on retrouve des éléments de la mort d'Auguste, mais, facilement repérables, ils n'enlèvent rien au fond authentique du récit.

Les autres sources, sans être négligeables, sont d'un moindre intérêt. Les *Annales regni Francorum*, connues dès le IXe siècle sous le nom d'*Annales royales*, rédigées à la Cour, fournissent, année après année, la trame chronologique des règnes entre 741 et 829, mais pour notre sujet elles se bornent à une notice chronologique. Les *Annales de Moissac*, qui utilisent une source non identifiée du nord de la France, sont plus brèves encore sur la mort de l'empereur, relatée en une ligne, mais la resituent comme aboutissement d'une suite d'actes préparatoires destinés à assurer la succession. C'est déjà le début de l'élaboration de la mort idéale du souverain, caractère qu'accentueront les chroniques relatant le règne du nouvel empereur, Louis le Pieux : le *Poème sur Louis le Pieux*, composé en 826-827 par un certain Ermold le Noir, la *Vie de l'empereur Louis*, vers 835, ouvrage de Thégan, évêque auxiliaire de Trèves, et la *Vie de Louis le Pieux*, écrite peu après 840 par un auteur que les historiens ont baptisé « l'Astronome », parce qu'il se vante d'avoir des connaissances dans ce domaine, et qui par ailleurs se révèle assez fiable.

À partir de ces sources, nous pouvons d'une part reconstituer les faits bruts, concrets, entourant la mort de Charlemagne, avec un degré raisonnable de vraisemblance, et d'autre part montrer comment, très peu de temps après l'événement, celui-ci est idéalisé à d'évidentes fins de propagande politique.

Un septuagénaire usé par un règne d'un demi-siècle

Les faits tout d'abord. Les premiers symptômes de vieillissement se manifestent à partir de 810 environ. L'empereur a alors soixante-huit ans, un âge fort avancé pour l'époque. Jusque-là, ce colosse de plus d'1,90 mètre avait une santé de fer. Grand sportif, excellent nageur, il « aimait s'entraîner dans l'eau à chaque fois qu'il le pouvait », dit Éginhard. Un demi-siècle de guerres, de chasses, de natation a fait de lui un athlète qui, de surcroît, « était modéré dans le boire et le manger, surtout dans la boisson, car il détestait l'ivresse ». Cependant, l'abus de gibier rôti, qu'il continue à consommer de façon excessive en dépit de l'avis de ses médecins, finit par lui causer de sévères crises de goutte qui limitent ses déplacements. Marcher et chevaucher deviennent difficiles, et s'il continue à chasser pendant les périodes de répit, c'est le plus souvent en bateau qu'il voyage (sur le Rhin, le Main, la Moselle), dans un rayon de plus en plus limité : à partir de 809, il passe non seulement l'hiver et le printemps à Aix, mais même l'été, notent les *Annales de Moissac*. La dernière grande sortie du vieil homme est une tournée d'inspection sur les rivages de la mer du Nord en 811 pour vérifier les défenses contre les Vikings. Et comme toujours lorsqu'on vit trop longtemps, les deuils viennent assombrir l'horizon : sa femme Liutgarde est morte en 800, son conseiller Alcuin en 804, son fils Pépin, roi d'Italie, en 810, son fils aîné, Charles le Jeune, en 811.

Toutes les annales et chroniques notent la lassitude du Charlemagne septuagénaire : il « ne veut plus cette vie mener et ne veut plus cette couronne porter », dit une chanson de geste, *Le Couronnement de Louis* ; pour Ermold le Noir, il est « frappé de sénilité » ; l'Astronome dit qu'« approchant la mort, il commençait à être affligé de maux fréquents et inhabituels, comme si la mort annonçait sa venue imminente en envoyant ces signes comme des messagers » ; « il déclinait rapidement à cause de la vieillesse, il avait du mal à surmonter la perte malheureuse de ses enfants, et ces faits lui montraient que la mort était sans doute proche » ; « il réfléchissait sur son profond déclin et son vieillissement rapide » ; pour Thégan, l'empereur « réalisait que le jour de sa mort approchait, car il était déjà très vieux » ; Éginhard, qui le fréquente presque quotidiennement, note que « la vieillesse et la maladie pesaient lourdement sur lui ».

C'est très affaibli que Charlemagne aborde l'année 813. Au début du printemps, il décide malgré tout d'aller, comme chaque année, chasser dans les Ardennes, mais il présume de ses forces : terrassé par la goutte, il doit s'aliter, et c'est « convalescent », disent les *Annales royales*, qu'il regagne Aix. Il y reste toute l'année, profitant des moments de répit pour aller, écrit Éginhard, « bien qu'affaibli par la vieillesse, chasser comme d'habitude, mais sans s'éloigner beaucoup de son palais d'Aix. Il passa de cette façon le restant de l'automne, puis il retourna à Aix au début de novembre. Alors qu'il passait là l'hiver, il fut pris d'une forte fièvre en janvier ». D'après Thégan, c'est après avoir pris un bain que Charlemagne contracte sa fièvre, ce qui n'a rien de surprenant : sortir d'une piscine d'eau chaude en plein mois de janvier dans les Ardennes n'est pas vraiment recommandé, encore moins à soixante-douze ans. C'est la pleurésie assurée. Éginhard relate brièvement la fin : « Comme il le faisait toujours quand il avait de la température, il réduisit son alimentation, pensant qu'il pourrait soigner sa fièvre en jeûnant, ou au moins la faire baisser. Puis il ressentit une douleur dans le côté, que les Grecs appellent une pleurésie. Il continua à jeûner, prenant du liquide comme seule nourriture, et cela à de rares intervalles. Après avoir été alité pendant sept jours, il reçut la sainte communion, puis il mourut, à 9 heures du matin, le 28 janvier, dans la soixante-douzième année de sa vie, et la quarante-septième année de son règne. »

Une volonté de garder outre-tombe la maîtrise de l'Empire

Tels sont les faits, banalement tragiques et sobrement rapportés par Éginhard : mort d'un vieil homme usé, frappé de pleurésie. Mais comme ce vieil homme s'appelle Charlemagne, l'événement n'a évidemment rien de banal, et très tôt annalistes et surtout chroniqueurs l'intègrent dans un ensemble cohérent destiné à en faire un modèle. Dans cette reconstruction, l'empereur apparaît comme le maître d'œuvre d'un processus qu'il contrôle jusqu'au bout. Si la mort est inévitable, le souverain garde la maîtrise de la situation en organisant lui-même à l'approche de son décès la mise en ordre des affaires de l'État, des affaires de sa famille, et de ses affaires personnelles en tant que chrétien. La perspective est renversée : la mort n'apparaît plus comme imposée au souverain, elle semble au contraire faire partie de son plan, dans la mesure où il prend toutes les décisions afin d'en maîtriser les conséquences pour son État, sa famille et lui-même. Par là, il entend contrôler l'avenir au-delà de sa disparition.

Car c'est bien celle-ci qui apparaît comme l'aiguillon qui pousse l'empereur à organiser les affaires de l'État, et en particulier sa succession. Dès 806, par un capitulaire aux allures de testament – terme utilisé par les *Annales royales* –, la *Divisio regnorum*, il prévoit le partage de son empire entre ses trois fils, Charles, Louis et Pépin. La pensée de la mort a motivé cette décision chez un empereur de soixante-quatre ans qui sent ses forces décliner, qui a été blessé au cours d'une chasse et qui perd un à un ses amis et ses fidèles. Le document rappelle la condition humaine mortelle, les « générations qui vont vers la mort et préparent la succession des autres » ; il fait allusion à « notre départ de cette vie mortelle », et au fait que nous devons « payer la dette du sort de l'humanité ».

Pourtant, contrairement à l'ordre naturel des choses, Charlemagne voit mourir deux de ses fils avant lui : Pépin en 810, Charles en 811. Dès lors, la *Divisio regnorum* est caduque et, en septembre 813, quatre mois avant sa propre mort, l'empereur, « comprenant que le jour de sa mort approchait », disent les *Annales royales*, convoque à Aix une grande assemblée devant laquelle il couronne son fils Louis « empereur et auguste ». Il s'agit bien d'une passation de pouvoir, d'une anticipation de la mort prochaine : Charlemagne, rapporte Thégan, a convoqué « toute l'armée, les évêques, les abbés, les ducs, les comtes et leurs subordonnés » ; il leur demande « en les interrogeant tous, des plus élevés en dignité jusqu'à ceux qui se trouvaient moins haut dans la hiérarchie des fonctions », s'ils sont d'accord pour qu'il confère « son nom », le *nomen imperatoris*, à son fils. « Cette décision de Charlemagne fut acceptée avec enthousiasme par tous ceux qui étaient là, car elle semblait être une inspiration divine pour le bien de l'État », écrit Éginhard. Le dimanche suivant, 11 septembre, on procède au couronnement, dans la chapelle du palais d'Aix. Charlemagne harangue son fils et trace sa ligne de conduite, dans un discours rapporté ou inventé par Thégan, qui ressemble fort aux dernières recommandations d'un souverain pressé par l'imminence de la mort : Louis, dit-il, devra « aimer et craindre Dieu tout-puissant, garder ses commandements en toutes choses, diriger l'Église de Dieu et la défendre contre les hommes mauvais. Il lui enjoignit de montrer toujours de la bonté envers ses sœurs et ses jeunes frères [les enfants illégitimes nés des concubines de Charlemagne], ses neveux et tous ses parents ; il lui ordonna d'honorer les prêtres comme ses pères, d'aimer le peuple comme ses fils, de forcer les hommes arrogants et méchants à suivre le chemin du salut, d'aider les monastères et d'être un père pour les pauvres. Il devrait choisir des officiers fidèles et craignant Dieu, qui refuseraient les cadeaux illicites ; il ne devrait priver personne de son honneur sans juste raison, et devrait se montrer en toutes choses irréprochable aux yeux de Dieu et des hommes ». Après quoi, l'assemblée acclame le nouvel empereur : *Vivat Imperator Ludovicus !* La succession ainsi assurée, le vieil empereur peut se retirer de la scène, anticipant sa fin, et lorsque son fils repart en Aquitaine quelques jours plus tard, les adieux, rapporte toujours Thégan, sont pathétiques, car le père et le fils savent très bien qu'ils ne se reverront pas : « Se donnant l'accolade et s'embrassant avant de se séparer, ils versèrent des larmes d'amour. Le fils partit pour l'Aquitaine, et le seigneur empereur prit soin du royaume et de l'honneur de son nom, comme il convenait. »

Charlemagne avant de mourir prévoit également l'organisation de l'ordre, de la justice et de la sécurité dans ses États pour la période qui suivra son décès : « L'empereur Charles, écrit l'Astronome, réfléchissant à son déclin et à son vieillissement rapide, et craignant qu'en quittant ce monde il laisse son royaume, qui, grâce à Dieu, était en bon ordre, dans la confusion… », convoque en 813 des assemblées conciliaires à Mayence, Reims, Chalon, Tours et Arles, et leur demande de faire des propositions pour réformer les abus, veiller à la rectitude de la foi et des mœurs. Il promulguera leurs conclusions à l'assemblée générale de l'automne. Les commentateurs veulent ainsi montrer que la prise de conscience de la mort prochaine pousse le souverain idéal à mettre en ordre les affaires de l'État.

Elle l'incite également à mettre en ordre ses affaires de famille, ce qui n'est pas une tâche aisée pour un souverain qui a eu au moins onze enfants légitimes de ses quatre ou cinq femmes officielles, et plus d'une vingtaine de bâtards de ses six concubines enregistrées et qui ne sont que la partie émergée de l'iceberg[1].

1. La législation canonique est encore relativement floue à l'époque en ce qui concerne le mariage. Charlemagne a eu une première liaison officielle avec Himiltrude, sans que l'on puisse préciser s'il s'agit d'un véritable mariage. Il a eu d'elle un fils, Pépin le Bossu. Puis il a eu quatre épouses légitimes successives : Désirée, Hildegarde, Fastrade et Liutgarde. Il est veuf depuis le décès de cette dernière en 800. En 814, Charlemagne laisse un seul fils légitime, Louis.

C'est en 811, à soixante-neuf ans, que l'empereur rédige son testament, dont Éginhard a recopié le texte intégral, insistant sur la solennité avec laquelle il procède, faisant lire le document devant onze évêques, quatre abbés et quinze comtes qui souscrivent l'acte. Il s'agit au demeurant de répartir, avec une précision d'apothicaire, les biens meubles privés de l'empereur : or, argent, pierres précieuses, ornements royaux, et quatre tables exceptionnelles en or et en argent. Les bénéficiaires sont ses enfants légitimes et les églises métropolitaines. Charlemagne aurait également voulu doter ses enfants illégitimes, mais il s'y prend trop tard, comme le rapporte Éginhard : « Charlemagne décida de faire un testament pour léguer une part de ses biens aux filles et aux fils qu'il avait eus de ses concubines. Cependant, il commença trop tard, et cela ne fut jamais achevé. » Pour les chroniqueurs, il ne s'agit pas là d'un échec, bien au contraire : les bâtards, fruits du péché, n'auront droit à rien, et c'est manifestement conforme à la volonté divine : dans l'idée de mort idéale du souverain, il y a aussi la notion de rétribution de ses actes et de sanction de ses fautes.

Les signes du ciel chrétien et du ciel cosmique

Mise en ordre des affaires de l'État, de la famille, et bien entendu de l'âme du souverain. Il s'agit de mettre en scène une belle mort chrétienne, gage de salut éternel. Sur ce point, les annales sont silencieuses, rapportant seulement les précisions chronologiques : 28 janvier, 9 heures du matin, 814 ans après l'Incarnation, 6012 ans après la création d'Adam, d'après les *Annales de Moissac*. Éginhard est à peine plus bavard, se contentant de dire que l'empereur « reçut la sainte communion et mourut ». Cela paraît très insuffisant à l'évêque Thégan qui, dans sa *Vie de Louis*, apporte des précisions en brodant sur le thème de la mort chrétienne idéale. Dans une pieuse mise en scène, il assimile la mort de l'empereur à celle d'un saint : « L'empereur consacrait tout son temps à la prière, aux œuvres pieuses et à la correction des livres. La veille de sa mort, il avait soigneusement corrigé, avec l'aide des Grecs et des Syriens, les quatre Évangiles du Christ… [Le 27 janvier 814], alors que ses souffrances étaient extrêmes, il fit venir le pontife avec qui il était le plus intime, Hildebald, afin qu'il lui administre les sacrements du corps et du sang du Seigneur pour le fortifier lors de son passage. Après cela, les souffrances dues à la maladie durèrent toute la journée et la nuit suivante. Mais le matin, à l'aube, conscient de ce qui l'attendait, il étendit sa main droite, et avec ce qui lui restait de force il fit le signe de la croix sur son front, sur sa poitrine et sur tout son corps. Puis il joignit les pieds, étendit les bras et les mains sur son corps, ferma les yeux et chanta doucement ce psaume : "Dans Tes mains, Seigneur, je remets mon esprit." Immédiatement après, riche d'années et rassasié de jours, il mourut paisiblement. »

Mort idéale et idéalisée suivant les critères de l'époque, et qui pourra servir de prototype et de modèle pour ses successeurs : après un long règne prospère, le souverain meurt paisiblement après avoir réglé de concert le sort de son État, de sa famille et de son âme.

Mort essentiellement chrétienne. Mais pour Éginhard cela n'est pas suffisant. Après tout, le défunt n'est pas n'importe qui. La mort d'un empereur de la stature de Charlemagne constitue un événement de dimension cosmique. C'est la mort d'une étoile dans le ciel des grands hommes. Et le chroniqueur a lu dans la *Vie des douze Césars* de Suétone que la mort d'un empereur est toujours annoncée par des signes et présages célestes et terrestres. Se conformant à l'exemple de la *Vie d'Auguste*, Éginhard n'est pas en peine de trouver de multiples présages annonciateurs du trépas de Charlemagne : éclipses à répétition, apparition d'un point noir sur le soleil pendant sept jours, effondrement du portique joignant la chapelle au palais d'Aix (en fait, cet accident se produisit trois ans après la mort de l'empereur, en 817), passage d'un météore juste avant l'aube, pendant une campagne contre les Danois. À cette occasion, le cheval de l'empereur tombe raide mort et Charlemagne se retrouve à terre, ses armes éparpillées autour de lui. Et puis on enregistre de fréquents séismes à Aix, des craquements inquiétants de poutres dans l'appartement de l'empereur, un violent orage au cours duquel la boule d'or qui était sur le toit de la chapelle, frappée par un éclair, est projetée sur la maison de l'évêque. Et aussi, ce phénomène étrange : dans la chapelle, sous la coupole, il y avait une grande inscription en lettres pourpres : KAROLUS PRINCEPS, sur un bandeau surmontant les arcades ; or, peu de temps avant la mort de l'empereur, le mot PRINCEPS s'efface peu à peu et devient illisible. Enfin, « le pont de bois sur le Rhin, près de Mayence, dont la construction avait nécessité dix ans et tant d'habileté et de travail qu'il semblait fait pour durer toujours, prit feu accidentellement et brûla en trois heures, au point qu'il n'en resta pas une seule planche, sauf ce qui était sous l'eau ».

Cependant, ces présages sont ambigus. Pour Éginhard, leur sens est évident : « ils marquaient l'approche de la mort de Charlemagne, si bien que non seulement les autres mais aussi lui-même pouvaient savoir qu'elle était proche », mais « Charlemagne ne prêtait pas attention à ces présages, ou du moins il refusait d'admettre qu'ils avaient un lien avec ses propres affaires ». Aveuglement ou refus de tomber dans des croyances superstitieuses ?

L'entrée dans la légende

La mort de Charlemagne est donc érigée en modèle de mort royale, suivant une double inspiration : romaine et chrétienne. Elle fait le lien entre la mort des empereurs romains païens et la mort des rois francs chrétiens. Une autre particularité réside dans le fait que le souverain meurt deux fois en quelque sorte : physiquement, vieil homme terrassé par la pleurésie ; politiquement et spirituellement, en assurant l'avenir de son État, de sa famille et de son âme. La disparition du corps s'efface devant la pérennité du legs. Sa mort pourra donc servir de référence pour ses successeurs. Elle ouvre également la deuxième vie de l'empereur, celle du mythe et de la légende, dont la richesse contraste avec le sort réservé au cadavre : ce dernier est enterré à la hâte, le jour même du décès, dans la chapelle du palais d'Aix, sans cérémonie, sans doute parce que l'on craint que les moines de Saint-Denis, qui avaient déjà les corps de plusieurs rois mérovingiens – dont Dagobert Ier et Clovis II – et ceux des aïeux de Charlemagne – Charles Martel, Pépin le Bref –, ne viennent s'emparer de la dépouille pour enrichir leur collection.

La sépulture est tellement anonyme que lorsque deux siècles plus tard, en l'an 1000, l'empereur Otton III veut faire ouvrir le tombeau, on est incapable de trouver l'emplacement et on doit fouiller tout le sol de la chapelle. La *Chronique de Novalese*, en Piémont, rédigée peu après 1027 en se fondant sur le témoignage d'un des acteurs, Otton, comte de Lomello et comte palatin de Pavie, une des trois personnes qui accompagnent l'empereur germanique dans le tombeau, raconte ainsi l'événement : « L'empereur Otton III venant au lieu où le corps de Charles avait trouvé une juste sépulture, descendit à toute force à son tombeau [...]. Nous entrâmes donc, et parûmes devant Charles. Car il ne reposait pas couché, comme les autres cadavres, mais il était assis, comme vivant, sur une sorte de trône. Il portait une couronne d'or, tenant un sceptre en ses mains couvertes de gants que les ongles en poussant avaient troués. Il y avait au-dessus de lui un admirable baldaquin en pierre et en marbre. En y pénétrant, nous sentîmes une très forte odeur. Nous l'adorâmes sans tarder en fléchissant les genoux, et sans tarder l'empereur Otton le recouvrit de vêtements blancs et lui coupa les ongles et répara autour de lui tout ce qui était en désordre. Mais la pourriture n'avait rien fait tomber de ses membres, sauf qu'il manquait un peu de l'extrémité de son nez ; il la fit aussitôt réparer avec un morceau d'or et arracha de sa bouche une dent, puis remit le baldaquin en état et s'en alla. »

Nous sommes déjà dans le mythe. Que Charlemagne ait été enterré assis est hautement improbable. L'inhumation s'est faite à la hâte et nul ne s'est alors préoccupé de monter cette mise en scène macabre, qu'aucune source de première main ne signale, dont on ne voit pas vraiment à quoi elle servirait, et qu'on n'aurait pas eu le temps de réaliser. La confusion provient sans doute de la lecture de la *Chronique de Novalese*, où il est dit que l'empereur était *« in quandam cathedram ceu vivus residebat »*. L'expression *« in cathedram resido »* était utilisée pour dire d'un évêque, non pas qu'il était enseveli sur un trône, mais qu'il portait ses ornements comme s'il était assis sur un trône. Quoi qu'il en soit, ce qui reste du corps, après qu'on en a détaché des morceaux envoyés comme reliques à différentes églises et à plusieurs souverains, sera placé dans un sarcophage... dont on perdra à nouveau la trace : en 1165, c'est grâce à une « révélation divine » que l'empereur Frédéric Barberousse, qui veut faire canoniser le Carolingien, retrouve la trace du tombeau. Ce qui restera du corps sera en 1215 placé par Frédéric II dans un luxueux cercueil.

Mais Charlemagne est-il vraiment mort, ou bien, comme le roi Arthur, dort-il dans l'attente d'un retour triomphal ? C'est au XIIe siècle, avec l'essor des croisades, que se répand la prophétie de « l'empereur des derniers jours », ou du dernier empereur, mythe à peu près contemporain de *La Chanson de Roland.* Dans le nouveau contexte de lutte contre les musulmans, l'épisode de Roncevaux, transfiguré par le poème épique, fait de Charlemagne le héros de l'esprit de croisade. Dans l'entourage de Pierre l'Ermite en particulier, on raconte qu'il est simplement endormi dans son tombeau d'Aix, d'où il va surgir pour prendre la tête des armées chrétiennes contre les infidèles. Le prestige de l'empereur carolingien atteint à cette époque son apogée, au point de le faire considérer comme immortel. À partir d'un certain niveau de célébrité, un souverain ne peut pas mourir.

Et, de ce point de vue, Charlemagne semble indestructible. Son nom et son image ont été utilisés par les courants politiques et idéologiques les plus opposés et les historiens ont contribué à véhiculer la légende jusqu'à nos jours. Si Voltaire traite cavalièrement « le tyran Karl, surnommé Magne », si Edward Gibbon estime que « ses lois ne sont pas moins sanguinaires que ses armes », et si Michelet ne voit en lui qu'un tyran ravageur, chef d'un « gouvernement prêtre et juriste froidement cruel, sans générosité, sans intelligence du génie barbare », la grande majorité des auteurs célèbre le bon géant à la barbe fleurie, « ce géant que nous nommons Charlemagne », dit Guizot, ce « géant d'un monde créateur », s'exclame Hugo, qui par ailleurs se demande « ce qu'on peut faire après Charlemagne ». Les uns célèbrent le conquérant, les autres le législateur, d'autres encore le créateur de l'enseignement public : « Ce grand règne ne fut pas inutile à l'humanité, et, sous la conduite de Charlemagne, nos ancêtres ont rendu à l'Europe occidentale en particulier des services signalés », dit en 1893 une circulaire aux inspecteurs de l'Éducation nationale. Dernier avatar de la légende : Charlemagne promu emblème de l'Union européenne, avec la création en 1950 du prix qui porte son nom, attribué chaque année à Aix-la-Chapelle à une personnalité engagée dans l'unification du vieux continent.

Bibliographie sélective

La source essentielle est Éginhard, *Vie de Charlemagne*, dans l'édition critique de Louis Halphen, Paris, 1947. Il n'existe pas d'ouvrage consacré exclusivement à la mort de Charlemagne, mais le sujet est traité plus ou moins longuement dans les biographies du personnage. Parmi les plus récentes ou les plus complètes, signalons :

Barbero, Alessandro, *Carlo Magno. Un padre dell'Europa*, Rome, 2000.

Braunfels, Wolfgang (dir.), *Karl der Grosse, Lebenswerk und Nachleben*, Düsseldorf, 5 vol., 1965-1968.
McKitterick, Rosamond, *Charlemagne. The Formation of a European Identity*, Cambridge, 2008.
Minois, Georges, *Charlemagne*, Paris, Perrin, 2010.
Morrissey, Robert, *L'Empereur à la barbe fleurie. Charlemagne dans la mythologie et l'histoire de France*, Paris, Gallimard, 1997.

2

La mort très obscure d'un roi de peu
Hugues Capet, 996

par Laurent THEIS

« Hugues Capet, tout le monde s'en tape ! », écrivait un journaliste facétieux et perspicace le 2 avril 1987[1]. Peut-être pas tout le monde, puisque le lendemain François Mitterrand, président de la République, et Henri d'Orléans, dénommé comte de Paris et prétendant autodésigné au trône de France, assistaient à un spectacle son et lumière en la cathédrale d'Amiens, cérémonie couronnant la célébration en grande pompe du « Millénaire capétien », comme si la France avait commencé en 987 avec le sacre royal à Noyon du duc des Francs Hugues, dit bien plus tard Capet, dont les descendants avaient régné en France jusqu'en 1848, au Portugal jusqu'en 1910, et dont l'un continuait à Madrid. Cette exhumation en fanfare de l'ancêtre des quarante rois et, se mit-on à dire, de la nation française,

1. Pierre Enckell, *L'Événement du jeudi*.

était d'autant plus surprenante que le personnage était parfaitement inconnu, qu'aucune véritable biographie, depuis mille ans, ne lui avait été consacrée, et que les sources de la fin du xe et du début du xie siècle qui permettent de l'approcher tiennent en quelques pages, parfois difficiles à interpréter. Le roi Hugues n'avait vraiment rien à dire aux Français de la fin du deuxième millénaire, ce qui permit de le faire parler d'abondance, et de parler de lui dans toutes sortes de médias. Après quoi, le héros d'un moment fut rendu à son obscurité, enterré une seconde fois aussi discrètement qu'il l'avait été la première.

Hugues Capet a-t-il existé ?

Pour mourir, de quelque façon que ce fût, il eût fallu qu'Hugues eût vécu. Or, rien ou presque ne transparaît de sa personne durant la majeure partie de son existence. L'année même de sa naissance n'est pas connue ; il est vrai que celle de Charlemagne lui-même ne l'est guère davantage, et même celle de Saint Louis n'est pas assurée. C'est que venir au monde d'ici-bas n'est pas ce qui compte. La vraie vie commence lorsque s'achève l'existence terrestre, et c'est cette échéance-là qu'il convient de connaître, afin de savoir précisément à quel jour du calendrier liturgique inscrire les prières qui seront dites pour le salut de l'âme du défunt, ce qu'on appelle l'obituaire, dont les premiers exemplaires connus remontent au milieu du ixe siècle. C'est le 24 octobre qu'à Saint-Denis, à Saint-Maur-des-Fossés, dans d'autres églises qu'il avait aimées et enrichies, sont prononcées les paroles et chantées les mélopées pour le repos de l'âme du roi Hugues. 996 est assurée, même si le comput est alors fondé autant sur les années de règne du roi des Francs et de l'empereur de Germanie, alors Otton III depuis quelques mois, que sur celle de la naissance du Seigneur, ce qui entraîne quelques confusions.

Comme il arrive souvent chez les dynastes, Hugues Capet fait, chez les historiens et chroniqueurs de l'époque et donc pour nous, sa première apparition à la mort de son père, en 956. Il peut avoir alors seize ans, et appartient à la couche la plus élevée de l'aristocratie princière occidentale. Son grand-oncle Eudes, comte de Paris et vaillant combattant contre les Normands, avait régné de 888 à 898, premier roi des Francs pris hors de la lignée carolingienne depuis Pépin le Bref. En 922, son grand-père Robert, marquis de Neustrie, c'est-à-dire le pays entre Loire et Seine, avait à son tour succédé pour quelques mois au Carolingien Charles le Simple. Son père Hugues le Grand aurait pu lui aussi ceindre la couronne et recevoir le sacre, mais il avait tellement étendu sa puissance dans le royaume, de l'Aquitaine à la Bourgogne, détenant tant de comtés et d'abbayes, contrôlant tant d'évêchés, disposant de tant de biens en terres et en hommes, que, semble-t-il, il préféra les conserver plutôt que d'y renoncer au profit d'un titre et d'une fonction de caractère principalement idéologique, d'autant plus qu'il n'avait pas encore de fils pour les reprendre. Il se fit ainsi le mentor du Carolingien régnant, Louis IV, qui lui reconnut la qualité de duc des Francs, « le second dans tous nos royaumes », et en réalité le premier. D'autant que le duc avait épousé une sœur du prince le plus puissant du monde, le roi de Germanie Otton, futur empereur Otton le Grand, dont une autre sœur était devenue la reine des Francs. Hugues, Otton et Louis, ainsi, étaient beaux-frères. Cela n'empêche pas la querelle, mais situe le niveau.

Lorsque Lothaire, en 954, succède à son père Louis IV, il a le même âge que son cousin Hugues Capet. Le jeune roi confirme Hugues le Grand dans son principat, puis, sous le contrôle du roi de Germanie sans lequel rien n'est possible en Occident, son fils Hugues entre dans l'héritage paternel. Quand épouse-t-il la pieuse Adélaïde, fille de Guillaume Tête d'Étoupe, comte de Poitiers et se parant, quand il le peut, du titre de duc d'Aquitaine, nous n'en savons rien. Vers 972 leur naît un fils, Robert, dit bien plus tard le Pieux, lui aussi. Le second duc des Francs paraît plus effacé que le précédent. S'il demeure le personnage le plus puissant du royaume, il doit compter avec des seigneurs qui, certes, lui ont juré fidélité, mais qui s'émancipent et échappent de plus en plus à son autorité. C'est le cas du duc d'Aquitaine, du comte d'Angers, de celui de Tours, Chartres et Blois, très batailleur, qui prétendent détenir leur commandement par la grâce de Dieu autant que par la délégation du duc. Le comte de Rouen – petit-fils du fameux Rollon –, qui se dit prince des Normands, est lui complètement indépendant, tout comme le comte de Flandre. Ceux qu'on appelle les princes territoriaux parlent ainsi d'égal à égal avec le duc mais aussi avec le roi des Francs. Enfin, sur tous ceux-là plane l'ombre de l'empereur de Germanie, dont l'influence s'étend loin vers l'ouest, jusqu'au siège épiscopal le plus prestigieux de Francie, celui de Reims, tout plein des souvenirs glorieux de saint Remi et de Clovis, où il place en 969 un personnage tout dévoué à la politique impériale, l'archevêque Adalbéron. Ce que le duc Hugues possède en vérité de mieux, c'est le réseau de monastères dont il est soit le protecteur, soit même l'abbé laïque : Saint-Denis, où sont inhumés depuis le glorieux Dagobert de nombreux rois des Francs et aussi son grand-oncle, le roi Eudes, et son père, Hugues le Grand, Saint-Germain-des-Prés, Saint-Maur-des-Fossés, Saint-Aignan d'Orléans, Saint-Martin de Tours, dont il possède la cape du saint qui sans doute explique son tardif surnom, Saint-Germain d'Auxerre, beaucoup d'autres. De ce patronage, Hugues tire à la fois de grandes ressources matérielles et aussi un prestige politique et spirituel considérable.

Aussi, lorsqu'en mai 987 mourut d'accident et sans enfants le jeune Louis V, fils de Lothaire, le second personnage du royaume, en possession d'un fils de quinze ans, put devenir le premier : petit-fils de roi, il était suffisamment fort pour s'imposer, pas assez pour inquiéter les grands princes territoriaux, il n'avait aucun contentieux avec l'Empire germanique, et moines, abbés et bons évêques chantaient ses louanges. Le 3 juillet 987, à Noyon, il reçut le chrême du sacre des mains de l'archevêque de Reims Adalbéron.

Qui était cet homme ? De son aspect physique, comme d'aucun des hommes de son temps, nous ne savons rien. Quand un chroniqueur se hasarde à un portrait, il le démarque de Salluste ou de Suétone, se bornant à changer le nom. Aucune représentation iconographique ne nous est davantage parvenue, car les rares monnaies au nom du roi Hugues n'en comportent pas et son sceau a disparu – il ne faudrait de toute façon pas en attendre un effet de réel. Sans doute était-il de solide complexion, car le corps du prince, et surtout celui du roi, doit être bien fait et bien découplé, selon la doctrine du temps, et de plus Hugues a parfois payé de sa personne en chevauchées et au combat. Il est vraisemblable qu'il ne sait ni lire ni écrire, car il connaîtrait alors le latin, seul véhicule de la littérature sacrée et même profane ; or, lorsque Hugues rencontre à Rome Otton II en 981, l'évêque Arnoul d'Orléans traduit pour lui les propos de l'empereur du latin en langue vulgaire, cette *lingua rustica* qu'on appelle le roman et qui deviendra le français. De sa culture, de sa pensée, de ses sentiments, rien n'a filtré jusqu'à nous, d'autant que, au Xe siècle, ces notions ne paraissent guère dignes d'intérêt. Hugues appartient avant tout à un groupe dont il est l'éminent représentant, du moins de son vivant, car la mort, elle, concerne l'individu enfin détaché des amarres et des liens du siècle.

Le chemin du ciel

Pour le désormais roi Hugues, en 987 il était déjà bien tard. Il avait largement passé quarante-cinq ans, ce qui le plaçait dans le monde des vieux ; encore que la vieillesse convienne aux rois, car elle a partie liée avec la sagesse dont le souverain doit être pénétré pour exercer son office, à savoir rendre bonne justice et conduire le peuple chrétien dans les voies du salut, comme il s'y est engagé par le serment du sacre. Hugues dura, et endura, encore pendant neuf ans et trois mois. Le *veteranus rex*, comme dit le chroniqueur contemporain Richer de Reims, qui a vu le roi de ses yeux, qui lui a parlé peut-être, eut ainsi le temps de préparer sa mort, de façon à se rapprocher de Dieu au moment ultime. Les clercs, en effet, tympanisent les grands laïques de leurs appels à la purification après une vie nécessairement entachée de péchés énormes, car on ne gouverne ni ne règne à moins. Et, de fait, les princes, autant et plus que les humbles, ont peur. À la veille de passer, ils font les gestes susceptibles de les racheter. À la fin de 995, le duc d'Aquitaine Guillaume Fièrebrace, beau-frère du roi, se sentit mal : il se fit recevoir à l'abbaye de Saint-Maixent, qu'il patronnait, revêtit l'habit monastique et trépassa ainsi saintement ; en mars 996, après une existence plus que tumultueuse, le terrible Eudes de Blois fit de même et fut inhumé dans son abbaye de Marmoutier, près de Tours, où jadis avait vécu saint Martin qui ne manquerait pas d'intercéder pour lui ; il en avait grand besoin. Sans doute le roi Hugues obéit-il à la même exigence, lorsque, à l'été 996, flanqué de son plus fidèle vassal, le comte Bouchard de Vendôme, il partit en pèlerinage. Le pèlerinage est en effet le geste suprême de piété, et le chemin le plus sûr pour gagner le ciel. Il y faut du temps, et des moyens. L'idéal est d'atteindre Jérusalem, et de rendre le dernier soupir sur le tombeau du Christ, ou à défaut d'en revenir pénétré par la grâce, avec des reliques que vendent à grand prix des indigènes spécialisés dans ce commerce juteux. Certains grands seigneurs, comme le redoutable comte d'Angers Foulques Nerra à deux reprises, y parviennent. Rome est aussi, mais moindrement, une destination gratifiante, car les saints Pierre et Paul, patrons du Saint-Siège, sont d'excellents intercesseurs, et s'agenouiller devant le pape ne peut faire que du bien, d'autant que le pontife ne manquera pas de remettre au noble pèlerin un peu de poussière prélevée sur le tombeau de l'Apôtre ou, mieux encore, un fragment de ses saints ossements. C'est à quoi le duc Hugues a procédé en 981. Quinze ans plus tard, le vieux roi a choisi une autre destination, plus à sa portée bien que très éloignée de ses bases, l'abbaye de Souvigny, proche de Moulins, aujourd'hui dans l'Allier. Ce geste de piété, car Hugues est à coup sûr un homme pieux, se double d'un hommage personnel.

En effet, à Souvigny est mort, le 11 mars 994, le quatrième abbé de Cluny, Maïeul, dont la tombe se trouve dans le chœur de l'église monastique. Originaire de Valensole, en Provence, il était né dans une famille noble vers 910, l'année même où le duc d'Aquitaine Guillaume le Pieux, détenteur du comté de Mâcon, avait, pour le salut de son âme, donné son domaine de Cluny pour y fonder un monastère, placé précisément sous l'invocation des apôtres Pierre et Paul, et donc sous la protection directe de la papauté, et desservi par des moines de haute qualité. Quelques années plus tard, un vassal de Guillaume, Aymar, premier sire de Bourbon, avait fait don à l'abbé de Cluny de son prieuré de Souvigny, l'une des premières succursales de l'abbaye bourguignonne qui allait, au fil du siècle, en compter des dizaines. En 948, Cluny avait ainsi déjà prospéré lorsque Maïeul fut désigné par l'abbé Aymard démissionnaire – une rareté – pour le remplacer : « Épuisé par l'âge et affaibli de corps [il était frappé de cécité], je ne me sens plus capable de remplir une charge pastorale. » En quarante-huit ans de gouvernement, Maïeul fit franchir à Cluny plusieurs degrés dans la puissance et le rayonnement. Abbé en titre en 963, ce personnage actif et de hautes culture et vertu accrut sa réputation lorsqu'en 972, de retour d'Italie, il fut capturé par des Sarrasins près de leur repaire de La Garde-Freinet. Tels étaient le haut prix du personnage et la richesse du réseau clunisien que sa rançon fut fixée à mille livres d'argent, soit quatre ou cinq tonnes de métal fin, si du moins elle a été versée. L'année suivante, son parent le comte Guillaume d'Arles le vengea en purgeant la Provence des derniers infidèles. Tel était Maïeul, qu'Adalbéron de Reims salue de l'expression de « père des moines », que son hagiographe exalte comme « le prince de la vie monastique, que les rois et les grands de la terre appelaient seigneur et maître ». Peut-être, en effet, Hugues Capet l'appelait-il ainsi. Il devait le connaître depuis l'enfance, car l'alliance passée entre Cluny et sa dynastie remontait aux années 930, et les ascensions de ces deux puissances étaient en quelque sorte parallèles et concomitantes. En dépit de la différence d'âge, le duc puis roi des Francs s'était lié avec l'illustre abbé d'une amitié qui se développa dans un effort commun de purification. En effet, depuis le milieu du siècle, un courant de réforme allait grandissant en Occident, pour régénérer la saine pratique religieuse dans des établissements qui l'avaient délaissée au profit des séductions du siècle, au point que lors d'un synode vers 980 un abbé pouvait dénoncer « ces tuniques coûteuses qu'ils serrent des deux côtés, si bien qu'avec leurs tailles serrées et leurs fesses tendues ils ressemblent de derrière à des prostituées plutôt qu'à des moines »...

Cluny, grâce à la qualité de sa liturgie, à sa stricte observance de la règle monastique, au prestige de ses abbés, s'est placée à la tête du mouvement, captant les donations qu'elle convertit en biens spirituels. Les princes territoriaux appellent les bons moines pour ramener dans le droit chemin les abbayes qu'ils contrôlent : le temporel s'en trouvera mieux géré, et surtout les vertus de l'établissement, les prières qui y seront dites profiteront à son patron, fortifiant sa légitimité. Pour ses monastères, Hugues Capet recourt principalement à Maïeul, qui ainsi réforme à sa demande Marmoutier, Saint-Denis, Saint-Maur-des-Fossés, Saint-Germain-des-Prés. Hugues lui-même a d'admirables gestes de piété : faisant restituer aux monastères de Saint-Valéry et de Saint-Riquier les corps de leurs saints patrons, il aurait porté sur ses propres épaules les châsses qui les contiennent ; mieux encore, sur le point d'entrer dans l'église de Saint-Denis et apercevant deux amoureux en action dans un coin, il les couvre dévotement de son manteau... Bref, le duc puis roi des Francs est à la fois le protecteur et le protégé des moines, et est très proche du plus illustre d'entre eux. Aussi n'est-il pas étonnant qu'à l'extrême fin de sa vie il soit allé chercher du réconfort auprès de celui qui, mort deux ans plus tôt, était déjà reconnu comme saint en vertu des miracles qui se produisaient sur son tombeau.

Les trois causes de la mort du roi

Hugues pria mais ne mourut point à Souvigny, comme peut-être il l'aurait souhaité. Il entama son retour au début de l'automne, prêt à remiser son bâton de pèlerin pour reprendre le sceptre royal. Il s'arrêta aux deux tiers de la route, et décéda. Tout ce que nous savons de sa disparition tient en une seule phrase, au chapitre 108 du livre IV de l'*Histoire* écrite par Richer de Saint-Remi de Reims entre 991 et 998, et qu'on peut citer dans le texte : *« Hugo rex, papulis* [pustules] *toto corpore confectus* [couvert], *in oppido* [château] *Hugonis Judeis extinctus est. »* Voilà l'une des trois causes auxquelles attribuer la mort du roi : atteint par la variole, il aurait succombé par la faute de Juifs dans un château qui lui appartenait. Les communautés juives sont alors assez nombreuses, en milieu rural et surtout urbain, et bien que les prescriptions conciliaires les cantonnent sévèrement, leurs membres sont relativement intégrés à la société. Traditionnellement, les princes et les grands recrutent des médecins parmi eux, à leurs risques et périls car le Juif peut facilement servir d'instrument au diable. C'est ce que pourrait suggérer Richer, qui lui-même se pique de connaissances médicales : la médecine des Juifs fut, comme souvent, mortifère. Cette explication fut longtemps retenue, et encore en 1937 par René Latouche, savant éditeur et traducteur de Richer : « Hugues [...] fut tué par des Juifs. » Le professeur s'est laissé abuser par le latin tardif du moine, qui néglige les prépositions. « Les Juifs », ici, ne sont pas des personnes mais un nom de lieu, situé près de Chartres, dépendant de Saint-Martin de Tours dont Hugues avait été l'abbé laïque, si bien qu'en quelque sorte il serait mort chez lui.

Hugues a bien pu mourir de maladie, même si les Juifs n'y sont pour rien. Mais à cette cause prochaine s'ajoute une cause plus profonde : le roi Hugues était très fatigué, et il y avait bien de quoi. Outre son activité passée comme duc des Francs, en soutien ou en opposition au roi Lothaire, il avait dû, à peine couronné et sacré, affronter de très graves difficultés. Elles lui vinrent du frère de Lothaire, le duc de Basse-Lorraine, Charles, qui, en tant que fils, frère et oncle des trois derniers Carolingiens, revendiqua l'héritage royal. Son frère aîné l'avait jadis écarté de son entourage, et au moment de la succession Adalbéron de Reims, organe de la puissance ottonienne, parla contre lui. Mais le duc Charles trouva des partisans et, pendant quatre ans de combats, de palabres et de trahisons, il pourrit l'existence du roi Hugues, et fut même à deux doigts de réussir à s'emparer de la Couronne. Charles à peine éliminé, le comte Eudes de Blois, Chartres et Tours fit à son tour des misères à Hugues, pour lequel il n'avait guère de considération : « Impuissant à régner, le roi vit sans gloire », ose-t-il affirmer en 991, non sans quelque raison. Il se verrait bien, pour le moins, remplir auprès de lui, ou d'un autre roi des Francs à trouver, par exemple un fils de Charles de Lorraine, la fonction qu'avait occupée Hugues auprès de Lothaire et Louis V, celle de duc des Francs. Le roi a toutes les peines du monde à résister à ses assauts et s'épuise à le contenir, en dressant contre lui son rival, le comte Foulques d'Angers, et le beau-père de ce dernier, le fidèle Bouchard, comte de Vendôme et de Melun. Dans les dernières semaines de sa vie, le comte Eudes, préparant sa mort comme on a vu, proposa à Hugues de se réconcilier avec lui, au besoin moyennant une forte somme. Le vieux roi, pour avoir enfin la paix, était disposé à accepter, mais rencontra une opposition résolue dans la personne de son fils Robert le Pieux. Là se trouve la troisième cause de la mort d'Hugues Capet : la contrariété et le chagrin.

Dès son couronnement, le nouveau roi, dont l'avènement était le produit des circonstances et de ses actions, et non pas de la naissance, voulut patrimonialiser la fonction royale en faisant sacrer roi son fils Robert. Ce dernier, qui pouvait avoir quinze ans, avait, à la différence de son père, reçu une excellente instruction, à la manière de celle d'un évêque, auprès d'un immense et prodigieux savant, Gerbert, qui dirigeait l'école cathédrale de Reims avant d'en devenir l'archevêque, et enfin d'être élu pape sous le nom de Sylvestre II. C'est dire qu'Hugues avait songé pour son fils à un destin exceptionnel, royal peut-être. Le jour de Noël 987, Robert fut donc frotté des saintes huiles dans l'église Sainte-Croix d'Orléans par le ministère d'Adalbéron de Reims. L'opération était riche de précédents : ainsi avaient procédé Pépin le Bref pour ses fils Carloman et Charlemagne, Charlemagne pour Louis le Pieux et bien d'autres Carolingiens à leur suite, jusqu'à Lothaire III pour Louis V en 979, avec l'accord du duc des Francs. À partir de 988, le père et le fils exercèrent en commun la fonction royale, la prépondérance demeurant à Hugues, Robert paraissant, en raison de son savoir, davantage préposé aux relations avec les autorités ecclésiastiques. Poussé par des camarades de son âge, le jeune roi s'impatientait de cette tutelle et commençait à la secouer, multipliant les initiatives et les avanies. Ainsi, marié peu après son couronnement par son père à la veuve du comte de Flandre, il répudia sitôt qu'il le put, en dépit de ses résistances, cette femme vieille et stérile. Une autre femme vint alors tourner autour de lui : la comtesse Berthe, épouse encore jeune – trente ans peut-être – du vieil Eudes de Blois, elle-même fille du roi Conrad de Bourgogne, petite-fille du Carolingien Louis IV, donc un morceau de roi. Robert, qui avait dépassé vingt ans, la convoita aussi pour sa beauté, sa fécondité qu'elle avait prouvée et l'héritage qu'elle représentait, à savoir la principauté considérable qu'avait constituée son mari et qu'elle détiendrait au nom de ses fils mineurs le jour venu, c'est-à-dire celui de la mort du comte, rien n'étant possible du vivant de ce dernier. De plus, la réconciliation avec le roi Hugues souhaitée par Eudes contrariait les projets de Berthe et de Robert. C'est pourquoi le jeune roi s'y montra hostile, violemment semble-t-il. Encore un ennui pour son père, dont le refus ne parvint jamais à Blois puisque Eudes était mort entre-temps, enfin. Aussitôt, pour faire valoir ses intérêts que menaçait le rival de toujours, Foulques d'Angers, Berthe se plaça sous la protection de Robert, et sans doute entra dans son lit. Davantage, ils voulurent se marier. Hugues et ses amis virent cela d'un mauvais œil, car du lignage blésois rien de bon n'était jamais venu, et c'était s'aliéner le puissant comte d'Angers et son groupe. Consulté par Berthe, l'archevêque Gerbert tenta de démontrer qu'elle ne pouvait pas épouser son ancien élève. En effet, outre qu'ils étaient commère et compère puisque Robert avait jadis porté un fils de Berthe sur les fonts baptismaux, la grand-mère paternelle de l'un était la sœur de la grand-mère maternelle de l'autre. Cette double circonstance frapperait leur union du péché d'inceste. En réalité l'enjeu était tout politique, car la mise en œuvre de cette prohibition aurait conduit à annuler la quasi-totalité des mariages conclus au sein de l'aristocratie occidentale. L'affaire empoisonna la fin de vie du vieux roi et celle de la reine Adélaïde, confite en dévotions. Hugues sentait bien que son fils, dont le sang bouillonnait, ne souhaitait désormais plus qu'une chose, être délivré de lui, pour régner seul. La bonne nouvelle parvint donc à Robert à la fin d'octobre. Enfin libre ! Un mois plus tard, en dépit de la censure épiscopale et même pontificale, car le pape s'en mêlait, il épousait Berthe.

Sitôt refroidie, la dépouille du roi Hugues fut transportée à Saint-Denis dont il avait été abbé laïque. Son cercueil fut placé devant l'autel de la Trinité, tout contre celui de son grand-oncle le roi Eudes, qui le premier de la famille avait porté la couronne. À une exception près, tous ses descendants et successeurs le rejoignirent dans la nécropole royale. À la Révolution, alors que Louis XVI était affublé du surnom de son ancêtre – Louis Capet –, son gisant fut détruit.

Iogna-Prat, Dominique, et Picard, Jean-Charles (dir.), *Religion et culture autour de l'an mil. Royaume capétien et Lotharingie* (Actes du colloque « Hugues Capet 987-1987. La France de l'an mil », Auxerre-Metz, juin-septembre 1987), Paris, Picard, 1990.

Parisse, Michel, et Barral I Altet, Xavier (dir.), *Le Roi de France et son royaume autour de l'an mil* (Actes du colloque « Hugues Capet 987-1987. La France de l'an mil », Paris-Senlis, juin 1987), Paris, Picard, 1992.

Richer de Reims, *Histoire de France*, éd. et trad. Robert Latouche, Paris, Les Belles Lettres, coll. « Classiques de l'histoire au Moyen Âge », 2 vol., 1930 et 1937, rééd. 1964 et 1967.

Sassier, Yves, *Hugues Capet. Naissance d'une dynastie*, Paris, Fayard, 1987.

Theis, Laurent, *L'Avènement d'Hugues Capet*, Paris, Gallimard, coll. « Trente journées qui ont fait la France », 1984.

—, *Robert le Pieux. Le roi de l'an mil*, Paris, Perrin, 1999.

3

Une mort très politique
Philippe Auguste, 14 juillet 1223

par Laurent FELLER

Philippe Auguste est le premier souverain français dont la mort ait été l'occasion d'une véritable mise en scène. Celle-ci est d'abord présente dans les chroniques qui en parlent toutes et nous proposent une représentation de ce qu'est une belle mort royale au Moyen Âge en insistant également sur la célébration des obsèques, acte fondateur de la célébration de la mémoire du défunt. Le roi, ayant testé et reçu la communion, est entouré des siens, c'est-à-dire de ce que le langage du temps appelle sa mesnie : ses domestiques, ses conseillers, ses amis et ses fils sont là, réunis autour de son lit, lorsqu'il rend son âme. Son corps est ensuite porté au lieu de sa sépulture, à Saint-Denis. Le choix de l'emplacement de sa tombe fait ici l'objet d'un soin particulier, parce que de la place du corps dans la basilique dépend la représentation de la position du roi à l'intérieur de la succession des rois de France.

Sa mort, ses funérailles et la commémoration l'accompagnant constituent le dernier acte de souveraineté du monarque dont le corps est traité différemment de celui des autres hommes, ses sujets. La célébration de sa mémoire devient une liturgie véritable dont l'ampleur, exigée par le roi dans son testament, saisit les contemporains.

Le règne de Philippe Auguste a été l'un des plus longs de l'histoire de France : il a duré quarante-quatre ans, de 1179 à 1223. Durant son temps, Philippe est apparu comme un constructeur d'institutions et un conquérant de territoires nouveaux. Il a définitivement assis la légitimité capétienne dont ses opposants voulaient douter : la prise de pouvoir par Hugues Capet, en 987, est désormais intégrée dans un récit historique cohérent qui place les Capétiens dans une continuité dynastique. Après sa mort, les chroniqueurs insistent sur le spectaculaire accroissement territorial qu'a connu la France à ce moment. Le continuateur de la chronique de Saint-Denis donne pieusement la liste des conquêtes : Vermandois, Poitiers, Anjou, Touraine, Maine, Alençon, Clermont, Beauvais, Ponthieu. Il omet cependant la plus belle prise du roi, la Normandie, conquise en 1204. Tous ces territoires ont été ajoutés au domaine, très fortement accru en peu d'années : en quelques décennies seulement, le territoire gouverné directement par la Couronne a presque rejoint l'extension du royaume de Charles le Chauve. Le roi, qui dispose désormais d'institutions de gouvernement stables et perfectionnées, jouit d'un prestige énorme depuis la bataille de Bouvines qui lui a permis d'écarter les revendications anglaises sur la Normandie, de régler le contentieux avec l'Empire et de ramener la Flandre dans la sphère d'influence du royaume. La supériorité du roi sur ses barons a été rappelée, la place de la France en Europe ouvertement assumée. La transmission du pouvoir souverain à un fils qui, pour la première fois depuis le Xe siècle, n'a pas été sacré du vivant de son père, s'effectue sans problème tant est assuré désormais le prestige de la dynastie. Les circonstances de la mort du souverain, la mise en scène de son trépas et de ses funérailles contribuent à renforcer la stabilité de la royauté.

Maladie

Les chroniqueurs mentionnent le passage d'une comète dans le ciel de France en 1222. Associée au malheur, elle est le présage annonciateur de la mort du souverain. De fait, dès septembre 1222, Philippe Auguste, qui séjourne alors à sa résidence de Pacy-sur-Eure, souffre d'une fièvre quarte qui le laisse, dans les intervalles des crises, fort affaibli. Ces fièvres périodiques dont la durée et l'intensité varient constituent la manifestation la plus habituelle du paludisme. Mais Philippe Auguste n'a, à vrai dire, jamais joui d'une santé florissante depuis qu'il a été atteint, en Terre sainte, en 1190, d'une fièvre dont on ne sait s'il s'agit de la suette, maladie qui atteint le système nerveux et aux séquelles définitives, ou de la typhoïde. Les médecins qui l'entourent interviennent et pratiquent sur lui une saignée, comme l'exige la science médicale du temps. Le roi n'est ni un patient ordinaire ni un patient facile, et il conserve sa volonté. Il ne se soumet pas au régime alimentaire qu'on lui prescrit et, en particulier, il mange de la viande, malgré les avis de ceux qui le soignent. Sa maladie s'aggrave et il n'est pas impossible qu'une infection, apparue au point du bras où il a été saigné, ait accéléré son évolution.

Cette fièvre maligne saisit en tout cas un homme en pleine activité. Depuis la victoire de Bouvines en 1214, il n'a pas cessé de consolider les résultats de sa victoire. L'un de ses chroniqueurs, un moine anonyme de Saint-Martin de Tours, a laissé de lui un portrait savoureux et saisissant :

« Beau et bien bâti, il était chauve; d'un visage respirant la joie de vivre, le teint rubicond, il aimait le vin et la bonne chère et il était porté sur les femmes. Généreux envers ses amis, il convoitait les biens de ses adversaires et était très expert en l'art de l'intrigue. Religieux, de sage conseil, il se tenait fermement à ce qu'il avait dit, et portait des jugements rapides et très droits. Favorisé par la victoire, il craignait pour sa vie et s'emportait aussi facilement qu'il se calmait. Il réprimait la malignité des grands du royaume et provoquait leurs discordes, mais il ne mit jamais à mort nul qui fut en prison. Recourant au conseil des humbles, il n'éprouvait de haine pour personne, sinon un court moment, et se montra le dompteur des superbes, le défenseur de l'Église et le nourrisseur des pauvres. »

Si l'on en croit un autre de ses chroniqueurs, Guillaume le Breton, les années 1214-1223 furent tout entières occupées à la reconstruction des forteresses, au perfectionnement des murailles urbaines et à l'amélioration des routes. La politique royale menée à cet égard a profondément changé le paysage français. Le renforcement de l'appareil militaire de soutien a été l'une des préoccupations constantes de Philippe Auguste pour des raisons de sécurité et, pourrait-on dire, d'ordre. La croissance démographique est telle que les vieilles enceintes sont désormais trop étroites et le prodigieux enrichissement du royaume depuis le milieu du XIIe siècle a rendu possible cet investissement lourd mais essentiel : il n'est pas de ville sans rempart et leur défense est une nécessité parce que les menaces extérieures continuent d'exister et que la maîtrise du territoire par l'État est encore incomplète. Les villes cependant sont contraintes de financer elles-mêmes leur mise en défense et cela entraîne d'autres obligations, comme celle de participer *a minima* à la défense du territoire urbain par un service de garde.

À ce moment, au début de l'été 1223, un concile est réuni à Paris pour traiter des affaires liées à la lutte contre l'hérésie. Le roi, qui est profondément engagé dans la défense de l'Église, doit rejoindre les prélats assemblés afin de surveiller leurs débats et de trancher les différends qui pourraient survenir entre eux, voire entre eux et les autorités royales. N'écoutant pas les conseils de prudence donnés par ses médecins, il quitte Pacy-sur-Eure et prend la route de Paris. Arrivé à Mantes, cependant, ses forces le trahissent et il doit s'aliter.

Dernières volontés

Au moment où le roi pressent qu'il va mourir, la question n'est plus pour lui celle du perfectionnement de son œuvre militaire, mais d'abord celle de son salut. Il doit pour cela exécuter un certain nombre de gestes, d'abord comme personne privée, puis en tant que chrétien.

Il s'en soucie très vite. Quelques jours après être tombé malade, il exprime ses dernières volontés dans un testament. Il s'agit d'un texte extrêmement sec et peu démonstratif, par lequel le roi se contente de donner la liste de ses legs. La première information que l'on peut en retirer réside dans l'immensité de la richesse du roi : ses ressources apparaissent, à l'aune du XIIIe siècle, presque illimitées. En les mobilisant et en en orientant l'usage, il peut agir sur les destinées du royaume même après sa mort.

Le prodigieux accroissement durant son règne du territoire contrôlé par la Couronne, qu'il s'agisse de son domaine propre ou des fiefs gouvernés par les barons, a provoqué un afflux de ressources financières. Les occasions de prélèvements seigneuriaux et fiscaux se sont multipliées et les ressources des différents princes territoriaux se sont toutes retrouvées concentrées entre les mains du roi qui les centralise. Elles sont désormais très bien gérées, grâce à des procédures certes encore embryonnaires mais réellement efficaces de comptabilité publique. Enfin, la captation des ressources princières et seigneuriales n'aurait guère eu d'effet si la France n'avait connu à ce moment une croissance d'une durée et d'une intensité exceptionnelles, que marque précisément l'extension des murailles.

De ce fait, depuis des années, le budget royal est excédentaire. Ses dépenses ne s'élèvent, en 1221, qu'à 65 % de ses recettes. Ou, pour dire les choses autrement, elles sont couvertes à 150 % par les revenus des terres et des taxes : ceux-ci se sont élevés en 1221 à 73 657 livres. Philippe Auguste n'en a dépensé que 48 447, ce qui laisse une balance positive de 25 120 livres pour cette seule année. Les excédents s'accumulent et forment des sommes considérables, ce qui pourrait exposer le souverain à l'accusation d'avarice s'il n'en disposait pas convenablement, c'est-à-dire s'il ne s'efforçait pas de faire un usage chrétien de sa richesse, en la mettant au service de Dieu et en la faisant circuler plutôt qu'en la laissant s'accumuler.

Les dispositions testamentaires de septembre 1222 sont donc d'une importance fondamentale, aussi bien pour le salut de l'âme du souverain que pour les orientations générales du royaume. À ce moment, le roi a en caisse aux environs de 150 000 livres, somme exorbitante. Or, dans ses dispositions testamentaires, il fait des legs pour un total de 790 000 livres, ce qui est très supérieur aux disponibilités immédiates de son Trésor. Il ne s'explique pas sur ces montants qu'il aurait fallu une quinzaine d'années pour solder, à condition que les budgets de la monarchie continuent d'être excédentaires. Ils ont cependant une signification politique et indiquent à son fils aîné, Louis VIII, qui devient roi en juillet 1223, les priorités qui doivent être les siennes s'il veut poursuivre la politique de son père. Le testament assume ici la première de ses fonctions, qui est de permettre à la volonté d'un défunt de continuer à s'exercer et, dans ce cas, sur une très longue durée. Contraignant l'héritier et l'obligeant à organiser son budget en fonction des désirs de son père, ce testament est très clairement un instrument de contrôle politique.

Le premier point, qui est fondamental, réside dans le fait que des sommes considérables sont provisionnées pour réparer les dommages causés par le roi à ses sujets. De telles dispositions sont fréquentes et ont une signification pénitentielle. Elles sont souvent à l'origine d'enquêtes permettant d'identifier les victimes et de chiffrer le montant des dommages qu'elles ont subis. Louis IX, dans la seconde moitié de son règne, fera un usage permanent des enquêtes de réparation qui seront pour lui un véritable moyen de gouvernement. Philippe, lui, se contente d'ordonner à ses exécuteurs de réparer ses torts à concurrence de 100 000 livres. Les orphelins, les veuves et les lépreux, trois catégories essentielles de la société médiévale, ne sont pas oubliés : ils représentent la pauvreté qui doit être soulagée et à qui le souverain doit l'aumône comme il leur doit sa protection. Il leur destine 40 000 livres.

Le second bénéficiaire des largesses royales est la reine, Ingeburge de Danemark. On sait que les deux époux s'étaient séparés dès 1193, après une nuit de noces traumatisante pour le roi qui ne voulut plus jamais avoir de relations sexuelles avec son épouse. Cela fut la cause d'un grand scandale et d'une procédure très longue, menée avec obstination et constance par la papauté, au terme de laquelle le roi dut se réconcilier avec Ingeburge, en 1213. La reine avait passé ces vingt années privée de liberté, de dignité et de statut. L'importance de la somme concédée par testament, 20 000 livres, est le signe d'une véritable intention de réparation. Si l'on en croit la chronique du moine de Saint-Martin de Tours, Ingeburge reçut aussi en douaire le comté d'Orléans, ce qui lui procura à la fois des revenus et un statut.

Louis, le fils aîné de Philippe, qu'il avait eu de son premier mariage avec Isabelle de Hainaut, se vit destiner pour sa part une somme colossale, 380 000 livres, pour la défense du royaume de France ou pour l'exécution d'un pèlerinage, ce que l'on peut interpréter comme une subvention à une future croisade en Terre sainte que Louis VIII, dont le règne ne dura que trois ans, n'exécuta pas. Son autre fils, Philippe Hurepel, comte de Boulogne, reçut une somme égale à celle de sa belle-mère.

Les legs les plus spectaculaires furent cependant ceux dont bénéficièrent les ordres militaires présents en Terre sainte et le roi de Jérusalem, Jean de Brienne. Ce dernier avait quitté le Proche-Orient pour venir quémander du secours auprès du pape et auprès du roi de France. Il espérait des subsides et, surtout, l'organisation d'une nouvelle croisade pour reconquérir Jérusalem, aux mains des Turcs depuis 1187. Chacun des ordres reçut 10 000 livres et Jean de Brienne se vit octroyer 150 000 livres afin de pouvoir recruter et solder en Terre sainte trois cents chevaliers pour une période de trois ans.

Réparations et charité, donations à la famille et affaires liées à la croisade représentent les trois principaux postes. On ne sait pas si ces legs furent ou non honorés, même en partie. Dans la mesure où ils n'étaient pas assis sur des revenus, il est probable que ce ne fut pas le cas. Ils étaient de toute façon d'une lourdeur telle qu'il est peu vraisemblable qu'ils aient pu l'être sans obérer très lourdement les finances du royaume, alors que d'autres urgences – et notamment la guerre du Languedoc – allaient bientôt se présenter[1].

Philippe Auguste n'a cependant pas oublié un aspect essentiel, celui de la célébration de sa *memoria*, c'est-à-dire du culte liturgique à entretenir pour que vive son souvenir, d'une part, et que des prières pour son âme soient dites en permanence, de l'autre. Son testament contient deux legs y ayant trait. Le premier concerne la collégiale qu'il a fondée à Charenton et où il a rassemblé vingt chanoines. Il leur assigne une rente de

1. La croisade dite des Albigeois, entreprise en 1208, donna lieu, à partir de 1226, à de nouvelles opérations militaires, commandées par Louis VIII. Elles se conclurent par l'annexion au domaine de Béziers, Albi et Carcassonne, ce qui ne mit pas fin à la guerre dans le Midi qui ne se conclut que dans les années 1230 avec l'annexion du comté de Toulouse.

250 livres, assise sur les revenus de la prévôté de Paris, ainsi qu'un capital de 10 000 livres. Le second legs se révèle beaucoup plus intéressant parce que plus complexe et parce qu'il contraignit Louis VIII à des opérations d'échange ou de rachat du plus haut intérêt. Le roi donna en effet des joyaux à Saint-Denis afin que vingt moines y célèbrent quotidiennement et perpétuellement son culte. Autrement dit, il fournissait avec ses bijoux le capital nécessaire à la constitution d'un revenu. Quelques jours après la mort de son père, Louis VIII racheta ces joyaux au prix de 16 000 livres, ce qui correspondait au montant nécessaire à l'entretien de vingt moines supplémentaires à Saint-Denis. Les joyaux de la Couronne ont ainsi servi de gage aux moines qui les ont utilisés pour l'obtention d'un capital important. Le roi avait besoin, pour des raisons symboliques et de prestige, de récupérer ces bijoux qui devaient être mobilisés au service de la monarchie.

Derniers moments

Ayant mis ses affaires en ordre, le roi procède aux actes que l'on attend d'un chrétien qui sait qu'il va mourir. Il fait d'abord venir les prêtres. Il se confesse et reçoit la communion. Ensuite, il appelle ses fils et leur tient un discours qui apparaît comme un autre testament, politique celui-là. Il nous est rapporté par le chroniqueur flamand Philippe Mouskes. Ce dernier, chanoine puis évêque de Tournai, qui écrit entre 1240 et 1280, est l'auteur d'une *Chronique rimée* dont les thèmes et la construction s'assimilent à l'épopée : les discours qu'il prête au roi sont largement fictifs et correspondent à la représentation qu'il veut donner de la belle mort du bon souverain. Une exhortation ou un discours fait par le mourant est cependant plausible. S'adressant à ses fils, il a pu les encourager à maintenir entre eux une bonne entente et, également, à resserrer leurs liens avec l'Église. Les propos et les gestes prêtés par Philippe Mouskes au roi valent cependant qu'on les rapporte parce qu'ils nous informent sur ce que les élites sociales du XIIIe siècle désiraient croire à propos de la mort d'un roi.

Philippe, on l'a dit, a deux fils. Louis, fils d'Isabelle de Hainaut, et Philippe, dit Hurepel, né de son mariage illégitime avec Agnès de Méranie : après avoir répudié Ingeburge et avoir obtenu d'un concile complaisant l'annulation de son mariage, Philippe Auguste l'a épousée en troisièmes noces. La papauté n'admit jamais la validité de la procédure, mais reconnut la légitimité de la naissance de Philippe Hurepel. Ce dernier a reçu le comté de Boulogne, confisqué depuis Bouvines à Renaud de Dammartin. Ce sont deux hommes faits, l'un et l'autre excellents chefs de guerre. D'éventuelles mésententes entre eux pourraient entraîner des conséquences graves. C'est pourquoi, face à leur père mourant, ils effectuent des gestes destinés à renforcer leur amitié. Philippe prête ainsi hommage à son frère Louis. Celui-ci lui aurait alors donné en échange le comté de Clermont. L'attribution en apanage de Clermont est en fait bien antérieure. Mais Mouskes souligne deux choses en rapportant ce fait inauthentique. La première est que le roi a voulu construire une relation hiérarchique entre ses deux fils en utilisant pour cela les liens de la vassalité qui viennent ici consolider ceux que l'on attribue à la fraternité et qui impliquent, dans les représentations communes, l'affection. Le lien vassalique implique aussi la circulation d'un affect, la *caritas*, l'amour, entre les parties. Celle-ci est redoublée par l'octroi d'un bien matériel synonyme de puissance matérielle et de richesse, le fief, dans ce cas l'une des terres les plus riches et les plus prestigieuses de France.

Le roi aurait aussi parlé du trésor et de son importance : ses fils doivent le conserver et l'augmenter. Ils doivent aussi s'en servir pour prodiguer les largesses nécessaires au bon gouvernement du royaume : ses pièces servent à donner de l'honneur à ses amis et l'argent qu'il contient à détruire ses ennemis. On verra là un commentaire de l'action du roi mourant en faveur de la mise en ordre des finances. Philippe Auguste, on l'a mentionné, a doté le royaume d'instruments de comptabilité. Ceux-ci concernent essentiellement le domaine. Et, s'il n'existe pas d'institution spécialisée – le Trésor est confié au Temple –, la nécessité d'une administration raisonnée des finances publiques est reconnue et admise par tout l'entourage royal.

Philippe Auguste aurait donné d'autres conseils à ses fils. Ils ont pour mission de maintenir la paix et la justice, sans considération de rang, de statut ou de position. La justice a été précisément l'une des forces du souverain mourant, ce que le portrait que l'on a cité plus haut souligne fortement. Son jugement personnel se révélait à la fois rapide et droit, ce qui était, pour un seigneur justicier, une qualité hautement appréciée et faisait que les parties s'en rapportaient volontiers à lui. L'institution des baillis, qu'il créa afin d'assurer les jugements en appel, et le succès qu'elle rencontra du fait de son efficacité renforcèrent le prestige du roi, en mesure d'exercer effectivement ses prérogatives souveraines sur une partie très importante du royaume.

Le prochain souverain ne devra rien rendre de tout ce qui a été conquis, parce que tout cela a été pris sur des hommes qui voulaient dépouiller le royaume de France et que c'est légitimement que leurs possessions sont devenues siennes : la Normandie, agrégée à la Couronne, réclamée par l'Angleterre et que Louis VIII aurait pu être tenté de restituer à Henri III ou à ses successeurs, doit demeurer française, de même que le doivent l'ensemble des fiefs confisqués par le roi. Cette volonté de ne rien rendre est manifeste dans l'opinion de l'élite sociale et politique du royaume et la conquête du Toulousain et du Languedoc finit par être sanctionnée par une annexion pure et simple. De même, Louis et son frère sont engagés à ne pas pardonner aux deux fauteurs de la guerre de 1214, Ferrand de Portugal, le comte de Flandre, et Renaud, comte de Boulogne, les vaincus de Bouvines, tenus enfermés depuis qu'ils ont été pris sur le champ de bataille. Pour ceux-là, point de rémission ni de libération. Enfin, les deux frères doivent en tout aimer et protéger la sainte Église et conserver son alliance et son appui, ce qui signifie évidemment l'appuyer dans sa lutte contre l'hérésie et, concrètement, organiser les opérations militaires contre les cathares méridionaux, ce que Louis VIII fait en 1226 en prenant avec son frère la tête des armées dirigées contre le comte de Toulouse en révolte.

Les deux frères, enfin, doivent honorer la reine comme une mère et ne pas la considérer comme une marâtre, ce qui est bien ironique vu la façon dont lui-même s'est comporté avec Ingeburge. Connaissant le souverain, il est peu vraisemblable que Philippe Auguste ait effectivement fait cette recommandation.

En résumé, ce discours arrangé sonne à la fois comme le bilan du règne, qu'il commente, et comme un programme pour le règne de Louis VIII.

Les ultimes paroles prononcées, les deux fils

s'écartent et la mesnie du roi, sa *familia*, composée de ses serviteurs domestiques et militaires ainsi que de ses proches conseillers, s'approche et entoure l'agonisant. Ses chevaliers en particulier lui sont alors proches, comme ils l'ont été tout au long de son existence, et c'est entouré par eux qu'il rend son dernier soupir, tandis que les prêtres, appelés en hâte mais tardant, ne sont pas là au moment suprême.

Cette mort pieuse mais pas confisquée par l'Église, dominée par l'exercice de devoirs sociaux envers la famille et les proches, dominée aussi par la pensée du royaume, est au plus près de ce que les hommes du XIIIe siècle pouvaient considérer comme une bonne mort, celle d'un homme demeurant dans son état et sa dignité jusqu'au terme ultime.

Funérailles

Le roi mort, il faut l'amener à son lieu de sépulture, à l'abbaye de Barbeau, où il doit reposer à côté des siens. Le tombeau est préparé par les moines. Dans un premier temps, ceux-ci ont pensé réutiliser un sarcophage placé au-dessus de la tombe de Charles le Chauve (823-877), une pièce magnifiquement ornée d'un lion sculpté. Or, à l'ouverture, le sarcophage se trouve être plein de charbon. Les moines y voient un symbole, celui de la damnation de Charles le Chauve, dont ils attribuent la cause à sa politique à leur égard. Il aurait en effet, pour soutenir la guerre qu'il menait contre ses frères Louis le Germanique et Lothaire, confisqué les dîmes pour les affecter à des chevaliers à titre héréditaire : leurs descendants continueraient encore d'en jouir. Un signe si éclatant entraîne la renonciation à ce premier choix et c'est finalement près de son propre père, Louis VII, que le corps de Philippe Auguste repose.

Le choix de sépulture d'un Capétien auprès des restes d'un Carolingien pourrait étonner : il indique simplement la continuité généalogique retrouvée entre la famille de Charlemagne et les Capétiens et signifie une forme d'adhésion à l'idée selon laquelle le royaume faisait retour, après un intervalle de sept générations, aux Carolingiens. Le rejet du premier choix, parce qu'il contraint à placer le corps de Philippe auprès de celui de son père, renforce au contraire la continuité dynastique et contribue à écarter définitivement tout doute sur la légitimité capétienne – doute qui travaille les historiens et ceux qui réfléchissent au pouvoir depuis le Xe siècle.

Pendant ce temps, à Mantes, le cortège funèbre s'organise. Le corps du roi a été revêtu d'habits somptueux, recouvert d'une dalmatique puis d'un drap d'or. Une couronne a été placée sur sa tête et un sceptre a été placé entre ses mains jointes. C'est la première fois que l'on a mention d'un roi de France enterré avec tous les attributs du pouvoir souverain. Le respect nouvellement acquis par le monarque se manifeste d'abord ainsi. Il s'affirme enfin par le cortège qui s'organise pour porter le cercueil de Mantes à Saint-Denis au milieu des plus grandes manifestations de douleur et de deuil de la part du clergé.

À Saint-Denis, les prélats du concile de Paris sont tous là pour concélébrer les obsèques qui se déroulent en présence du légat du pape, le cardinal-évêque de Porto, de deux archevêques et de vingt-deux évêques. Le roi de Jérusalem, Jean de Brienne, se trouve également présent, à la demande expresse du défunt. La magnificence de ces funérailles contribua à la naissance de l'idée de la sainteté du roi : on ne voulait retenir de ce souverain auquel tout semblait réussir que les éclatants succès qu'il avait remportés et qui semblaient montrer que la grâce divine l'accompagnait dans ses actions.

Bibliographie sélective

Sources principales

Chronicon S. Dionysii recentior, dans E. Berger, « Annales de Saint-Denis, généralement connues sous le titre de *Chronicon sancti Dionysii ad cyclos paschales* », *Bibliothèque de l'École des Chartes*, t. 40, 1879, p. 261-295.

Chronicon Turonense, *Recueil des historiens des Gaules et de la France*, t. 18, Paris, 1822.

Chronique rimée de Philippe Mouskes, t. II, de Reiffenberg (éd.), Bruxelles, 1836-1838.

Guillaume le Breton, *Œuvres de Rigord et de Guillaume le Breton, historiens de Philippe Auguste*, H.-F. Delaborde (éd.), t. II, *Philippide*, Paris, 1885.

Radulphi de Coggeshall chronicon anglicanum, J. Stevenson (éd.), Londres, 1875.

Richerii gesta Senonensi ecclesia, MGH SS, XXV, G. Waitz (éd.), Hanovre, 1880.

Études

Baldwin, John, *Philippe Auguste et son gouvernement*, Paris, Fayard, 1986.

—, « Le sens de Bouvines », dans *Cahiers de civilisation médiévale*, nº 30, 1987, p. 119-130.

Berné, Damien, « La place du testament dans l'économie de la mémoire capétienne à Saint-Denis », dans *Le Moyen Âge*, t. 119, 2013/1, p. 11-25.

Duby, Georges, *Le Dimanche de Bouvines*, Paris, Gallimard, 1973.

Erlande-Brandenburg, Alain, *Le Roi est mort. Étude sur les funérailles, les sépultures et les tombeaux des rois de France jusqu'à la fin du* XIIIe *siècle*, Paris, Arts et métiers graphiques, 1975.

Lewis, Andrew W., *Le Sang royal. La famille capétienne et l'État. France,* X^e^-XIVe *siècle*, Paris, Gallimard, 1986.

4

« Nous irons en Jérusalem ! »
Saint Louis sur son lit de mort à Tunis, 1270

par Jacques Le Goff

Louis IX est sans doute né en 1214. En 1226, à la mort de son père Louis VIII, il devient roi. Mais comme il est mineur, sa tutelle et la garde du royaume sont confiées à sa mère, Blanche de Castille. Le jeune roi a été sacré à Reims, selon la tradition, le 29 novembre 1226. Il a sans doute, avant son propre décès, été deux fois en danger de mort. La première fois lorsqu'un important groupe de barons révoltés l'empêcha de sortir de Montlhéry et, bien que jusqu'alors aucun meurtre de roi de France ne se soit produit, on peut se demander ce qu'ils auraient fait de sa personne s'ils avaient réussi à s'en emparer. Mais une troupe importante de Parisiens en armes vint le délivrer et il put rentrer indemne avec sa mère à Paris. La seconde occasion, plus naturelle mais aussi plus réelle, fut la grave maladie qu'il subit en 1244 et qui lui fit prononcer le vœu de partir à la croisade s'il en réchappait, ce qui fut le cas.

La mort effective de « l'homme modèle du Moyen Âge » (Chateaubriand) eut lieu le 25 août 1270 devant Tunis où le roi avait débarqué dans l'espoir de trouver le long de la côte méditerranéenne un chemin qui l'aurait conduit de façon plus sûre en Palestine alors que, arrivé par mer en Égypte lors de sa première croisade, il avait été capturé par les musulmans en 1250 et retenu prisonnier pendant un mois jusqu'au paiement de sa rançon par la reine Marguerite. Pendant qu'il faisait le siège de Tunis, il fut frappé par le typhus et en mourut.

Son confesseur, Geoffroy de Beaulieu, témoin oculaire de son agonie et de son trépas, a laissé un récit de sa mort dont voici un extrait :

« Comme la maladie s'aggravait, il reçut sain d'esprit, en pleine conscience, très chrétiennement et très dévotement, les derniers sacrements de l'Église. Quand nous lui montrions le sacrement de l'extrême-onction en récitant les sept psaumes avec la litanie, lui-même récitait les versets de psaumes et nommait les saints dans la litanie, invoquant très dévotement leurs suffrages. Alors qu'à des signes manifestes il s'approchait de la fin, il n'avait pas d'autre souci que les affaires de Dieu et l'exaltation de la foi chrétienne. Comme il ne pouvait plus parler qu'à voix basse et avec peine, à nous, debout autour de lui et tendant l'oreille vers ses paroles, cet homme plein de Dieu et vraiment catholique disait : "Essayons, pour l'amour de Dieu, de faire prêcher et d'implanter la foi catholique à Tunis. Oh ! quel prédicateur capable pourrait-on y envoyer ?" Et il nommait un frère prêcheur qui y était allé en d'autres circonstances et était connu du roi de Tunis. [...] Comme la force de son corps et de sa voix déclinait peu à peu, il ne cessait pourtant de demander les suffrages des saints auxquels il était spécialement dévot, autant que ses efforts lui permettaient de parler, et surtout saint Denis, patron particulier de son royaume. Dans cet état nous lui avons entendu répéter plusieurs fois la fin de la prière que l'on dit à Saint-Denis : "Nous te prions Seigneur, pour l'amour de toi, de nous donner la grâce de mépriser la prospérité terrestre et de ne pas craindre l'adversité." Il répéta plusieurs fois ces paroles. Il répéta aussi plusieurs fois le début de la prière à saint Jacques apôtre : "Sois, Seigneur, le sanctificateur et le gardien de ton peuple", et rappela dévotement la mémoire d'autres saints. Le serviteur de Dieu, allongé sur un lit de cendres répandues en forme de croix, rendit son souffle bienheureux au Créateur ; et ce fut à l'heure précise où le fils de Dieu pour le salut du monde expira en mourant sur la croix. » Il aurait murmuré dans la nuit qui précéda sa mort : « Nous irons en Jérusalem ! »

Un cadavre embarrassant

La mort du roi posa à son entourage un double problème. Le premier était d'ordre matériel. Comment rapatrier le cadavre royal de Tunis à Saint-Denis, nécropole traditionnelle des rois de France ? Le second était d'ordre politique. À côté de la procédure historique qu'était la sépulture à Saint-Denis, soutenue fermement par son fils, le jeune Philippe III, présent à Tunis, une autre solution fut proposée par le frère cadet de Louis IX, Charles d'Anjou, roi de Naples et de Sicile, à savoir une inhumation dans sa basilique royale sicilienne construite à Monreale, près de Palerme.

Un compromis fut trouvé pour le sort du cadavre royal devenu enjeu politique. Selon d'ailleurs une pratique déjà éprouvée dans certains cas, le corps fut dépecé. Philippe III reçut pour l'apporter à Saint-Denis la partie du cadavre constituée par les ossements, car seuls ils étaient susceptibles de devenir des reliques et beaucoup, comme Philippe III lui-même, pensaient que Louis IX serait canonisé par l'Église. Charles d'Anjou dut se contenter de la partie molle du corps : les chairs et les entrailles. Cette dialectique corporelle du dur et du mou était symboliquement une dialectique du pouvoir. Pour le cœur, il y a un doute. Selon certains témoins, Philippe III aurait accepté que son oncle l'emporte avec les entrailles à Monreale. Pour d'autres, plus crédibles, le nouveau roi les emporta avec les os à Saint-Denis. On sait en effet que les moines de Saint-Denis estimaient que le cœur des rois devait demeurer dans leur église avec leurs ossements. Et une inscription du XVIIe siècle sur le tombeau de Saint Louis à Saint-Denis atteste de la présence du cœur à l'intérieur. D'autres hypothèses très invraisemblables existent : soit que le cœur fut conservé en Afrique, ce qui donna lieu à une légende sur une seconde vie, en Afrique, de Louis IX converti à l'islam, soit qu'il fut déposé à la Sainte-Chapelle que Louis IX avait fait construire dans l'enceinte du palais royal.

Selon le chroniqueur Primat, les serviteurs du roi qui procédèrent à son dépeçage l'auraient découpé membre à membre et fait cuire si longuement dans de l'eau et du vin que les os en seraient tombés tout blancs et tout nets de la chair et qu'on aurait pu les ôter sans employer la force. Entre les croisés français et l'émir musulman de Tunis un accord fut conclu dont un des articles était la possibilité pour les chrétiens de ramener en France le corps du roi défunt.

Commence alors la partie sans doute la plus étonnante du cheminement de ce mort vers son repos définitif. Le

11 novembre 1270, l'armée chrétienne rembarqua et, le 14, la flotte jeta l'ancre dans le port de Trapani, en Sicile. Premier incident fâcheux de ce retour, une terrible tempête détruisit dans la nuit du 15 au 16 novembre la majeure partie de la flotte. Mais le nouveau roi et son épouse avaient débarqué la veille avec les restes de Louis IX. On mit les ossements et probablement le cœur du roi, comme les ossements de son fils Jean Tristan, décédé quelques jours avant lui à Tunis et dont on n'avait pu lui cacher la mort, dans deux petits cercueils. Celui de Louis IX fut porté sur deux barres reposant sur le dos de deux chevaux. Un troisième cercueil renvoyé en France contenait la dépouille du chapelain du feu roi, Pierre de Villebéon. Alors qu'elle était encore à Trapani, la famille royale fut frappée par la mort du gendre de Louis IX, Thibaud de Champagne, qui fut mis dans un quatrième cercueil. Second incident de ce cheminement funèbre, la jeune reine Isabelle d'Aragon, femme de Philippe III, fit une chute de cheval le 11 janvier 1271 en traversant une rivière en crue en Calabre et donna prématurément le jour à un enfant mort-né, avant de mourir elle-même le 30 janvier. Le cortège funèbre accompagné par le nouveau roi et l'armée comprenait donc, avec celui de Louis IX, quatre autres cercueils, ce qui lui donna un caractère particulièrement impressionnant.

Ce cortège remonta lentement l'Italie, traversant Rome, Viterbe, où étaient réunis les cardinaux s'efforçant d'élire un pape, Montefiascone, Orvieto, Florence, Bologne, Modène, Parme, Crémone, Milan, Verceil. Puis le cortège franchit les Alpes par le Mont-Cenis, au pas de Suse, remonta la vallée de la Maurienne, traversa Lyon, Mâcon, Cluny, Châlons-sur-Marne, Troyes et arriva finalement à Paris le 21 mai 1271. En route avait eu lieu un nouvel incident funèbre : le frère de Louis IX,

Alphonse de Poitiers, et sa femme Jeanne moururent à un jour d'intervalle en Italie du Nord et furent enterrés dans la cathédrale de Savone, en Ligurie.

Le cercueil de Louis IX fut exposé à Notre-Dame de Paris et les funérailles eurent lieu à Saint-Denis le 22 mai 1271 au milieu de vifs incidents entre le clergé parisien et les moines dionysiens. Il s'était écoulé neuf mois entre le départ de son cadavre de Tunis et son arrivée à sa dernière demeure.

La longue marche vers la sainteté

L'histoire de Saint Louis mort ne s'arrête pas là. En effet, dès son vivant plusieurs personnes haut placées dans l'Église ou à la cour royale avaient pensé que Louis IX était un saint et serait canonisé. Or la marche vers la sainteté commença avant même l'ensevelissement à Saint-Denis. Le corps du roi mort dans son cercueil se mit à faire des miracles en Sicile et le Saint-Siège reconnut l'authenticité de deux d'entre eux. Trois eurent lieu pendant le reste du voyage. Deux en Italie du Nord, un à Parme et l'autre à Reggio d'Émilie. Mais, surtout, dès que le cercueil fut déposé dans une tombe à Saint-Denis, les miracles se multiplièrent. Pendant longtemps, l'élévation d'un mort pieux au rang de saint avait procédé soit de la *vox populi*, soit d'un prélat local. Depuis le pontificat d'Innocent III (1198-1216), l'élévation d'un mort au rang de saint était le privilège du seul Saint-Siège et était obtenu ou refusé au terme d'un long procès en canonisation dont les juges avaient été désignés par le pape. Parmi les arguments en faveur de la canonisation, les miracles tenaient la première place et un au moins, clairement authentifié, était réclamé pour faire de son auteur un saint. L'ouverture d'un procès en canonisation fut obtenue par l'action de trois groupes de pression. La renommée (*bona fama* ou *vox populi*), la maison capétienne, et notamment le fils et successeur de Louis IX, Philippe III, et l'Église de France. Il faut y ajouter les ordres religieux dont Louis IX se sentait proche : Cisterciens, et surtout Dominicains et Franciscains. Ces partisans, nombreux et de haut rang, s'appuyant sur l'abondance des témoignages, espéraient voir aboutir rapidement la canonisation, mais il fallut attendre vingt-sept ans pour qu'elle se produise. La principale raison en fut la brièveté des règnes des papes successifs et le fait qu'à l'élection de chaque nouveau pontife on revenait au moins en partie au début de l'enquête en faveur de la sainteté de Louis IX.

Dès sa prise de fonctions, Grégoire X, élu en septembre 1271 alors qu'il se trouvait en Palestine, écrivit le 4 mars 1272 au dominicain Geoffroy de Beaulieu, confesseur de Louis IX, pour demander qu'il lui fournisse le plus d'informations possible sur son royal pénitent qui fascinait le nouveau pape hanté par la croisade et la Terre sainte. Après le second concile de Lyon en 1274, des lettres pressant le pape d'ouvrir le procès en canonisation furent envoyées par les archevêques de Reims et de Sens et leurs évêques suffragants, et par le prieur des Dominicains de la province de France. L'appel à la canonisation de Louis IX mort prenait un caractère national. Grégoire X puis Nicolas III consultèrent spécialement Simon de Brie, ancien conseiller et chancelier de Louis IX, qui dut faire une enquête d'abord secrète puis publique. Simon de Brie, devenu le pape Martin IV en août 1280, accéléra le procès. Mais il le retarda aussi en envoyant sur les lieux où s'étaient produits les miracles signalés trois prélats français qui entendirent trois cent trente témoins, en général de pauvres gens, sur les miracles, et trente-huit, en général des personnages importants, sur la vie, c'est-à-dire les mœurs, le comportement, du roi défunt. Mais les papes successifs moururent rapidement, une vacance pontificale eut lieu pendant plus d'un an et demi, puis ce fut la fameuse « affaire » Célestin V, le seul pape qui démissionna[1]. Enfin son successeur Boniface VIII, élu le 24 décembre 1294, annonça le 4 août 1297, dans sa résidence d'Orvieto, sa décision de canoniser Louis IX. Il lui consacra un sermon le 11 août et publia la bulle *Gloria laus* qui prononça la canonisation solennelle du monarque, dont la fête fut fixée au 25 août, date de sa mort. La France avait un roi saint et le 25 août devenait la Saint-Louis. Le 25 août 1298, au cours d'une cérémonie solennelle à Saint-Denis, en présence de Philippe le Bel, petit-fils du nouveau saint, de nombreux témoins du procès de canonisation, dont le sire de Joinville, son futur biographe, et de beaucoup de prélats, de barons, clercs, chevaliers, bourgeois et gens du peuple remplissant la basilique, les ossements de Saint Louis furent « élevés » et placés dans une châsse derrière l'autel.

Des reliques très recherchées

L'histoire de la mort d'un saint ne s'arrête pas au jour de l'élévation de son cercueil. Elle se prolonge par l'histoire de ses reliques. Les reliques des saints faisaient

1. Le 13 décembre 1294, cinq mois seulement après son élection. Rapidement contesté, Célestin V préféra renoncer au trône de saint Pierre, ce qui n'empêcha pas Boniface VIII de le placer en résidence surveillée.

en général au Moyen Âge l'objet d'une véritable « politique de dons ». Celles de Saint Louis étaient dans cette perspective d'une valeur considérable. Les rois, ses successeurs, en usèrent abondamment. Un grand nombre d'os, gros et petits, quittèrent Saint-Denis pour de nombreuses églises de France. Philippe le Bel voulut s'en servir au profit de la dynastie royale en faisant transférer les restes de son saint grand-père de Saint-Denis à la Sainte-Chapelle de Paris. Le pape Boniface VIII y consentit mais les moines de Saint-Denis s'y opposèrent victorieusement. Le nouveau pape, élu en novembre 1305 à Lyon, le Français Bertrand de Got, devenu Clément V, obligea les moines de Saint-Denis à accepter le transfert à la Sainte-Chapelle de la partie du corps considérée à cette époque comme la plus importante, la tête (au détriment du cœur), et laissa comme lot de consolation aux moines de Saint-Denis le menton, des dents et la mâchoire inférieure. On ne sait ce qu'il advint du cœur et l'histoire de Saint Louis mort et de ses reliques reste en suspens. Pour donner plus d'éclat au peu de reliques que leur avait laissées le pape, les moines de Saint-Denis firent fabriquer pour elles un magnifique reliquaire qui fut solennellement inauguré le 25 août 1307 en présence de Philippe le Bel et d'une foule de prélats et de barons.

Le fractionnement du squelette de Saint Louis continua. Philippe le Bel et ses successeurs donnèrent des phalanges de doigt au roi de Norvège Haakon Magnusson pour l'église dédiée au saint roi qu'il fit construire dans l'île de Tysoën, près de Bergen. Parmi les premiers bénéficiaires, il y eut les chanoines de Notre-Dame de Paris, les Dominicains de Paris et de Reims, les abbayes de Royaumont et de Pontoise. La reine Blanche de Suède, pendant un voyage à Paris entre 1330 et 1340, reçut un reliquaire contenant quelques fragments du squelette destinés au monastère de Sainte-Brigitte à Vadstena. L'empereur Charles IV, lors de son séjour parisien en 1378, en reçut d'autres qu'il envoya à la cathédrale de Prague. En 1392, le reste des os de Saint Louis fut placé dans une nouvelle châsse et, à cette occasion, Charles VI donna une côte à porter au pape, deux côtes aux ducs de Berry et de Bourgogne et un os aux prélats qui assistaient à la cérémonie pour qu'ils se le partagent entre eux. En 1568, l'ensemble des os fut réuni à Paris à l'occasion d'une procession solennelle contre les protestants. En septembre 1610, Marie de Médicis reçut un os, mais, prise de remords, elle le rendit lors du sacre de son fils Louis XIII. Anne d'Autriche, la mère de Louis XIV, ne reçut qu'un petit morceau de côte en 1616 et, insatisfaite, obtint une côte entière l'année suivante. Pendant la Révolution française, lorsque les cadavres royaux de Saint-Denis furent exhumés par les révolutionnaires qui les détruisirent, on ne trouva pas les ossements de Saint Louis, puisqu'ils avaient été transportés dans la châsse en 1298. Mais la châsse fut elle aussi détruite et ce qui restait d'ossements dispersé ou anéanti.

Reste le mystère du cœur. Les érudits en ont beaucoup discuté. En 1843, lors de travaux à la Sainte-Chapelle, on découvrit près de l'autel les fragments d'un roi. Certains dirent qu'il s'agissait des restes du saint roi et une vive polémique se développa. Mais il semble aux historiens d'aujourd'hui, avec raison, que cette identification est impossible. Le cœur de Saint Louis a dû, comme l'avait décidé Philippe III devant Tunis, être mis dans le tombeau de Saint-Denis et a sans doute fait l'objet de la destruction du reste des reliques par les révolutionnaires en 1793. Il semble vain d'espérer le retrouver, en dépit de tentatives récentes.

Les entrailles déposées par Charles d'Anjou à Monreale en Sicile y sont restées jusqu'en 1860, mais à cette date le dernier roi Bourbon de Sicile, François II, fut chassé par les soldats – les Mille – de Garibaldi. Il emporta les entrailles à Gaète, puis à Rome, puis dans le château en Autriche qu'avait mis à sa disposition l'empereur François-Joseph, et enfin à Paris où il mourut en 1894, léguant le reliquaire qui contenait ces entrailles au cardinal Lavigerie et aux Pères blancs pour leur cathédrale de Carthage. Ainsi, les entrailles de Saint Louis sont-elles revenues sur les lieux de sa mort.

Une certaine idée de la mort

Le partage du corps de Saint Louis fut le dernier qui eut lieu dans la chrétienté. En 1299, par la bulle *Detestandae feritatis*, le pape Boniface VIII interdit à l'avenir ces pratiques qu'il qualifia de barbares et monstrueuses. Cependant, cette décision qui manifestait la volonté de l'Église d'imposer à l'humanité un traitement plus respectueux et plus honorable du corps ne convainquit pas les chrétiens, surtout ceux placés en haut de la hiérarchie sociale, de renoncer à des pratiques traditionnelles d'origine païenne, mais qu'ils avaient assumées et prolongées comme un hommage rendu aux grands personnages. L'existence pour ces grands hommes de trois tombeaux – celui du corps, celui du cœur et celui des entrailles – en des lieux différents attestait au contraire leur grandeur éminente, et celle du pouvoir qu'ils possédaient de leur vivant et que cette multiplicité des tombes semblait prolonger après la mort. En France, ce sentiment et ces pratiques durèrent pour les rois jusqu'à la Révolution qui donna une forme moderne à la mort et à ses séquelles.

Ne quittons pas cette longue mort de Saint Louis sans rappeler que lui-même de son vivant s'était principalement intéressé à la mort et aux sépultures de ceux qui l'entouraient, et en particulier de la famille royale. Son principal centre d'intérêt fut, bien entendu, la nécropole royale de Saint-Denis où furent enterrés tous les rois de France à partir d'Hugues Capet, renouvelant d'ailleurs de façon collective ce qui avait été précédemment le choix individuel de Dagobert chez les Mérovingiens et de Charles le Chauve chez les Carolingiens. C'est probablement en 1263-1264 que Louis IX fit réaménager la disposition des tombeaux royaux à Saint-Denis de façon à mettre en évidence la prééminence de la personne du roi au sommet de la société. Furent donc désormais exclus de la nécropole tous les personnages de la famille royale qui n'avaient pas effectivement régné. La mère de Louis IX, Blanche de Castille, tant aimée par son fils, s'était choisi un lieu funéraire auquel évidemment Louis IX ne toucha pas, le monastère féminin de Maubuisson, qu'elle avait elle-même fondé. Mais les enfants royaux qui n'avaient pas régné durent quitter Saint-Denis. Et sur son lit de mort, Louis IX, qui venait d'apprendre la mort de son très cher jeune fils Jean Tristan, trouva la force de déclarer qu'il ne devait pas être enterré à Saint-Denis, et il le fut en effet dans l'église qui eut désormais tendance à être la nécropole des enfants royaux, l'abbaye cistercienne de Royaumont, très aimée par le roi.

C'est à l'époque de Louis IX, et bien qu'aucun document ne l'assure on peut penser que le roi a favorisé cette innovation, que se développèrent la réalisation et la pose de statues mortuaires sur des sépultures de pierre dans des églises à caractère royal ou seigneurial, et que se multiplièrent ce qu'on appela les *gisants*, statues qui semblent être la traduction concrète de l'image que se faisait Louis IX d'un puissant homme mort. Le roi, qui n'imaginait pas le destin de son corps à l'état de cadavre, puis de relique, avait vu dans la dépouille mortelle des grands personnages, clercs, laïques, saints, l'image d'une divinisation du corps qui s'introduisait à la même époque dans la nouvelle dévotion au Christ mort, soit sur la croix, soit sur les genoux de la Vierge Marie.

Ainsi, la mort de Saint Louis n'est pas seulement un grand événement politique. Elle offre aussi l'image concrète de l'exaltation des défunts illustres par le christianisme et la société européenne.

Bibliographie sélective

Bande, Alexandre, *Le Cœur du roi. Les Capétiens et les sépultures multiples XIIIe-XVe siècle*, Paris, Tallandier, 2009.

Beaune, Colette, *Naissance de la nation France*, Paris, Gallimard, 1985.

Erlande-Brandenburg, Alain, *Le Roi est mort. Étude sur les funérailles, les sépultures et les tombeaux des rois de France jusqu'à la fin du XIIIe siècle*, Paris, Arts et métiers graphiques, 1975.

Le Goff, Jacques, *Saint Louis*, Paris, Gallimard, 1996 ; coll. « Folio », 2013.

Lewis, Andrew W., *Le Sang royal. La famille capétienne et l'État. France, Xe-XIVe siècle*, Paris, Gallimard, 1986.

Mercuri, Chiara, *Saint Louis et la Couronne d'épines. Histoire d'une relique à la Sainte-Chapelle*, traduit de l'italien par Philippe Rouillard, Paris, Riveneuve, 2011.

5

Roi jusqu'au bout
La mort de Charles V, 16 septembre 1380

par Philippe Contamine

Né au château du bois de Vincennes le 21 janvier 1338, jour de la Sainte-Agnès, le futur Charles V vint « aux affaires » dès 1356, en raison de la capture de son père Jean II le Bon à l'issue de la défaite de Poitiers. Duc de Normandie et dauphin de Viennois, il devint alors lieutenant du roi puis régent. Du coup, il se trouva confronté à une tâche écrasante : il lui fallait non seulement obtenir la libération de son père, réunir sa rançon et sauver ce qui pouvait l'être du royaume de France, mais encore surmonter des oppositions intérieures, la plus dangereuse étant celle des Parisiens partisans du prévôt des marchands Étienne Marcel : celui-ci, en effet, estimait que tous ces malheurs venaient d'un mauvais mode de gouvernement, d'un calamiteux exercice du pouvoir. La réforme, sinon la révolution, était à l'ordre du jour.

Lorsqu'il devint roi en 1364, le royaume de France,

en vertu du traité de Calais conclu en 1360 entre Jean le Bon et Édouard III, roi d'Angleterre, se trouvait juridiquement amputé d'un tiers par rapport à ce qu'il était en 1356 : une immense principauté d'Aquitaine s'était en effet constituée, courant de Thouars à Bayonne, soit vingt-deux diocèses, au profit d'Édouard, déjà prince de Galles, fils aîné et héritier d'Édouard III. Charles V aurait pu se résigner à cette amputation, remettre en ordre le territoire qui lui restait, être satisfait d'être resté le maître à Paris, à Rouen, à Orléans, à Tours, à Lyon, à Toulouse et à Montpellier. Il ne le voulut pas. Aussi s'employa-t-il à mettre en place tout un dispositif militaire, diplomatique et financier, en vue d'annihiler les effets de la paix de Calais. Il trouva des alliés, reconstitua l'armée sous l'impulsion de Bertrand Du Guesclin, connétable de France, instaura des impôts, directs et indirects, d'autant plus lourds pour la population que celle-ci, à la suite des pestes de 1348-1349, 1360-1362 et 1375, avait peut-être diminué de 30 à 40 % par rapport aux années 1340, entreprit un effort de propagande en vue de restaurer l'autorité monarchique et de mettre en valeur sa royale personne. Le succès fut somme toute au rendez-vous puisque dès 1375 la majeure partie du terrain cédé en 1360 avait été récupérée. Il est vrai que l'adversaire d'Angleterre ne reconnaissait pas sa défaite et qu'il conservait des alliés dans le royaume, le plus important d'entre eux étant Jean IV, duc de Bretagne.

Cultivé, amateur de beaux livres et de grandes idées propres à nourrir sa réflexion politique, Charles V fut un intellectuel doublé d'un homme d'action. Il sut s'imposer à sa famille et surtout à ses frères, ce qui n'avait rien d'évident.

Des œuvres d'art nous conservent les traits de son visage, ainsi *Le Parement de Narbonne* (au musée du

Louvre), une statue en pied provenant sans doute du décor du château du Louvre et une miniature de la Bible historiale que Jean de Vaudetar lui offrit en 1372 (au musée Meermanno-Westreenianum de La Haye). D'une image à l'autre, on ne peut qu'être frappé par son « long nez gothique » (Paul Claudel). Christine de Pisan (vers 1364-vers 1429) [désormais Christine], dans son célèbre *Livre des fais et bonnes meurs du sage roy Charles V* (1404), fait un portrait très précis de sa « fisionomie et corpulance » : il était de taille élevée, bien découplé, mince de hanches et large d'épaules, les yeux et le poil châtains, un grand front, le teint pâle. C'était un homme de sang-froid, un beau parleur, sachant ordonner son propos qu'il débitait d'une voix agréable. Bref, il impressionnait ses auditeurs, se comportait toujours comme un roi, ne serait-ce que par sa prédilection pour les robes longues – et fourrées – en un temps où nombreux étaient ceux qui, dans son entourage nobiliaire, avaient adopté le costume civil court. Il se voulait inspiré par l'esprit de sérieux et par la modération, ce qui ne l'empêchait pas de savoir ce qu'il voulait et de détester l'indiscipline.

Récits

« *Item*, le dimenche XVIe jour du mois de septembre 1380 dessuz dit, à heure de midi, trespassa en l'ostel de Beauté-sur-Marne le roy de France Charles dit le Ve. » Ainsi s'exprime sobrement la chronique officielle de la royauté française, composée à l'époque même, peut-être sous l'autorité du chancelier Pierre d'Orgemont. À suivre la succession des rois Valois du Moyen Âge, depuis Philippe VI jusqu'à Louis XII, on constate sans surprise que la mort de chacun d'eux a été l'occasion, au moment où elle s'est produite ou peu de temps après, de données précises, ponctuelles, surtout dans des narrations à vocation historique : y figurent le lieu, la date exacte, voire, succinctement, telle ou telle circonstance relative à la disparition du souverain concerné. Toutefois, précisément pour Charles V, on n'en est pas réduit à ces sèches mentions. Viennent en effet opportunément éclairer sa fin deux récits d'un contenu franchement inhabituel. Le premier (environ deux mille mots), dû à la plume de Christine, est inséré à la fin du *Livre des fais et bonnes meurs* dans un chapitre intitulé « Cy dit le trespassement et belle fin du sage roy Charles ». Or la célèbre poétesse, qui fut aussi une femme de réflexion et de savoir, était non seulement la fille de Thomas de Pisan, savant médecin, astrologue et astronome au service de Charles V, mais encore l'épouse d'Étienne Castel, lui aussi au service de la royauté française en tant que notaire et secrétaire du roi, ce qui implique qu'elle a bénéficié en l'occurrence d'une information de première main. Dès le milieu du XVIIe siècle, les historiens et les érudits connaissent cette œuvre, la consultent en attendant une première édition imprimée, en 1819, suivie de plusieurs autres jusqu'à celle, impeccable, de Suzanne Solente, en 1936 et 1940. Le deuxième récit, un peu plus long que le précédent, a été découvert et publié en 1886 par Barthélemy Hauréau : il est anonyme, quoique écrit à la première personne : on peut penser à un clerc présent à l'événement. Bien que non daté, il a été à l'évidence écrit presque sur-le-champ. Il n'était pas destiné à la publicité alors que l'authentique femme de lettres qu'était Christine souhaitait être lue, ne serait-ce qu'au sein de la maison de France. Il n'empêche que, bien que leur finalité ne soit pas strictement identique, les deux récits sont parallèles et complémentaires ; ils veulent à la fois instruire et édifier, et, dès lors que le texte en latin est antérieur d'une vingtaine d'années au texte en français, l'accord s'est fait entre les spécialistes pour penser que Christine l'a connu et s'en est inspirée, non sans prendre quelques libertés par rapport à son modèle que, pour plus de sûreté, elle s'est peut-être fait traduire.

À partir de ces deux textes, dont l'un, la relation, se présente comme un authentique témoignage, trois approches complémentaires de la mort de Charles V sont possibles : le roi souffrant, le roi priant, le roi régnant.

Le roi souffrant

Tout se passe comme si Charles V, né en 1338, avait connu de sérieux problèmes de santé à partir des années 1360, voire un peu plus tôt. Si l'on en croit Jean Froissart, le plus fécond, le plus talentueux mais non le plus véridique des chroniqueurs du XIVe siècle (il avait manifestement un faible pour les racontars), il aurait été empoisonné par Charles II, roi de Navarre, devenu son ennemi après avoir été, pendant tout un temps, son complice. Froissart parle d'un mystérieux médecin allemand envoyé par l'empereur Charles de Luxembourg, oncle du roi Charles, qui l'aurait sauvé *in extremis* au moyen de ce que nous appellerions un drain, posé au bras gauche, par lequel les humeurs empoisonnées du souverain se seraient écoulées régulièrement. Fort satisfait de son intervention, le médecin aurait toutefois prévenu son patient que, si le drain s'asséchait, alors le poison ferait son œuvre, jusqu'à le mener sans remède possible au tombeau, dans un délai maximal de quinze jours.

Peu importe bien sûr la véracité de cette histoire : on ne peut exclure que Charles V y ait cru, ainsi que son entourage et l'opinion publique. Le fait est qu'au moins à partir de son sacre en 1364, alors qu'il était encore « en fleur de jeunesse » (Christine), on le voit mener une existence physiquement plutôt réduite. Manifestement le roi se ménageait, se soignait. On a même quelque idée des remèdes qu'il se faisait administrer. Plus de grandes chevauchées, plus d'exploits guerriers, un teint pâle, une grande maigreur, des fièvres récurrentes, une main droite ne pouvant plus rien saisir de lourd, en raison apparemment d'un œdème chronique. On explique son ordonnance de 1374 fixant la majorité des rois de France à treize ans révolus par une poussée d'inquiétude de sa part, qui se serait aussi traduite, la même année, par la rédaction de son testament – celui qui, assorti d'un codicille plus tardif (1379), devait être exécuté après sa mort. En juin 1379, selon un correspondant de la comtesse douairière de Flandre, qui a vu le roi à Saint-Germain-en-Laye, celui-ci était « bien foible et en petit estat du corps ». Selon une lettre de janvier 1380 adressée à Louis, duc d'Anjou, le roi fut alors immobilisé huit jours au château de Mez-le-Maréchal, près de Montargis, en raison d'une crise de goutte (le diagnostic, cette fois, est précis). Puis Charles V se rétablit, ou du moins les informations manquent. Il eut encore la force, en juin, de se déplacer jusqu'à Reims, dont il inspecta les fortifications, en piètre état. Regagnant la région parisienne, il s'installa non point à l'hôtel Saint-Pol, encore qu'il ait affectionné cette résidence, mais à l'« hôtel », « château » ou « manoir » de Beauté-sur-Marne, l'une des constructions de ce roi bâtisseur. Situé à l'extrémité du bois de Vincennes, entouré d'un « noble parc » où folâtraient les daims (Eustache Deschamps), ce lieu plaisant, éloigné des miasmes de la capitale où sévissait alors une épidémie, comprenait une tour carrée et un vaste bâtiment annexe pourvu d'une galerie basse, d'une galerie haute et de plusieurs pièces, dont une « grant chambre », celle où il mourut. Il faut aussi imaginer la présence d'une chapelle.

La crise qui devait l'emporter survint dans la nuit du jeudi 13 au vendredi 14 septembre 1380. Au matin, alarmé à juste titre, il se confessa, assista à la messe, communia mais ne put avaler qu'un petit morceau d'hostie (il est parlé, significativement, de viatique). Puis il se rétablit, se mit à table, mangea un morceau, fit la sieste sur une sorte de chaise longue (*cubiculum*) et regagna son lit, sur ordre des médecins. La souffrance ne le quittait pas. La nuit du 14 au 15 fut mauvaise. Le samedi matin, un peu mieux, il tint à rassurer son entourage, à lui faire bon visage, mais bientôt les douleurs reprirent, accompagnées d'angoisse (angine de poitrine ?). Après le repas, il s'assit sur son lit et se mit à parler d'abondance, ce qui n'était pas dans son habitude : faut-il penser à une crise de délire ? Dans la soirée, son état s'améliorant un peu, on espéra que le roi était sauvé. Mais, au milieu de la nuit, voici que s'élevèrent des cris, des gémissements. Au matin, on observa avec inquiétude les yeux caves, les lèvres rétractées laissant apparaître les dents, le teint non plus seulement pâle mais jaune. La parole se fit embarrassée. Le corps était douloureux à l'extrême. Le pouls était tantôt imperceptible, tantôt accéléré. Malgré tout, le roi tint à se faire transporter pour écouter, sans doute dans la chapelle du manoir, une messe chantée. Les chants mélodieux, le son de l'orgue apaisaient ses souffrances physiques et morales. Il regagna son lit, se fit administrer l'extrême-onction, en pleine conscience, demanda à la majorité de l'assistance de se retirer, se tourna sur son côté gauche et entra en agonie. Alors qu'on achevait la lecture de la Passion selon saint Jean, vers midi, il mourut dans les bras de son premier chambellan, Bureau de La Rivière, éploré, alors le plus proche de ses amis. Il n'avait pas quarante-trois ans.

À vrai dire, ni Christine ni la relation ne donnent un nom à son mal ou à ses maux : telle n'était pas leur intention, qui était plutôt de souligner sa lucidité, quasiment jusqu'à la fin, sa résignation, l'intensité de ses souffrances. « De l'estat de son enfermeté ne quier [je ne cherche pas à] faire narracion. » Curieusement, Christine voit dans la mort du « bon connestable » Bertrand Du Guesclin, le 14 juillet précédent, lui qui portait les « fais de chevalerie » du roi, un signe prémonitoire, un présage, comme la mort du « bon cheval » Bucéphale quelques jours avant la disparition de son maître Alexandre. Elle voit dans la mort de Charles le Sage le couronnement, à la fois logique et admirable, de sa vie et de ses vertus, car, comme dit le « commun proverbe », « en la fin peut-on congnoistre la perfection de la chose ». Elle souligne aussi que le roi ne se faisait pas d'illusions : il savait que la faiblesse de sa « complexion » l'empêcherait de surmonter longtemps les maux qui l'accablaient et que le terme de son existence ne pouvait tarder.

En revanche, ni l'une ni l'autre de nos sources ne fait allusion à une quelconque « pronostication » astrologique, alors pourtant que c'était à l'époque quelque chose d'assez fréquent et alors surtout qu'assista peut-être aux derniers moments du roi maître Gervais

Chrétien, « souverain médecin et astrologien stipendié et moult aprécié du roy Charles Quint [Charles V] », fondateur, avec l'aide de celui-ci, d'un collège à Paris, près de la rue de la Harpe, où étaient enseignées à deux boursiers les mathématiques, l'astronomie et peut-être l'astrologie. Chose remarquable : ce Gervais Chrétien fut réputé avoir prédit la mort de Jean le Bon, père de Charles V, survenue à Londres le 8 avril 1364 (Simon de Phares), mais non celle de son fils. Tout se passe donc comme si et Christine et la relation tenaient délibérément à l'écart la démarche astrologique, considérée comme suspecte, notamment par Nicole Oresme, l'un des grands intellectuels du règne.

Il est très probable que Christine était loin d'ignorer le soupçon de poison formulé par Jean Froissart. Aussi bien, celui-ci n'est pas le seul à avancer cette explication. On la retrouve, présentée, non sans perfidie, dans la chronique latine de Thomas Walsingham, moine de St Albans : « En cette saison, Charles, qui était dit roi de France et qui occupait ce royaume injustement après son parjure [allusion au fait qu'il n'aurait pas respecté les engagements pris lors de la paix de Calais de 1360], très grand adversaire du roi d'Angleterre [Édouard III] et du seigneur pape Urbain [VI], rencontra son destin, ayant été auparavant, à ce qu'on raconte, empoisonné par les siens, et se repentant assez d'avoir suscité une guerre injuste contre le roi d'Angleterre et d'avoir adhéré à l'antipape [Clément VII]. »

Le roi priant

Les trois derniers jours de Charles V, le « Roi Très-Chrétien », selon l'expression désormais consacrée pour désigner le roi de France, ne furent pas seulement scandés par les cérémonies religieuses habituelles en pareil cas, mais aussi par des prières publiques, prononcées ou censées l'avoir été par le malade, ou plutôt par le mourant, retranscrites en latin dans la relation et en français par Christine, ce qui fut vraisemblablement le cas, sauf pour certaines formules qu'il savait par cœur.

La plus importante de ces prières fut dite le dimanche matin, en présence de la « sainte couronne d'épines », la plus insigne des reliques, alors conservée à la Sainte-Chapelle, et de la couronne du sacre, que, sur ses instances, lui avaient respectivement apportées Aimeri de Maignac, évêque de Paris, et Gui de Monceau, abbé de Saint-Denis. Selon la prière à la couronne d'épines, la vue de celle-ci, arrosée du sang du Christ, rassasiait tel le miel le roi en même temps qu'elle le réjouissait car elle lui faisait espérer le salut. Quant à la seconde couronne, la prière la disait à la fois précieuse et très vile. Précieuse en raison du « mistere de justice » qu'elle contenait, mais très vile car, pour ceux qui la portent, elle signifie travail, angoisse, tourment, peines de cœur, de corps et de conscience, danger pour l'âme, au point qu'il faudrait la laisser choir dans la boue et ne pas la relever. Pour Charles V, la couronne d'épines peut le sauver, la couronne de France peut le damner, car nul ne gouverne innocemment. En fait, la relation ne fait pas mention de la présence de la couronne d'épines (serait-ce une invention de Christine, pour produire davantage d'effet ?) et l'apostrophe à la couronne de France serait un souvenir littéraire, tiré de Valère Maxime, un historien de l'Antiquité dont l'œuvre, en original comme en traduction, connut une certaine popularité à la fin du Moyen Âge.

Avant-dernière prière : la bénédiction qu'à l'instar

d'Abraham en faveur d'Isaac Charles V accorda à son fils aîné, celui qui devait nécessairement lui succéder, formulée en des termes qui mettaient volontairement l'accent sur la prospérité du royaume et sur la docilité des sujets. Il est vrai que c'était une bénédiction à distance puisque le futur Charles VI, alors âgé de douze ans, ainsi que son frère Louis se trouvaient alors à Melun, par crainte d'une épidémie.

Vint enfin, à la demande de Bureau de La Rivière, la bénédiction de l'assistance, d'allure sacerdotale, qui peut-être fut prononcée en latin car le roi devait l'avoir entendue mainte et mainte fois : *Benedictio Dei omnipotentis Patris et Filii et Spiritus Sancti descendat super vos et maneat semper* (« Que la bénédiction de Dieu tout-puissant, le Père, le Fils et le Saint-Esprit, descende sur vous et y demeure à jamais »).

Comme le dit la chronique attribuée à Jean Juvénal des Ursins, « belle fut sa fin et mourut comme vray chrétien ».

Le roi régnant

Plus remarquable encore est le fait qu'au seuil de son dernier jour, vers 6 ou 7 heures du matin, Charles V fut à même et eut à cœur de prononcer, d'une voix qu'on imagine mourante, trois discours successifs. Le premier avait trait à la question du schisme pontifical (le futur « Grand Schisme »), qui, depuis 1378, divisait la chrétienté catholique, certains pays tenant pour Bartolomeo Prignano, devenu Urbain VI, le pape de Rome, élu le premier, d'autres, dont le royaume de France, pour Robert de Genève, Clément VII, le pape d'Avignon, élu quelques mois plus tard. Dans son propos, Charles V attestait solennellement de sa bonne foi, de son absence de parti pris et d'intérêt : il avait d'abord reconnu Urbain, puis, des informations lui ayant été fournies par de très nombreux cardinaux, il avait consulté ses conseillers, clercs et laïques, qui tous, sauf un, lui avaient affirmé que Prignago n'avait pas été élu librement mais en raison des menaces exercées lors du conclave. Quant à Clément VII, il avait le « meilleur droit ». Arrivé à ce stade de sa vie, sur le point de comparaître devant son Rédempteur, Charles V, désireux de suivre la tradition de ses prédécesseurs, qui avaient tous été « défenseurs de l'Église » et « vrais catholiques », persistait dans son attitude, en rappelant qu'il n'avait fait que se conformer aux avis reçus. Toutefois, il était disposé à suivre le jugement de l'Église universelle et à obéir à un futur concile œcuménique s'il se réunissait.

Deuxième discours, relatif à son testament, dont les clauses étaient si nombreuses et si coûteuses qu'il craignait à l'évidence pour son exécution : toutefois, il précisa avoir mis de côté une somme suffisante, au château de Vincennes, pour la permettre sans problème, à condition bien sûr que cette réserve soit en quelque sorte mise sous séquestre, échappant ainsi à la cupidité des siens. Sans doute pensait-il d'abord à son frère Louis, duc d'Anjou, dont il connaissait ou soupçonnait les dispendieuses ambitions. Christine s'exprime à ce sujet en ces termes : « *Item*, son testament et laiz [legs] que pieçà devant avoit fait, vouloit qu'en celle fourme fut tenue. » La relation, de son côté, est manifestement gênée : « Sur sa thésaurisation je passe rapidement puisque ce n'est pas louable », et d'ailleurs, ajoutait son auteur, il y avait moins dans ses coffres que ce qu'on croyait (de fait, le bruit courait que Charles V avait entassé la somme fabuleuse de 18 millions de francs – plus de soixante tonnes d'or).

Troisième discours, à vrai dire omis par Christine et rapidement évoqué dans la relation qui déclare seulement : « En décidant volontairement l'abandon des fouages et des autres servitudes, il affirma qu'il l'aurait fait plus tôt si son conseil l'avait informé qu'il fallait le faire. » Remarque intéressante car elle renvoie au fait qu'on était alors à la veille d'une sorte d'insurrection fiscale, dans une partie au moins du royaume. Dès lors, ne convenait-il pas d'éteindre l'incendie avant qu'il ne soit trop tard ? La décision royale peut être vue comme un acte politique de haute sagesse et non, comme on l'a souvent dit, de calamiteuse imprévoyance.

Ces trois discours se traduisirent par trois textes rédigés sur ordre du roi par son fidèle notaire Jean Tabari.

Le premier, connu dès le XVIIe siècle sous une forme imparfaite puis redécouvert en 1884 par Noël Valois, magistral historien du Grand Schisme, a la forme d'un « instrument public », en latin, exposant la position du roi, en parfaite conformité avec ce que dit la relation. Pas moins de vingt-cinq témoins sont cités.

Dans le deuxième acte, Charles V s'adresse à ses quinze exécuteurs testamentaires, parmi lesquels les évêques de Paris et de Beauvais, le bouteiller et le chancelier de France (deux des grands officiers de la Couronne), ainsi que le premier chambellan Bureau de La Rivière, en leur enjoignant de payer toutes ses dettes et celles de la reine, disparue sept ans auparavant, notamment les sommes qu'il devait aux exécuteurs testamentaires de Du Guesclin et à plusieurs orfèvres et marchands de Paris. Pour cela, il a mis de côté 200 000 francs, dans la tour du château du bois de

Vincennes dont seuls ses exécuteurs devraient avoir la clé.

Quant au troisième acte, il s'agit de la fameuse ordonnance par laquelle le roi, mû de pitié et de compassion pour son peuple, « de certaine science, plaine puissance et grace especial », abattait les fouages, c'est-à-dire les impôts payés en principe par chaque foyer fiscal, levés « pour le fait de la guerre », tant dans les bonnes villes que dans le « plat pays » (les campagnes). « Qu'ils n'aient plus cours en nostre royaume et que dores en avant nostre dict peuple et subgez n'en paient aucune chose mais en soient et demeurent quittes et deschargez. » Bien sûr, on peut concevoir que les gens de finance de la royauté s'efforcèrent de tenir sous le boisseau cette ultime décision pour n'avoir pas à l'appliquer : mais le secret était impossible à tenir et nous savons que dès le mois d'octobre l'ordonnance fut publiée dans les lieux du royaume « accoutumez à faire cris ». Du coup, une crise financière de première grandeur s'annonçait.

Charles V ne mourut pas comme une personne privée. Ainsi que le relève sa biographe Françoise Autrand, il ne fut pas seulement entouré par ses serviteurs domestiques, par son confesseur, mais par des représentants des trois états dont se composait alors la société politique : des prélats, des grands seigneurs tel Jean d'Harcourt, que Charles V avait souvent admis à ses conseils, des grands bourgeois tel Jean de Bonnes, prévôt des marchands de Paris. En revanche, étaient absents, quoique, semble-t-il, à proximité immédiate, les trois frères de Charles V, Louis, duc d'Anjou, Jean, duc de Berry, et Philippe, duc de Bourgogne, ainsi que son beau-frère Louis, duc de Bourbon. Apparemment, aucune femme – princesse, noble dame ou servante – n'était présente autour du lit du roi mourant.

Bilan du règne, éloge posthume

Les dispositions prises par Charles V *in articulo mortis* reflètent assez bien les difficultés qui subsistaient en France au terme d'un règne certes trop court, donnant une impression d'inachevé, mais à tant d'égards réparateur. Trois problèmes principaux attendaient leur règlement : l'existence des deux papes ; une lourde fiscalité, sans doute indispensable pour payer l'armée de la reconquête mais mal acceptée, d'autant que l'opinion reprochait au roi les trésors qu'il était censé avoir amassés pour s'offrir de vaines constructions (le château de Beauté n'était que l'une d'elles, à côté des châteaux de Vincennes, de Melun, de Montargis, de Creil, sans compter la Bastille, destinée à défendre mais surtout à surveiller Paris) ; et enfin son ordre de ne jamais affronter directement l'envahisseur anglais. Or, tel était précisément le cas au moment de la mort du roi, puisque la dévastatrice chevauchée de Thomas, comte de Buckingham, partie de Calais en juillet, n'avait pas encore atteint la Bretagne, alors en rébellion ouverte contre le roi de France.

Même s'il n'est pas sûr que ses sujets l'aient unanimement pleuré, on peut retenir cette sorte d'épitaphe qui figure dans la *Chronique des quatre premiers Valois* : « Moult estoit sage et bien moral et bon justicier d'onneur et d'estat. Large fut à donner grandement. Par son grant sens atrait [attira à soi] et sourmonta [l'emporta sur] grant partie de ses ennemis. Il conquit et assembla grant tresor. Moult ama [aima] ses officiers et moult les accroissoit. Il avoit sa plaisance à faire nobles edifices. Il fit moult de biens en plusieurs eglises en son royaume. »

La plus hyperbolique, sinon la plus émouvante des lamentations sur sa mort – on peut ici parler d'une courte oraison funèbre –, est celle que Philippe de Mézières, qui avait été son commensal, son conseiller, son familier et qui avait assisté à sa mort, introduisit dans l'épître latine écrite en 1381 à l'intention de son neveu Jean de Mézières pour l'inciter à retrouver le droit chemin : « Qui dans le royaume de Gaule serait frappé d'une surdité telle qu'il n'aurait pas entendu l'horrible tonnerre et le lamentable tremblement de terre, survenu le 16 septembre de l'année passée, à savoir l'an de l'Incarnation 1380, jour horrible et très amer auquel la terrible mort triompha en amertume, parmi les rois de la terre, du prince des rois, ce jour lugubre où le grand soleil occidental a été obscurci, qui partout par sa foi, sa piété et sa mansuétude avait coutume d'illuminer ceux qui venaient à lui. [...] C'était notre soleil qui brillait jadis de l'Occident à l'Orient, du sud au nord. [...] Hélas, hélas, le lis élu dans le cœur de Dieu s'est transformé en cendres. [...] Ô Charles, Charles, ta chère et brillante lumière nous a été ôtée. [...] Écoute, mon neveu, le terrible tonnerre [...], écoute ton oncle touché par une telle foudre presque jusqu'à la séparation du corps et de l'âme [...], car ma plaie, hélas, apparaît comme inguérissable. J'ai été frappé comme le foin qui fleurit le matin et le soir est desséché, à coup sûr mon cœur est desséché de douleur et mon œil plongé dans l'amertume. »

Bibliographie sélective

Sources

Chronicon Angliae ab anno Domini 1328 usque ad annum 1388, auctore monacho quodam Sancti Albani [Thomas Walsingham], éd. Edward Maunde Thompson, Londres, Longman and Co, 1874.

Chronique des quatre premiers Valois (1327-1393), éd. Siméon Luce, Paris, chez Mme veuve Jules Renouard, 1862 (Société de l'histoire de France).

Chronique des règnes de Jean II et Charles V, éd. Roland Delachenal, t. II, Paris, Renouard, 1916 (Société de l'histoire de France).

Epistola Philippi de Maseriis, cancellarii regni Cipri, ad nepotem suum ortatoria et perutilis omni sacerdoti, Besançon, Bibliothèque municipale, manuscrit.

Hauréau, Barthélemy, « Notice sur le numéro 8299 des manuscrits latins de la Bibliothèque nationale », dans *Notices et extraits des manuscrits de la Bibliothèque nationale*, t. XXXI, 2e partie, Paris, Imprimerie nationale, 1886, p. 278-280.

Mandements et actes divers de Charles V (1364-1380), éd. Léopold Delisle, Paris, Imprimerie nationale, 1874.

Phares, Simon de, *Le Recueil des plus célèbres astrologues*, éd. Jean-Patrice Boudet, 2 vol., Paris, Champion, 1997 et 1999 (Société de l'histoire de France).

Pisan, Christine de, *Le Livre des fais et bonnes meurs du sage roy Charles V*, éd. Suzanne Solente, t. II, Paris, Champion, 1940 (Société de l'histoire de France).

Valois, Noël, « Le rôle de Charles V au début du Grand Schisme (8 avril-16 novembre 1378) », *Annuaire-Bulletin de la Société de l'histoire de France, année 1887*, Paris, 1887, p. 225-255 (pièce justificative nº V).

Études

Autrand, Françoise, *Charles V le Sage*, Paris, Fayard, 1994.
Coville, Alfred, « La relation de la mort de Charles V », *Journal des savants*, 1933, p. 209-222.
Delachenal, Roland, *Histoire de Charles V*, t. V, *1377-1380*, Paris, A. Picard et fils, 1931.
Miskimin, Harry A., « The Last Act of Charles V : the Background of the Revolt of 1382 », *Speculum*, nº 38, 1963, p. 434-442.

6

La mort discrète d'un roi mal aimé
Louis XI, 30 août 1483

par Jacques HEERS

Louis XI est mort au Plessis, près de Tours, le 30 août 1483. Il était âgé de soixante et un ans et n'avait régné que vingt ans, bien moins que son père Charles VII et son grand-père Charles VI qu'il a pourtant éclipsés par la fécondité de son règne comme par sa légende noire, fondée sur sa réputation de grande cruauté.

Celle-ci fut forgée par la littérature romantique avec Walter Scott qui, dans son introduction à *Quentin Durward*, fait un portrait peu flatteur du souverain, écrivant notamment qu'il « était cruel et vindicatif, au point de trouver du plaisir aux exécutions fréquentes qu'il recommandait ». Quant à Victor Hugo, jamais à court d'exagérations, il décrit dans *Notre-Dame de Paris* les cages dans lesquelles le roi faisait enfermer ses opposants, les fameuses « fillettes », avec sa verve coutumière : « Il y avait aux parois deux ou trois petites fenêtres, si drument treillissées d'épais barreaux de fer qu'on n'en voyait pas la vitre. La porte était une grande dalle de pierre plate, comme aux tombeaux. De ces portes qui ne servent jamais que pour entrer. Seulement ici, le mort était un vivant. »

Un grand roi pour un bilan injustement décrié

Louis XI ne s'est pas entouré de thuriféraires, ne se souciant que de bien gouverner. Erreur de sa part, car on connaît la réputation déplorable de celui qui fut surnommé l'« universelle aragne » par Michelet – qui, par ailleurs, lui a reconnu maintes qualités –, eu égard à son intense activité diplomatique considérée comme retorse par ses ennemis. Dès sa mort, une légende noire s'installa, popularisée par Thomas Basin, évêque disgracié qui décrit le roi tyran laid, fourbe et cruel, disant de lui dans son *Histoire de Louis XI* qu'il était « un fourbe insigne connu d'ici jusqu'aux enfers, abominable tyran d'un peuple admirable ». Philippe de Commynes, qui lui devait tout, ne fut pas en reste dans la critique *post mortem*.

Et pourtant, à sa mort, les grandes principautés mouvantes ont été solidement arrimées à la Couronne : duché de Bretagne (1475 par le traité de Senlis), duché de Bourgogne après l'écrasement définitif de Charles le Téméraire (1477, confirmé en 1482 par le traité d'Arras avec Maximilien Ier de Habsbourg), Maine, Anjou et Provence. D'une lutte incessante contre les grands feudataires en prenant appui sur le peuple, l'autorité royale est sortie renforcée (victoire finale sur la ligue du Bien public en 1465). À l'intérieur, Louis XI centralisa la justice et les finances, augmenta l'armée, créa des parlements. Il favorisa la reprise économique en attirant des marchands étrangers par des exemptions d'impôts, améliorant les routes, créant les foires de Lyon et les premières manufactures de soieries.

En résumé, Louis XI fut un grand souverain : à la fin de son règne, le domaine royal coïncidait presque avec la France actuelle. Dans la biographie qu'il lui a consacrée, Paul Murray Kendall restitue la vraie personnalité de ce roi si fécond : « L'histoire de Louis XI, c'est l'histoire d'un homme qui sut imposer aux autres ses décisions, qui dut garder sans cesse l'esprit en éveil, plier le temps à ses desseins, être deux fois plus habile et trois fois plus rapide que ses semblables, et cacher toujours son sens de la comédie derrière les gestes du conformisme. »

Premières alarmes et enfermement au Plessis

En 1478, l'hiver venant, ses proches trouvèrent le roi bien vieilli et diminué. Il eut une première attaque, sans doute une hémorragie cérébrale, en février 1481, puis une autre en septembre qui l'obligea à garder la chambre plusieurs semaines. Le 19 décembre, il écrivit au prieur de Notre-Dame de Salles à Bourges pour qu'il prie Dieu et Notre Dame « à ce que leur plaisir soit de m'envoyer la fièvre quarte car j'ai une maladie dont les physiciens disent que je ne puis être guéri sans l'avoir et quand je l'aurai, je le vous ferai savoir incontinent ».

Il alla pourtant en pèlerinage à Saint-Claude, dans le Jura, en avril 1483, mais il s'installa au début de l'été à Plessis-lès-Tours, le 25 août, plus diminué encore.

Dès lors, ce fut une sorte d'enfermement. Ce souverain, que ses contemporains saluent comme un grand voyageur, qui était allé en Artois, deux fois en Provence et avait connu plus de quatre-vingts lieux de résidence, châteaux, abbayes, maisons fortes, en Orléanais, Touraine et Anjou, se retirait du monde des vivants. Abandonnant toute activité, n'allant plus à la chasse, ne passant plus de longues journées à naviguer sur la Loire en embarquant avec lui tout un attirail de meubles, tentures et vaisselle, il se réfugiait dans un seul domaine où il attendait la mort.

Ce Plessis, belle maison de campagne fortifiée à la manière de celles qu'affectionnait et avait mis à la mode son oncle d'Anjou, le roi René, se situait aux environs immédiats de Tours, d'Amboise et de Chinon, lieux de pouvoir. Louis en avait fait l'acquisition dès 1463 pour 5 500 écus d'or, de son chambellan Hardouin de Maillé. Les travaux, les réfections ne commencèrent que quelques années plus tard, en 1469, et la chapelle ne fut construite qu'en 1478-1479.

Ce n'était en rien une sorte d'ermitage pour un homme voué à la solitude ou habité de peurs insurmontables. La première cour comptait le logement pour les officiers de petit rang et les valets, les écuries et la fauconnerie. Les bâtiments de la cour seigneuriale aux murs de brique très soignés ne se voulaient ni médiocres ni d'allure rustique. Deux étages sur deux grandes caves voûtées, de beaux escaliers, frontons à l'antique, galeries de bois et belles cheminées pour le logis royal aligné sur plus de cinquante mètres.

Très près de la ville, ce Plessis était d'accès commode, les voies pavées bien entretenues, et pas du tout isolé mais, au contraire, hors les murs, entouré de maisons de paysans et de jardiniers. Dans les dernières années de sa vie, Louis XI y résidait bien souvent, comme il se plaisait à passer quelques jours en des demeures certainement plus modestes pour préparer ses parties de chasse ou, simplement, se tenir à l'écart : aux Forges, près de Chinon, à la Motte d'Égry, dans l'Orléanais, à la Cure, dans le Gâtinais, ou encore à Cussé-sur-Loire. Deux des maisons ou manoirs du roi, le « Bel Ébat », près d'Orléans, et « Bonaventure », près de Chinon, témoignaient du plaisir qu'il prenait loin des villes et de la Cour, dans des demeures qui auraient pu être plus luxueuses mais où tout concourait au confort et aux charmes de l'existence.

Attitude devant la mort

Tous ceux qui ont forgé ce qu'on peut appeler une légende noire se sont beaucoup attardés sur les dernières années de sa vie. Ils montrent Louis XI en proie à des peurs affreuses, cherchant espoir en des dévotions que les esprits forts disent ridicules. Ils nous ont imposé l'image lamentable d'un homme effrayé de tout, qui ne supportait pas d'autre compagnie que celle de familiers, gens de petit crédit, aventuriers et charlatans; d'un homme qui faisait partout prier pour lui et partout chercher des saints hommes réputés guérisseurs.

Philippe de Commynes dit que « Tout environ de la place dudit Plessis, il fit planter, dedans la muraille, des broches de fer ayant plusieurs pointes et, à la fin, il mit quarante arbalétriers qui avaient comme mission de tirer à tout homme qui en approcherait de nuit jusqu'à ce que la porte f[û]t ouverte le matin ». Auteur d'un gros livre intitulé *Les Droits du seigneur*, publié en 1851, livre destiné à l'édification des futurs maîtres de l'enseignement, Charles Fellens dit que : « Tout passant suspect était amené au prévôt Tristan qui le faisait pendre à l'un des arbres du voisinage. Jour et nuit, on entendait les cris des malheureux que l'on mettait à la torture avant de les envoyer à la potence ou de les faire jeter dans la Loire, enfermés dans un sac. »

Un florilège de ces âneries demanderait tout un volume. Tout était de pure invention ou, pour le moins, mal interprété, présenté comme des démarches extravagantes ou grotesques, comme le fruit d'un déséquilibre.

Il n'en n'était rien : le roi était, comme tout bon chrétien de son temps, un homme ordinaire qui cherchait réconfort et consolation dans la foi. Prières, pèlerinages, quête de reliques, rien ne le distingue des autres princes du royaume, tels les princes d'Anjou ou de Bourgogne. Bien sûr, certains pensaient que, ne sachant plus à quel saint se vouer, il les sollicitait tous, et il ne fait pas de doute qu'il croyait au pouvoir de quelques ermites et de ceux qu'il appelait des « hommes de sainte vie ».

Il fit ainsi venir l'ermite de Calabre, François de Paule, réputé pour ses interventions miraculeuses, lui envoya une litière pour qu'il puisse voyager plus à son aise et écrivit aux bourgeois de Lyon pour les sommer de bien l'accueillir, de lui montrer révérence et de le festoyer comme pour le pape même. Les consuls allèrent à sa rencontre, accompagnés de deux maîtres de l'hôtel du roi, du capitaine de la grosse tour de Bourges et de l'ambassadeur du roi de Naples, Ferrant. Louis l'accueillit à Tours et il le garda près de lui jusque dans ses derniers moments, veillant à ce qu'il ne manque de rien, notamment des herbes, des navets, des oranges et des poires muscadelles car il ne mangeait ni chair ni poisson. François de Paule avait quitté son ordre franciscain et créé celui des Minimes auxquels il imposait de grandes abstinences et une totale pauvreté.

Le roi fonda et couvrit de bienfaits le couvent des Minimes d'Ambroise et du Plessis et surveilla de près leur implantation dans plusieurs autres villes. En mai 1483, il remerciait encore les échevins d'Abbeville d'avoir si bien reçu les « orateurs » de ces frères minimes, « hommes de si régulière observance [...] desquels sommes patron et protecteur de leurs privilèges » : il les priait de leur distribuer autant d'aumônes qu'aux autres ordres mendiants de la cité, tout particulièrement des aumônes de bière.

La dernière année

Au printemps 1482, affaibli et malade, Louis était allé, perclus pourtant d'une grande fatigue, à Saint-Claude, dans le Jura, prier au tombeau de Jean de Gand, saint homme réputé lui aussi pour ses miracles, auquel il avait « à diverses fois donné aumône et offert plusieurs sommes de deniers ainsi qu'une châsse d'argent doré et honorable ». Il en gardait un vif souvenir, se rappelait qu'il avait prédit à Charles VII la victoire contre les Anglais et la naissance de son fils. Il savait aussi que Jean de Gand était allé trouver Henri V d'Angleterre pour lui commander d'abandonner ses prétentions au trône de France. Au pape Sixte IV, le roi envoya Pierre Forget, inquisiteur de la foi au diocèse de Troyes, pour faire hâter la canonisation de l'ermite « qui fit plusieurs belles choses à l'augmentation de notre foi et aussi de beaux miracles, comme d'avoir chassé les Anglais ». Aux religieux de Saint-Claude, il céda, « pour la prospérité et la santé de sa personne et du dauphin », plusieurs châtellenies dans le Dauphiné et le péage de Montélimar. Cependant, ce n'était pas, comme on a voulu le croire, dévotion aveugle : lorsqu'il apprit que les Jacobins de Troyes prétendaient que Jean de Gand avait été enterré chez eux, le roi fit s'enquérir très exactement du lieu de la sépulture.

Louis XI ne s'entourait pas d'astrologues et d'alchimistes, et on ne le voit pas cherchant partout nombre de reliques ou de breloques. À l'approche de la mort, ce ne sont ni extravagances ni recherches hors de raison. Sa quête des reliques n'est pas celle d'un naïf capable de tout croire et de tout accepter. Clairvoyant, toujours soupçonneux, parfois sceptique, aussi prudent là qu'en politique, il ne s'en laissait pas aisément conter. Ses peurs paniques dont parlent si volontiers Commynes et quelques autres ne l'ont pas conduit à des démarches ridicules. Il avait prié à Avallon, peu de temps avant de gagner le Plessis, devant le tombeau de saint Lazare et demandé à deux orfèvres de fabriquer une châsse mais, en juin 1482, il exige que l'on mène une enquête : « Je ne sais bonnement à quoi m'arrêter sur les diversités et différences qui sont à cause du chef de saint Lazare dans Avallon ou dans Autun ; faites que la sentence soit donnée et que l'on n'en abuse point, qu'il n'y ait point de faute car j'ai grand désir de le savoir à la vérité. »

S'il remercie longuement Laurent de Médicis de lui avoir fait don de l'anneau de saint Zénobe, évêque de Florence au IVe siècle et ami de saint Ambroise, il s'inquiète pourtant : « Dites-nous si cet anneau est bien, sans conteste possible, celui que le saint portait communément de son vivant et quels miracles il a faits, s'il a nul guéri et comment il faut le porter. »

Cet homme, qui n'est certes pas un bigot affligé d'une sorte d'effroi, atteint d'une manière de gâtisme, n'a pas cherché à s'entourer de maîtres astrologues, bien plus méfiant et plus indépendant d'esprit à leur endroit que ses prédécesseurs. Les « astrologiens » du roi n'ont jamais élaboré qu'une sorte de calendrier indiquant, d'après la course des astres, les jours favorables aux saignées et aux purges. À la Cour, résidaient non des « médiums » qui interrogeaient les astres, mais exclusivement des praticiens. Le roi faisait confiance aux sciences enseignées à la faculté et, dans l'hiver 1480-1481, les dépenses d'apothicaires s'élevèrent, pour moins de trois mois, à 935 livres tournois pour les drogues, médecines et « épices de chambre ».

Ses médecins avaient étudié et pratiqué à Montpellier. Il se proclamait protecteur de cette université, s'inquiétait de la façon dont s'y déroulaient les élections et ne voulait s'entourer que d'hommes connus pour leur savoir et leur succès, tel Jean Martin qui avait étudié à Montpellier au collège des Douze-Médecins fondé par le pape Urbain V. À la fin, terriblement vieilli, au point de ne vouloir se montrer en grand public, accablé d'une violente crise de goutte et d'une maladie de peau sans doute proche du zona, on ne le voit pas rechercher des rémissions hors de la religion et des hommes de science formés dans le royaume.

Ce roi que l'on dit déjà diminué, en proie à des alarmes hors du sens, rédige pourtant des *Instructions à son fils sur l'administration du royaume*, lues solennellement le 21 septembre 1482, enregistrées par la Chambre des comptes le 7 novembre et par le Parlement le 12 du même mois. C'est en somme un testament politique où l'on peut mesurer la finesse de son sens politique et l'idée qu'il se fait de sa haute mission. On y trouve directives et maximes telles que : « C'est plus grande chose de savoir seigneurer sa volonté que seigneurer le monde de l'Orient en Occident. » Il insiste surtout sur la nécessité de dissimuler et de garder des fidèles discrets et sages, forts et justes. Sans trop d'illusions bien sûr : « Si on ne les peut trouver si accomplis de telles vertus pour ce que tout blanc oisel n'est pas cygne, qu'ils soient au moins loyaux, francs et estables et ne puissent être corrompus. » Pour lui, tout le métier de roi est là. Les mêmes maximes et d'autres très proches se retrouvent dans un volume écrit de sa main ou dicté qu'il appela *Le Rosier des guerres*, composé en 1482, qui comporte aussi un calendrier, nombre de prières et une chronique de l'histoire de France depuis la guerre de Troie.

Sur la mort en tant que telle, on en connaît la date mais, curieusement, aucun témoignage d'envergure n'éclaire les derniers instants, reflet d'une discrétion volontaire, d'un goût du secret qui expliquent pour beaucoup sa mauvaise réputation, à la différence des mises en scène orchestrées de ses successeurs afin d'impressionner la postérité.

Des funérailles discrètes

Les chroniqueurs ne s'attardent pas beaucoup à décrire les funérailles de Louis XI. Les registres comptables de 1483, où étaient notées les dépenses et qui auraient permis de tout connaître sur les obsèques jour par jour, ont disparu. Il ne reste rien : ni engagements, ni commandes, ni quittances. Les auteurs de ce temps sont tout aussi discrets pour parler de la décision du roi de se faire enterrer non à Saint-Denis mais à Notre-Dame de Cléry : « Et il ne voulut jamais dire la raison qui le avait meu à ce. Aucuns pensaient que ce fut pour l'église où il fit moult de bien et aussi la grande dévotion qu'il avait pour la benoîte Vierge Marie priée au lieu de Cléry. » Nous retenons seulement que, mort le 30 août 1483 au Plessis, le corps du roi était à Tours le

2 septembre, et dans la collégiale de Cléry le 6. Ainsi Louis XI fut-il le seul depuis le XIIIe siècle à ne pas reposer dans la basilique de Saint-Denis.

En 1468, Cléry avait déjà accueilli pour des funérailles, que tous les témoins disent très dignes, solennelles et même somptueuses, le corps de Dunois, bâtard d'Orléans, qui fut tiré par six chevaux couverts de grandes housses de toile noire. En 1477, le roi avait lui-même veillé à Notre-Dame de Cléry à l'ordonnance des obsèques de Tanguy du Châtel, son conseiller. Et la reine Charlotte, décédée trois mois après lui, fut elle aussi enterrée à Cléry.

Louis XI s'était préoccupé de son tombeau dès 1472. Son trésorier de la chambre, Pierre Jobert, versa quinze livres et quinze sous au sculpteur Michel Colombe « pour avoir taillé en pierre un petit patron en forme de tombe que le roi ordonnera être fait pour sa sépulture » ; et huit livres cinq sous au peintre du roi Jean Fouquet « pour avoir tiré et peint sur parchemin un autre patron pour semblable cause ».

En 1481, on demanda à Colin d'Amiens, qui avait moulé le visage de Charles VII sur son lit de mort, de faire le portrait du roi. Louis disait clairement comment il voulait paraître : « À genoux, le collier de Saint-Michel à son cou, son chapeau entre les mains jointes et la longue épée à son côté, chaussé de gros brodequins à longs éperons. » Que le peintre lui fasse « le nez aquilon, longuet et un petit peu hault, et chauve en aucun cas ». Le 24 janvier 1482, on passa accord au château d'Amboise avec Conrad de Cologne, orfèvre à Tours, et Laurent Wine, canonnier, pour une statue qui représenterait le roi en pied et en grandeur nature, statue faite de cuivre et fonte, dorée d'or fin, à placer au bout de la tombe de pierre.

Des documents funéraires de Louis et de Charlotte, il ne reste rien : en 1562, lors des guerres de Religion, tout fut détruit, tandis que la municipalité d'Orléans faisait fondre les grilles et les statues pour en faire des canons.

BIBLIOGRAPHIE SÉLECTIVE

Mémoires

Basin, Thomas, *Histoire de Louis XI*, 3 vol., Les Belles Lettres, coll. « Classiques de l'histoire au Moyen Âge », 1963-1972.
Commynes, Philippe de, *Mémoires*, 2 vol., Genève, Droz, coll. « Textes littéraires français », 2007.

Études

Heers, Jacques, *Louis XI*, Perrin, 1999 ; coll. « Tempus », 2003.
Murray Kendall, Paul, *Louis XI, l'universelle aragne*, Fayard, 1974.

7

La mort exemplaire de François Ier
31 mars 1547

par Didier LE FUR

En février 1547, Jean de Saint-Mauris occupait la charge d'ambassadeur impérial à la cour de France depuis plus de deux ans. Le 11, il écrivait à son maître Charles Quint. Ce même jour, le diplomate rédigeait une autre lettre qu'il adressait au cardinal de Granvelle, chancelier de l'Empire.

Composées en langage chiffré, ces deux missives contenaient des confidences analogues. Saint-Mauris y évoquait l'annonce à François Ier du décès du roi Henri VIII d'Angleterre, survenu le 27 janvier, la joie du roi de France à cette nouvelle et les condoléances de circonstance faites au représentant du souverain défunt. Il informait aussi que François Ier souffrait d'un mauvais rhume qui l'avait obligé à demeurer couché plusieurs jours. Pour cette raison, son séjour à la Muette, un petit château que le roi s'était fait bâtir en lisière de la forêt de Saint-Germain-en-Laye, avait été retardé.

Mais les médecins du prince n'étaient pas inquiets. Ils assuraient que les accès de fièvre tierce qui avaient tourmenté François Ier ces dernières heures seraient cause de sa guérison prochaine.

Cette attention portée à la santé du roi avait des motifs très politiques. Depuis 1545, les rumeurs sur sa mort circulaient dans toutes les cours européennes et la paix de Crépy, signée en septembre 1544 entre le roi de France et Charles Quint, était en danger. Si cette dernière n'avait pas satisfait François Ier, qui réarmait déjà les frontières de l'est de son royaume dans l'hypothèse d'une intervention au Luxembourg et renforçait ses positions en Piémont, rêvant toujours de recouvrer le duché de Milan perdu depuis la bataille de la Bicoque en 1522, le dauphin Henri ne cachait plus son intention de prendre les armes contre l'empereur dès que la couronne de France lui serait échue. Cette tension préoccupait Charles Quint. Confronté à de sérieuses difficultés en Allemagne, il était dans l'incapacité de faire face à une guerre immédiate avec la France.

À la fin du mois de février 1547, dans une autre lettre, Saint-Mauris informait l'empereur que François Ier, malgré l'avis de ses médecins et bien que toujours fiévreux, s'était finalement rendu à la Muette. Dans son sillage, sa maîtresse, Anne de Pisseleu, duchesse d'Étampes, son fils, Henri, sa bru, Catherine de Médicis, ses conseillers les plus proches, comme Pierre Du Chastel, quelques fidèles et les gens de son hôtel, dont les médecins Louis de Bourges et Jean Chappelain. Toujours souffrant, François Ier fit le trajet en litière. Cette précision n'était pas une nouveauté. Tout le monde savait depuis de longs mois que le roi ne montait plus que très rarement à cheval. L'homme avait cinquante-deux ans. Si les ambassadeurs vénitiens lui trouvaient toujours un air superbe de majesté, il avait considérablement grossi et vieilli, était blanc de barbe et de cheveux. L'allure fringante du vainqueur de Marignan n'était plus qu'un lointain souvenir.

Accepter d'être malade

Le roi resta huit jours à la Muette. Se sentant mieux, il s'occupa de politique. Il renouvela sa promesse d'aide et de soutien aux princes allemands qui, bien que protestants pour la plupart, constituaient une alliance utile contre l'empereur dans l'hypothèse d'une prochaine guerre. Pour la même raison et dans l'espoir d'éloigner le pape de l'empereur, il avança aussi les négociations avec le nonce de Paul III au sujet du mariage de la fille naturelle du dauphin, Diane, avec Orazio Farnèse, petit-fils du pontife. Puis, parce qu'il ne savait pas rester longtemps au même endroit, au désespoir de ses médecins, toujours surpris de sa désinvolture à l'égard de sa santé, il partit pour Villepreux accompagner une chasse, un passe-temps que les théoriciens de la monarchie considéraient nécessaire à tout souverain. Outre qu'elle permettait un entraînement militaire en temps de paix, la chasse était perçue comme un loisir utile devant délasser le prince après ses heures de travail. François Ier ne renonça jamais à cette activité physique, même malade.

La nuit de son départ, la fièvre le reprit. Le lendemain, toujours souffrant, il rejoignait Limours, lieu de résidence de sa favorite. Il y demeura trois jours, le temps du carême-prenant. Début mars, le roi gagnait Rochefort, imaginant suivre une autre chasse avant de rentrer à Paris où il envisageait de rendre à Notre-Dame un hommage public à Henri VIII d'Angleterre. Toutefois, à Rochefort, parce que la fièvre était devenue continue et que les douleurs dans le corps empiraient, le roi accepta enfin de suivre le conseil de ses médecins. Il annonça son retour imminent à Saint-Germain-en-Laye pour se soigner. Cependant, trop faible pour faire le voyage d'une traite, il coucha le soir chez Jacques d'Angennes, au château de Rambouillet, une bâtisse peu confortable et trop exiguë pour accueillir une suite royale.

Ce qui ne devait être qu'une halte devint un véritable séjour. En effet, le lendemain de son arrivée à Rambouillet et les jours suivants, François Ier fut incapable de prendre la route. La nouvelle fut connue des ambassadeurs qui s'empressèrent de la communiquer à leurs souverains. Le 12 mars, de Paris, Saint-Mauris prenait à nouveau la plume. Au cardinal de Granvelle, il confiait que le roi avait été très tourmenté par la fièvre, « laquelle lui est survenue parce que son apostume s'est rouverte, à laquelle il se retrouve telle pourriture que les médecins désespèrent de la curation ». François Ier ne souffrait plus seulement d'un méchant rhume, ni même d'une fièvre tierce tenace, mais d'un mal plus préoccupant : un abcès suppurant.

Cet apostume, dont le diplomate parlait pour la première fois depuis le mois de février, avait pourtant une longue histoire.

Les origines du mal

Les premières crises ont peut-être commencé en novembre 1535, si l'on en croit l'ambassadeur espagnol Martin Vallès. Celles de 1538 furent assurément dues à cette fistule située dans la région du périnée. L'année suivante, à la fin de l'été, la crise fut si violente que les médecins crurent François Ier à son extrémité. Charles Quint, qui souhaitait rejoindre la cité de Gand afin d'y rétablir son autorité contestée, avait accepté l'invitation du roi de passer par le royaume pour se rendre en Flandre. L'empereur attendit cependant plusieurs semaines la guérison du prince et en exigea la confirmation écrite par celui-ci avant d'entreprendre son voyage. Et ce fut en litière, déjà, que François Ier, de Loches à Chantilly, accompagna pendant plus d'un mois celui qui était devenu son ami.

Ce rapprochement, né après la trêve de Nice de 1538, fut bref et la guerre entre les deux hommes reprit à l'été 1542. La rupture des relations diplomatiques interrompit brutalement les informations sur le mal royal. Brutalement, en effet, car en France, hormis le cercle proche du roi, personne ne savait François Ier malade. La propagande royale évita soigneusement de communiquer sur ce sujet. Pour le peuple du royaume, les publicistes avaient inventé une image très rassurante qu'ils entretinrent sans faillir de son avènement jusqu'à la fin du règne. Dans cette littérature officielle diffusée le plus souvent par de petits livrets de papier de quelques pages, vendue en librairie dans les grandes villes et par colportage ailleurs, lue dans les maisons mais aussi en place publique par un crieur ou à l'église par le curé, François Ier fut toujours présenté comme un homme beau de visage, bien fait de taille, au fort mental, au robuste physique et à l'éclatante santé. Les épreuves de la vie que ces auteurs ne pouvaient dissimuler, comme le décès d'une épouse, d'une mère ou d'un enfant, voire une défaite militaire, n'auraient rien altéré de cette superbe.

La seule maladie qu'ils racontèrent dans le détail fut celle qui toucha le roi à Madrid, à la fin de l'été 1525. François Ier était prisonnier de Charles Quint depuis six mois, en conséquence de sa défaite devant Pavie. Cette exception s'explique. Les propagandistes de la monarchie avaient depuis longtemps comparé l'organisme politique à un corps humain. Le roi en était la tête, les nobles, les mains ou les bras, et le peuple, le ventre, les jambes et les pieds. Nul ne pouvait disparaître sans provoquer son dérèglement. Tête du corps, le roi était perçu comme le principe vital de ce mécanisme. La santé du corps politique était donc déterminée par la bonne santé du souverain. Si celui-ci était en souffrance, personne ne pouvait bien se porter. François Ier, détenu loin de son royaume par un homme qui cherchait à détruire, sinon la royauté française, au moins sa puissance, était dans d'atroces douleurs physiques et morales et ces douleurs mettaient la France en péril. Toutefois, et même si la rumeur courut le royaume au moment des faits, la propagande royale ne parla de ce mal que cinq ans plus tard, en 1530, lorsque le roi était revenu en France, rétabli dans sa puissance et son autorité, et qu'il avait signé la paix de Cambrai avec l'empereur[1]. Parler des maux réels de François Ier au peuple, sans raison majeure, en temps réel, aurait été perçu comme une tentative de déstabilisation politique, une façon de nuire à la paix du royaume et donc au pouvoir royal. Personne ne se hasarda à le faire.

1. La paix de Cambrai achevait la guerre déclenchée cinq ans plus tôt entre Charles Quint et François Ier. Elle mettait un point final, au moins officiellement, aux prétentions de la France en Italie.

Puisque la paix de 1544 avait rétabli les relations diplomatiques entre la France, l'Empire et leurs alliés, la correspondance des ambassadeurs avec leurs chancelleries reprit elle aussi, et avec elle les connaissances sur la nature du mal dont souffrait François Ier. Côté impérial, ce fut Jean de Saint-Mauris, nouvellement nommé, qui les communiqua sans doute le premier. Lorsque, dans un courrier au grand commandeur du León, Francisco de Los Cobos, il évoquait les fièvres répétées du monarque durant l'été 1545, le diplomate n'annonçait encore rien de très nouveau. « Le roi de France a une veine rompue et pourrie dessous les parties basses, par où les médecins désespèrent de sa longue vie, disant être celle de laquelle dépend la vie de l'homme et que si elle se rompt, qu'elle le suffoquera. » Il ne fut pas plus explicite lorsque François Ier dut s'aliter à la fin du mois de décembre de la même année et que les souffrances se prolongèrent jusqu'à la fin de l'hiver 1546. Le 28 février, dans un long texte à Los Cobos, Saint-Mauris confirmait ces précédentes affirmations, précisant toutefois que l'apostume empêchait le roi de marcher. Les remèdes des médecins furent simples. Après avoir fait purger François Ier, ils firent appliquer des cautères sur la fistule, « afin de la faire tant meurir et percer ». Mais l'abcès, contre toute espérance, se mit à suinter en trois endroits « tellement que l'on ne scait jusques au présent quelle seurté y peut avoir de sa personne ». Finalement, l'apostume fut percé, le pus s'évacua et les chirurgiens purent cicatriser les plaies. Le mieux qui en résulta ne fut qu'éphémère puisqu'un mois plus tard la fistule se rouvrit en cinq endroits. Cette fois, Saint-Mauris, toujours à l'affût, apportait plus de détails à son correspondant. Au plus mal, François Ier aurait exigé la cautérisation de quatre des cinq plaies. Un souhait que les médecins, selon l'ambassadeur, auraient autorisé à un individu sain mais qu'ils craignaient d'entreprendre sur un homme « fort pourri dedans son corps ». Pourtant l'opération eut lieu et fut un succès. Afin d'accélérer sa convalescence, François Ier accepta une diète de vingt jours ordonnée par ses médecins, qui étaient tous d'opinion, maintenant, que cette maladie « procédait du mal français ».

En 1546, dans les milieux autorisés, la maladie avait enfin un nom. Elle était désignée ainsi par les Espagnols et certains Italiens depuis que Charles VIII et son armée avaient envahi le royaume de Naples en 1494. En France, on l'appelait justement le mal de Naples parce que ce fut lors de cette même expédition que les soldats français l'avaient contractée. Dans l'Allemagne protestante, elle était nommée la galle espagnole. Un médecin italien, Jérôme Fracastor, dans les années 1520, lui avait préféré le nom de syphilis.

Apparemment, la nature du mal ne choqua pas. En tout cas, les publicistes impériaux ne l'utilisèrent jamais contre François Ier, pas plus que ceux d'Henri VIII, sans doute parce que la paix régnait encore entre la France et l'Empire et que les négociations de paix entre la France et l'Angleterre, en guerre depuis 1543, étaient sur le point d'aboutir. François Ier syphilitique ne fut donc pas un argument politique, même si nombre de médecins savaient que ce mal contagieux se contractait par le coït, et que des prédicateurs affirmaient déjà haut et fort un peu partout en Europe qu'il était un fléau que Dieu envoyait aux hommes pour punir les plus débauchés d'entre eux. D'ailleurs, Saint-Mauris n'écrivit plus jamais le mot dans sa correspondance.

À Rambouillet, en ce fameux mois de mars 1547, François Ier gardait donc la chambre. Le dimanche 20 au matin, il se trouva si mal que plus personne n'envisageait une rémission. Devant l'extrémité de la situation, les médecins autorisèrent une autre fois l'ouverture de la fistule. Une décision qui offrit un sursis au roi. Pourtant, le lendemain, Saint-Mauris écrivait au chancelier Granvelle que François Ier avait peu de chances d'échapper à la mort. Le 25 mars, toujours de Paris, le diplomate, poursuivant sa relation épistolaire avec Granvelle, se montrait catégorique : le roi était condamné.

Après cette lettre, la correspondance de l'ambassadeur semble s'interrompre. Rien non plus ne paraît avoir filtré chez les diplomates anglais et italiens sur la maladie et les souffrances du roi jusqu'à sa mort. Un autre récit, officiel et très contrôlé, rédigé par un des hommes les plus proches du souverain, Pierre Du Chastel, évêque de Mâcon, prend le relais.

Dans son courrier du 25 mars 1547 au cardinal de Granvelle, Saint-Mauris soutenait que François Ier craignait de mourir. Cette crainte, la version officielle ne l'évoqua jamais. Un roi de France ne pouvait avoir peur de la mort. Sa titulature de Très-Chrétien, qui faisait de lui le meilleur de tous ses condisciples, l'en empêchait. Tout le travail de Pierre Du Chastel fut de le démontrer. Sans cacher les douleurs du roi, la dégradation régulière de sa santé et sa longue agonie, mais sans jamais non plus décrire le mal, l'homme d'Église affirma que jusqu'à son dernier souffle, toujours maître de son esprit, François Ier se serait préparé avec une immense piété et dans la plus grande exemplarité à quitter ce monde pour l'autre. Sa mort devait être une mort idéale de roi chrétien. Elle le fut, ou plutôt elle le devint, selon Du Chastel.

Le 29 mars au matin, la santé du souverain se dégrada considérablement, une occasion pour le chroniqueur de faire du roi un excellent catholique. « Ne voulant partir de ce monde sans avoir tous les caractères et enseignes d'un militant sous l'estendard et conduite de Jésus-Christ », François Ier aurait demandé l'extrême-onction et, souhaitant se montrer rassurant pour son entourage, aurait exprimé de la joie à l'idée de se trouver bientôt « entre les bras de son seigneur et maître ». Mais le bon chrétien était aussi un roi et François Ier se devait de préparer sa succession le plus honorablement possible. Pour cette raison, il aurait voulu revoir son fils à qui il aurait réitéré les recommandations qu'il lui aurait faites le 22. Ce jour-là, François Ier aurait reconnu Henri comme son légitime héritier. La rencontre du roi mourant et de son successeur était une coutume dont l'origine remontait à l'Ancien Testament, attestée en France au moins depuis Philippe VI. Elle était vue comme une passation de pouvoir, une dernière entrevue qui marquait une rupture entre deux règnes puisqu'il était de tradition dans le royaume que le nouveau souverain n'assistât pas aux funérailles de son prédécesseur. Lors de cette entrevue, François Ier aurait aussi parlé de politique à son fils. L'amour de Dieu, le secours et la défense de l'Église catholique et romaine, la protection du peuple de France par le maintien et la constante recherche de la justice et de la paix auraient constitué les sujets abordés. La leçon reprenait la définition idéale du bon gouvernement telle qu'elle avait été définie par les moralistes depuis la fin du XIVe siècle et s'apparentait à un programme politique que tous les souverains se seraient astreints à communiquer à leur héritier, la veille de leur mort, depuis cette époque. François Ier, selon Du Chastel, n'aurait pas dérogé à la coutume et aurait désiré voir perdurer ces principes fondamentaux dans le futur pour le bonheur du royaume. Bon chrétien, bon roi, François Ier aurait été encore bon père et bon maître. Pour le prouver, notre témoin privilégié affirme qu'il aurait renouvelé son souhait de voir Henri s'occuper de sa fille cadette, Marguerite, qu'il n'avait pu marier, et l'aurait incité à conserver ses serviteurs dans leur emploi. Enfin, il aurait également été bon homme, priant son fils de ne pas mal juger la duchesse d'Étampes.

Face à Dieu

Son devoir de roi accompli, François Ier pouvait se consacrer à son salut. Le soir du 29, un peu avant minuit, pris de forts tremblements, il aurait communié et demandé la croix qu'il aurait baisée, recommandant « son esprit à son sauveur qui avoit perdu et rendu l'esprit en la croix ». Le lendemain, lors de la messe, voyant l'ostie entre les mains du prêtre, il aurait prié Dieu à haute voix pour qu'il « l'ostast de ce monde et le meist avec luy ». Si toute la journée le roi aurait fait bonne figure à ses hôtes, le soir, son entourage crut la fin arrivée. François Ier mourant aurait appelé une troisième fois son fils, l'aurait béni et l'aurait embrassé, puis il aurait adoré la croix qui était entre ses mains en gémissant. Une seule plainte qui ne fût pas la manifestation de son regret de laisser ce monde, mais celui « d'y avoir offensé Dieu si souvent et si grièvement ». François Ier aurait aussi souhaité que ces paroles, qu'il aurait prononcées sans hypocrisie, fussent sa dernière et immuable volonté et qu'il mourût « en la foy de Jésus-Christ, ferme en l'opinion de son Église catholique et en l'espérance sans aucun doute des promesses de Dieu par notre seigneur Jésus-Christ à ses esleus, qu'il estoit repentant et construit en son cœur de ses péchés… et s'asseuroit que tous les saints et saintes et anges du Paradis et la vierge mère de Dieu, lesquels il prioit dévotement, intercédoyent et prioyent Dieu pour luy, au nom de Jésus-Christ ». La nuit suivante, durement tourmenté mais toujours lucide, malgré quelques « imaginations », il aurait encore récité des prières.

Le matin du jeudi 31, lors de la messe, au moment de l'élévation du corps du Christ, il aurait imploré Dieu une troisième fois qu'il l'emportât. Puis, tenant toujours la croix, il aurait pardonné à tous ceux qui l'avaient offensé et aurait demandé pardon à tous ceux à qui il avait fait offense. Enfin, après avoir voulu entendre une homélie de saint Jean Chrysostome sur le premier chapitre de Matthieu, que l'on ne trouva pas, et s'être fâché qu'on ait pu imaginer le tromper par une d'Origène qui lui fut dite à la place – qu'il aurait parfaitement connue et n'aurait guère appréciée, preuve de la clarté de son esprit –, il aurait murmuré le nom de Jésus. Ce fut, selon l'évêque de Mâcon, son ultime parole. À son dernier instant, malgré les douleurs, la perte de la voix et de la vue, le roi aurait encore eu la force de faire un signe de croix. Du Chastel précise que sur le visage royal un sourire se serait dessiné lorsque François Ier rendit son âme à Dieu. Il était un peu plus de 13 heures.

Selon la propagande royale, François Ier serait non seulement resté lucide, mais également capable de gouverner jusqu'à son dernier souffle. Elle soutint que le peuple avait été, jusqu'à la fin du règne, en sécurité, conduit par un homme fort pieux, autant préoccupé de l'avenir de son royaume que du salut de son âme. En résumé, il aurait accompli son devoir de roi et de chrétien jusqu'au bout, avec perfection.

Lorsque l'évêque de Mâcon publia ses notes, deux mois après les faits, rien n'avait été dit de plus aux Français sur l'origine du mal du roi que la version officielle avait diffusée : François Ier était mort d'une longue maladie qui se serait achevée par un flux de ventre. Cette version fut la seule connue en France pendant trois décennies.

Cette mort prétendue exemplaire fut résumée aux ambassadeurs le lendemain du décès et Saint-Mauris en fit un compte rendu fidèle au cardinal de Granvelle dans une missive rédigée au début du mois d'avril. Il y ajouta, cependant, des détails moins glorieux. Lors de l'autopsie, les médecins avaient constaté la présence d'une tumeur suppurante dans l'estomac. Les reins furent jugés gâtés et les intestins qualifiés de totalement « pourris ». Plus haut, une partie de la gorge était fortement altérée par de multiples ulcérations et le poumon commençait à en être atteint lui aussi. Cette misère du corps royal, les Français ne l'apprirent que trois siècles plus tard, lorsque les lettres de l'ambassadeur furent publiées et que l'information fut reprise et diffusée par les livres consacrés à ce roi. Pourtant, elle n'entacha jamais le souvenir que les historiens, pour des motifs divers, bâtirent de ce prince. Il resta dans la mémoire collective comme un souverain magnifique, roi chevalier, prince galant, amoureux des lettres et des arts, incarnation d'un temps réputé glorieux à jamais perdu, celui de la Renaissance française.

Bibliographie sélective

Castan, Auguste, « La mort de François Ier », *Mémoires de la Société d'émulation du Doubs*, 5e série, t. III, 1878, p. 420-454.

Cullerier, Auguste, « De quelle maladie est mort François Ier ? », *Gazette hebdomadaire de médecine*, t. XLIX, 1856, p. 865-876.

Jacquart, Jean, *François Ier*, Paris, Fayard, 1981.

Knecht, Robert J., *Un prince de la Renaissance, François Ier et son royaume*, Paris, Fayard, 1998.

8

La dernière joute d'Henri II
10 juillet 1559

par Didier Le Fur

L'accident qui coûta la vie à Henri II et son courage face à la souffrance le hissèrent au panthéon des rois. Aux yeux de la postérité, son héroïsme racheta un bilan plus contrasté et contestable, en particulier dans la radicalisation qu'il initia envers les protestants.

Le prix de la paix

Le 2 avril 1559, après six mois d'âpres négociations, une paix était conclue entre le roi de France Henri II et la nouvelle reine d'Angleterre, Élisabeth Ire. Signée au château du Cateau-Cambrésis, à quelques lieues de Cambrai, en Picardie, elle mettait fin à près de deux années de guerre. Le texte stipulait que Calais et les terres occupées par les Anglais depuis 1347, mais reconquises par le duc de Guise en janvier 1558, demeureraient à la France pour huit ans. Passé cette date, elles seraient restituées ou achetées par le roi pour un million d'écus. Toutefois, si pendant ce laps de temps Élisabeth Ire entreprenait quoi que se soit contre la France et l'Écosse – dont la reine Marie Stuart, réfugiée en France depuis 1548, venait d'épouser le dauphin François –, tout droit de restitution ou d'argent serait perdu. Le lendemain, au même endroit, un second traité était signé. Il établissait une autre paix qui concluait, cette fois, un conflit de six ans entre Henri II et Philippe II d'Espagne. Cette paix était apparemment moins favorable au Français. Il s'engageait à abandonner ses prétentions sur le duché de Milan, la république de Gênes et le royaume de Naples, territoires revendiqués par tous ses devanciers depuis près de soixante ans. Il promettait encore de restituer les places conquises depuis son avènement sur la frontière de la Flandre à Marie de Hongrie, gouvernante des Pays-Bas. Le Charolais serait rendu au roi d'Espagne ; quant à la Savoie et ses appartenances, elles seraient redonnées à celui qui en avait été dépouillé par François Ier en 1536, Emmanuel-Philibert de Savoie. Les conquêtes d'Henri II dans la péninsule Italienne seraient elles aussi rendues à leurs légitimes ayants droit. En effet, si les ambassadeurs français purent conserver le duché de Saluces, et pendant trois ans Turin, Pignerol, Chivasso, Chieri et Villeneuve d'Asti au roi, permettant à celui-ci de maintenir une position forte en Piémont, Henri II était dans l'obligation de restituer la Corse à Gênes, Montalcino au duc de Florence et le Montferrat au duc de Mantoue. En échange, Philippe II rendrait à son nouvel allié les villes que ses armées occupaient en Picardie : Saint-Quentin, le Châtelet, Ham et Thérouanne, à la condition qu'Henri II ne fasse jamais rebâtir sur cette dernière une ville fortifiée. Finalement, des nombreuses conquêtes réalisées depuis 1547, date de son accession au trône, Henri II ne conservait que les évêchés de Toul, Verdun et Metz, ainsi que quelques villes du duché de Lorraine. Terres d'Empire et indépendantes de l'héritage bourguignon de Philippe II, elles n'avaient pas été comprises dans le traité.

Cette paix fut mal jugée par certains contemporains. Pourquoi avoir entrepris tant de guerres, fait tant de morts, pour finalement abandonner tout ou presque alors que la puissance militaire royale était incontestable ? En France, des capitaines comme Cossé-Brissac, Montluc ou Tavannes ne cachèrent pas leur colère et qualifièrent cette paix de « maudite ». Une amertume qui put être aussi éveillée par des motifs personnels. La fin du conflit obligeait ces hommes à abandonner des charges lucratives ou des commandements prestigieux. Les Cantons suisses et les provinces allemandes ne dissimulèrent pas non plus leur déception. Ils fournissaient des fantassins aux deux parties contre de l'argent et le manque à gagner était immense. Mais, pour beaucoup, ce traité marquait le retour à la sécurité dans les provinces proches des frontières, le rétablissement de la liberté de circulation des personnes et des biens avec les puissances anciennement ennemies et la fin des augmentations d'impôts et des taxes extraordinaires. Il liquidait pour de nombreuses années, croyaient-ils, les contentieux engagés depuis quarante ans entre la France et l'Espagne. Le royaume s'était tout de même élargi et avait consolidé ses acquis ; il était surtout débarrassé de la présence anglaise qui avait tant nui à sa sécurité depuis plus de deux cents ans. D'ailleurs, cette paix pouvait être rompue, comme toutes les autres avant elle, et le roi, à tout moment, était en capacité de revendiquer les territoires italiens abandonnés en vertu des droits inaliénables que la couronne de France avait dessus. Rien n'était donc totalement perdu. La paix du Cateau-Cambrésis était surtout une pause devenue nécessaire en raison des difficultés économiques que connaissait alors la France.

Entre joie et crainte

Henri II fut fort satisfait du résultat et voulut le faire savoir. Quatre jours après la signature des traités, il écrivait à la municipalité de Paris pour que le peuple de la capitale rende grâce à Dieu de cette heureuse nouvelle et laisse éclater son bonheur dans les rues. L'ordre fut entendu et, après une immense procession qui rassembla toutes les dignités laïques et religieuses de la ville, des feux de joie furent allumés aux carrefours pour les habitants. Des fêtes s'organisèrent pareillement dans tout le royaume. Celles de Lyon furent les plus spectaculaires. Elles durèrent plus d'un mois et les communautés étrangères présentes dans la cité, qui entrevoyaient le retour de leur prospérité financière, ne lésinèrent pas sur la dépense.

Afin qu'une paix fût plus étroite et plus ferme, il était coutume d'y associer des projets de mariages. Au Cateau-Cambrésis, il fut ainsi décidé de celui d'Élisabeth, fille aînée d'Henri II, avec le roi Philippe II, veuf depuis novembre 1558 de la reine Marie Tudor, ainsi que celui de Marguerite de Valois, sœur cadette du roi, avec le duc Emmanuel-Philibert de Savoie. Henri II avait imaginé un temps convaincre le roi d'Espagne de se rendre en France pour y venir chercher son épouse. Mais le fils de Charles Quint avait refusé. Le mariage de Philippe II et d'Élisabeth se ferait donc par procuration et le duc d'Albe fut choisi pour être le représentant du souverain espagnol. Alors que la diplomatie réglait ces problèmes, les ambassadeurs des cours d'Europe gagnaient Paris. Ils ne furent pas les seuls. Les fêtes de Pâques passées, les grands seigneurs de France, en compagnie de leurs épouses, prenaient le même chemin pour assister aux mariages qui allaient y être célébrés, car la fête allait à nouveau égayer la capitale pendant plusieurs semaines.

Pourtant, alors que dans le royaume certains criaient leur joie, d'autres commençaient à craindre pour leur vie. Si la paix du 3 avril envisageait une croisade qui libérerait la Grèce et Constantinople de la domination turque, un autre projet, plus réaliste, s'esquissait en filigrane, celui d'une guerre ouverte contre les réformés, et Henri II, qui n'avait jamais caché son hostilité aux fidèles de Luther et de Calvin, entendait bien prendre la tête de cette lutte. Déjà, il s'inquiétait de la progression des réformés en Écosse et projetait de porter les armes contre eux avec le soutien du pape Paul IV. Ces menaces troublèrent les Anglais et notamment Élisabeth Ire, qui pouvait redouter la décision du pontife romain de la condamner comme hérétique et ainsi pousser contre son royaume une armée catholique conduite par les Français. En effet, si Paul IV reconnaissait Élisabeth Ire « bâtarde et hérétique », Henri II était en droit de revendiquer le trône d'Angleterre pour sa belle-fille, Marie Stuart, comme plus proche de la succession. Le vieux rêve de la conquête de l'Angleterre par un roi de France, remis à l'honneur par la prise de Calais et le mariage du dauphin avec la reine d'Écosse, pouvait devenir réalité. Mais un succès d'une telle importance aurait fait le roi de France trop puissant et Philippe II refusa de participer au projet. Alors, en attendant des jours meilleurs, Henri II souhaita se montrer le champion du combat contre les « mal pensants de la foi » dans son royaume. Le 2 juin, à Écouen, il promulguait un édit qui en ordonnait l'expulsion. L'arrestation d'Anne Du Bourg, conseiller du Parlement, et de quatre de ses congénères, le 10 du même mois, sonna le début de la répression. Déjà la propagande royale s'activait pour justifier l'entreprise. Mais parce que l'exécution d'un tel programme demandait une solide organisation et qu'Henri II mariait sa sœur et sa fille, l'expulsion des protestants fut reportée au lendemain des festivités.

Paris en fête

Le premier mariage célébré fut celui d'Élisabeth et de Philippe II, le 22 juin. La cérémonie se déroula dans une cathédrale Notre-Dame bondée et devant un parvis noir de monde. Elle fut en tout point identique à celle réalisée quatorze mois plutôt pour les noces du dauphin avec Marie Stuart, qui avait été une innovation. Les rois de France avaient jusque-là l'habitude de vivre ce sacrement dans l'intimité, au grand étonnement des observateurs étrangers. Les réjouissances, succession de bals, de festins et de jeux divers, devaient durer jusqu'au 10 juillet, date retenue pour la célébration du mariage de Marguerite de Valois et d'Emmanuel-Philibert de Savoie. Au milieu de toutes ces festivités, Henri II avait désiré un tournoi magnifique qui rassemblerait le meilleur de la jeunesse française et européenne. Il se déroulerait sur trois jours, du 28 au 30 juin, et le roi avait exprimé son désir d'y participer. La lice fut bâtie rue Saint-Antoine, à proximité de l'hôtel des Tournelles.

L'homme venait d'avoir quarante ans. Selon les dires des uns et des autres, il aurait été d'une parfaite santé, vigoureux de corps et d'esprit. S'il n'avait participé à aucune bataille livrée par son armée depuis son avènement, il avait aux yeux de tous la réputation d'être un excellent cavalier, un chasseur expérimenté et un grand jouteur. Bien qu'il fût déconseillé au roi, par mesure de sécurité, de participer à ces « fausses guerres » qu'étaient les tournois, et que peu de souverains s'y risquassent durant leur règne pour les mêmes raisons, Henri II, en ces jours de fête, négligea ces précautions et souhaita se mesurer à ses meilleurs capitaines.

Des combats qui se déroulèrent le 28 juin, nous ne savons rien, sinon qu'Henri II, de l'avis des observateurs, se serait admirablement conduit. Le lendemain, il combattit encore et montra avec autant d'excellence que la veille sa vaillance et son courage, tout comme le vendredi 30. Ce jour-là, Henri II participa à deux combats et, chaque fois, fut victorieux. Avant de quitter le jeu, il exigea un dernier échange avec un homme qui s'était montré particulièrement brillant lors de ces trois jours, Gabriel de Montgomery, fils du capitaine de la garde écossaise à qui, le matin même, Henri II avait ordonné, sitôt le tournoi terminé, de partir dans le pays de Caux afin de mettre en place l'expulsion des calvinistes de la province.

L'accident

C'était la fin de l'après-midi, le soleil avait brillé toute la journée et l'air était encore embrumé de la poussière soulevée par les sabots des chevaux et les luttes des jouteurs. Si les musiciens continuaient à jouer de leurs instruments, des spectateurs quittaient déjà les tribunes. Le spectacle s'achevait. Le duc de Savoie et la reine Catherine de Médicis auraient déconseillé au roi cette dernière joute. Montgomery ne l'aurait pas souhaitée non plus. Henri II se serait alors énervé, ne laissant au jeune homme d'autre choix que de se soumettre. Bientôt les deux hommes, armés, installés sur leurs montures, s'élancèrent, se croisèrent, puis se choquèrent. Montgomery toucha le premier. Mais sa hampe atteignit Henri II à la gorge. Elle se brisa aussitôt et vola en éclats, soulevant la visière du roi, blessant son visage au côté gauche. N'ayant pas lâché sa hampe fendue, Montgomery percuta une seconde fois la face royale, du côté droit cette fois, à l'œil et à la tempe. Sonné, Henri II s'affaissa sur l'encolure de son cheval, puis tenta de se redresser un instant, avant de s'affaler presque aussitôt, près de tomber. Dès le premier choc, les hommes autour du champ coururent pour secourir le blessé qui se laissait choir à terre. Lorsque le casque du souverain fut ôté, un flot de sang coula sur son visage. La stupeur qui avait envahi les loges devint plus grande encore. Au milieu d'une immense bousculade et de cris d'effroi, des spectateurs s'évanouirent, et parmi eux le dauphin François.

Si Henri II avait perdu connaissance, il était vivant. On tenta de le ranimer : eau froide, essence de rose, vinaigre. Ces remèdes eurent quelques effets. Le roi revint à lui et écouta les plaintes de Montgomery qui, à genoux devant lui, le supplia de lui faire couper la main et trancher la tête. Henri II, selon la version officielle, aurait été assez lucide pour lui répondre avec la plus grande des douceurs qu'il n'avait rien à se reprocher puisqu'il avait obéi à son roi. Si le souverain avait repris ses esprits, ses blessures, jugées graves, devaient être soignées au plus vite. Au milieu d'une foule immense, protégé par ses archers, le roi fut donc transporté à l'hôtel des Tournelles. M. de Sancerre soutenait la tête, le connétable de Montmorency empoignait un bras, le duc de Guise l'autre; quant à Condé et Martigues, ils portaient chacun une jambe. En bas de l'escalier qui menait à ses appartements, Henri II voulut marcher. Ce fut en titubant, mais toujours soutenu par les bras, le torse et la tête, qu'il arriva au seuil de sa chambre. Derrière, venait un autre cortège, celui qui transportait le dauphin, toujours évanoui.

Soigner un corps royal

Dans la chambre royale ne furent admis que les intimes. Ils étaient accompagnés par les médecins, les apothicaires, les chirurgiens et les barbiers du roi. Là, Henri II reçut les premiers soins. La partie droite de son visage était criblée d'échardes. Les barbiers ôtèrent d'abord les plus grosses. Une avait la longueur d'un doigt et s'était plantée au-dessus du sourcil droit. Alphonse d'Este, témoin de la scène, fut si impressionné par sa grosseur qu'il en fit le dessin le soir même dans une lettre qu'il écrivit à son père. Parce que l'extraction maladroite d'une de ces échardes lui arracha un cri déchirant, et par crainte de le faire souffrir davantage, les médecins décidèrent de mettre un terme à ces opérations, laissant dans la plaie vive de nombreux autres éclats de bois. Un nettoyage sommaire du visage, suivi d'un badigeonnage d'une préparation à base de blanc d'œuf pour aider à la cicatrisation autour de la plaie, acheva le soin. Après que les chirurgiens eurent purgé le roi d'une partie de son « mauvais sang » par une saignée de douze onces, les apothicaires lui préparèrent un lavement à partir de rhubarbe et de momie (huile de pétrole), remède réputé efficace pour combattre la fièvre et faire disparaître les « mauvaises humeurs ». Le purgatif fut si puissant qu'Henri II se vida par tous les orifices de son corps. Comme chaque fois après une purge, une diète draconienne fut imposée au patient. Seules des décoctions connues pour fluidifier le sang et redonner des forces au malade furent tolérées.

Toutes ces médecines n'empêchèrent pas le roi de tomber en léthargie quelques heures plus tard. Plus grave, ses « fonctions animales » s'étaient paralysées « au niveau des forces vitales ». Ayant observé que l'os du crâne et sa membrane étaient fortement touchés et considérablement dénudés, certains médecins émirent l'hypothèse d'un possible traumatisme du cerveau, voire d'une rupture des veines. Un diagnostic qui ne satisfit pas la majorité de ces doctes personnes qui préférèrent, avant d'entreprendre quoi que ce soit sur la tête royale, consulter d'autres confrères. Ils firent mander le chirurgien Ambroise Paré, qui avait acquis une notoriété certaine depuis la publication de ses observations sur les blessures de la tête. Parallèlement, le duc de Savoie dépêcha un de ses serviteurs à Bruxelles pour faire venir au plus vite le premier médecin de Philippe II, André Vésale, dont les connaissances sur le fonctionnement du cerveau et des yeux avaient fait l'un des anatomistes les plus réputés d'Europe.

Henri II passa donc la première nuit dans un probable coma. Catherine de Médicis le veilla jusqu'à 3 heures du matin, avec le duc de Savoie et le cardinal de Lorraine. Alphonse d'Este et le duc de Guise les relayèrent jusqu'au matin. Le lendemain, vers 10 heures, alors que tous les ambassadeurs présents à Paris décrivaient l'accident avec plus ou moins d'exactitude dans leurs dépêches en raison des rares informations qui circulaient et s'inquiétaient sur l'avenir de la paix, Henri II avait repris connaissance. Les bandages ôtés, les médecins auscultèrent les blessures. Si l'os frontal, malgré leurs craintes, n'était pas touché, l'œil droit du roi était perdu. Toute la membrane de la paupière et de l'arcade sourcilière avait été arrachée et une multitude d'échardes, plantées « comme des pieux » enfoncés dans la chair, y dessinaient un vague cercle. Toutefois, se souvenant de la douleur du souverain lorsque, la veille, les barbiers avaient tenté de les lui ôter, ils ne cherchèrent pas à en faire extraire de nouvelles et ordonnèrent, après un nettoyage superficiel, de refaire le pansement. Vers 11 heures, il fut servi au roi son premier repas depuis l'accident : une gelée et un bouillon. Puis, très affaibli, le souverain se rendormit, se réveillant de temps à autre pour demander à boire. En fin d'après-midi, la fièvre était tombée et l'espoir d'une guérison s'esquissa. Le 2 juillet, Henri II était en meilleure forme. Il parlait mieux et plus. En revanche, il paraissait souffrir davantage, et, lorsque les barbiers défirent son bandage au matin, il ne put étouffer d'autres cris. Une nouvelle fois, les blessures ne furent pas soignées.

La fin

Si l'on ignore la date à laquelle Ambroise Paré parvint au chevet du roi, et s'il y parvint même un jour, on sait qu'André Vésale arriva le 3 juillet. Son diagnostic fut une blessure au cerveau et il proposa immédiatement une trépanation. Le connétable de Montmorency, qui avait guidé le roi dans tous ses choix politiques depuis son avènement et dont l'ascendant sur le prince était une évidence pour tout le monde, inquiet de la santé de son souverain et de son avenir personnel, n'ignorant rien des clans qui se formaient déjà au Louvre autour des Guise qui imaginaient la succession et les places qu'ils pourraient prendre dans le nouveau gouvernement en raison des liens de parenté qui les unissaient à Marie Stuart[1], demanda qu'on lui livrât le cadavre d'un homme assassiné pour que le médecin flamand lui expliquât *de visu* ce qui pouvait être fait à son protecteur afin de le sauver. Au même moment, la nouvelle du mieux du roi courait Paris et déjà les ambassadeurs l'annonçaient à leurs chancelleries. Ils ignoraient que le 4 au soir la santé d'Henri II s'était brutalement dégradée et que la fièvre avait refait son apparition. Par ailleurs, le diagnostic de Vésale n'avait pas convaincu les sceptiques, qui ne voyaient dans cette rechute que la conséquence de la « corruption d'une manière maligne dans le système veineux », un raisonnement fondé sur la connaissance de la constitution du roi et l'examen de ses urines. Pour remède, ils imposèrent d'autres saignées et un nouveau lavement. Si ces médecines contrarièrent la fièvre, elles n'empêchèrent nullement l'apparition du délire. Un délire qui augmenta les jours suivants et qui fut accompagné non seulement par des suées de plus en plus abondantes et de plus en plus régulières, mais également par une rigidité du corps. Devant les limites humaines, Dieu fut appelé et le 9 juillet la population de Paris, qui ignorait presque tout de l'état réel de son souverain, participait à une procession générale organisée

1. Le duc de Guise et le cardinal de Lorraine étaient les oncles maternels de Marie Stuart.

pour implorer sa guérison. Le soir, alors que le roi avait sans doute perdu connaissance depuis plusieurs heures, au Louvre, sans faste, était célébré le mariage de Marguerite et d'Emmanuel-Philibert de Savoie.

Le 10 juillet, vers 9 heures du matin, Henri II recevait l'extrême-onction. Quatre heures plus tard, il rendait son âme à Dieu. Selon l'évêque de Troyes, ses derniers instants furent atroces. Le roi serait mort « avec spasme et attraction et avec une extension monstrueuse et hideuse des pieds et des mains, donnant signe évident de la véhémence du mal » dont il souffrait. André Vésale, déjà fâché contre les médecins du roi, affirma plus tard que le décès avait été accéléré parce que certains « courtisans » avaient donné à Henri II du vin auquel furent ajoutées de la sauge et « autres substances échauffantes ». Cette boisson n'aurait fait qu'accroître la nécessité d'une respiration forte et, de fait, épuisé plus rapidement le malade. Lors de l'autopsie, le diagnostic de Vésale fut confirmé. À l'ouverture du crâne, les médecins constatèrent que la membrane attachée à la dure-mère avait pris une couleur jaunâtre. Quant à la partie gauche, elle était entièrement remplie d'un liquide purulent et montrait un début de gangrène. Le cerveau était donc entré en « collision avec le crâne » lors du premier impact. Henri serait mort des suites d'une commotion, et non de ses blessures au visage, même si celles-ci, non soignées, s'étaient au fil des jours considérablement infectées.

Pour la propagande royale, aux mains de Catherine de Médicis et des Guise depuis le 10 juillet, ce décès prématuré et peu conforme au modèle glorieux de la mort royale devait avoir un sens. Elle en trouva un. La mort du roi était un sacrifice, pareil à celui du Christ. Comme lui, Henri II était venu au monde pour imposer la paix aux hommes et leur montrer la vérité de la

« vraie » religion, celle conduite par l'Église catholique romaine. Par le sacrifice de sa vie, 1 500 ans après Jésus, le roi avait indiqué le chemin de la rédemption du monde et par son sang versé l'avait purifié. La mort d'Henri II n'était pas un accident malheureux, elle participait de l'histoire universelle et préparait le retour de l'âge d'or. Mais cette mort qui aurait affligé tant de personnes en réjouit aussi beaucoup d'autres, à commencer par les Anglais, qui voyaient ainsi s'éloigner la guerre sur leur sol et les protestants de France qui purent, un temps, reprendre espoir.

Bibliographie sélective

Du Chastel, Pierre, *Deux serments funèbres de Pierre du Chastel prononcés aux obsèques de François premier de ce nom*, éd. critique par P. Chiron, Genève, Droz, 1999.

Le Fur, Didier, *Henri II*, Paris, Tallandier, 2009.

Perez, Stanis, *La Mort des rois*, Paris, Jérôme Million, 2006.

Romier, Lucien, « La mort de Henri II », *Revue du seizième siècle*, t. I, 1913, p. 99-123.

9

L'assassinat d'Henri III
1er août 1589

par Jean-François SOLNON

Dans la matinée du 1er août 1589, à Saint-Cloud, un jeune moine d'apparence anodine plante son couteau dans le bas-ventre du roi Henri III (1574-1589), qui ne survit que quelques heures à sa blessure. S'achève ainsi tragiquement le règne du dernier Valois. Le siècle – « robe d'or et de soie ensanglantée », selon Voltaire – est fertile en morts brutales, mais, de mémoire d'homme, personne dans le royaume n'a le souvenir du meurtre d'un roi. Assassiner l'oint du Seigneur est alors jugé plus qu'un crime : c'est un sacrilège, le sacre à Reims ajoutant à l'autorité royale une légitimité religieuse. Ce régicide est-il l'acte d'un déséquilibré ou le résultat d'un complot ? Fallait-il que le souverain régnant fût détesté pour décider un de ses sujets à attenter à sa vie !

Une cascade de haine

Aucun roi de France, il est vrai, n'a été autant haï de son vivant qu'Henri III. Aucun n'a été tant calomnié. Son règne entier fut troublé par les guerres civiles de Religion qui opposaient depuis le milieu du siècle catholiques et protestants. Soucieux, malgré les écueils, de préserver l'autorité monarchique, de défendre l'État et de rétablir la concorde, le dernier Valois avait pourtant fait l'unanimité contre lui. Aux yeux des catholiques ultras comme des protestants, tout lui avait été imputé à crime. On l'a dit frivole, pusillanime, sans volonté, esclave de ses plaisirs. On l'a jugé trop peu guerrier, indifférent à régner par lui-même, négligeant ses devoirs. Était-il soucieux de sa mise, aimant la parure, préoccupé de propreté corporelle ? Ce raffinement signalait, croyait-on, un être efféminé. On ne manquait pas de brocarder les occupations puériles d'un homme amateur de bilboquet, passionné par les petits chiens, adonné à ses moments de loisir à l'art des canivets, ces images de papier découpées et appliquées sur des fonds de couleur opposée. Les goûts intellectuels d'un monarque qui avait de l'esprit à revendre et la passion des discussions savantes étaient tout aussi méprisés comme contraires aux qualités attendues d'un homme d'action. Sa mansuétude était comprise comme de la faiblesse, ses accès de religiosité comme de l'hypocrisie, ses hésitations, imposées par le manque d'argent, comme du machiavélisme. Pareil réquisitoire suffisait-il à armer le bras d'un tueur ?

Brochant sur le tout, l'absence d'héritier avait paru le signe de la défaveur du ciel. Et la mort sans descendance en 1584 de François d'Anjou, frère cadet du roi, qui aurait pu lui succéder, accrut encore l'angoisse des catholiques : si le monarque mourait à son tour, son successeur serait selon les lois du royaume son lointain cousin et beau-frère Henri de Navarre, un huguenot ! La perspective de voir un hérétique sur le trône mobilisa les énergies. Les grands seigneurs catholiques, dominés par les Guise – le duc Henri, dit le Balafré, et ses frères Louis, le cardinal, et Charles, duc de Mayenne –, étaient bien décidés, réunis dans une Ligue, à défendre la « vraie foi » qu'ils jugeaient menacée. Quitte à s'allier avec l'ennemi espagnol ! À leur tentative de subversion du royaume, Henri III avait tenté de répondre, interdisant notamment au duc de Guise d'entrer dans Paris qui lui était tout acquis. Mais le duc avait passé outre et y fut acclamé. Les Parisiens venaient ainsi d'infliger au roi un camouflet public. Pour parer à toute éventualité, Henri commanda d'introduire des troupes dans la ville. Mal lui en prit. Aussitôt les habitants de la capitale tendirent des chaînes en travers des rues, dressèrent des barricades – les premières de l'histoire parisienne –, bref, se mirent en défense. Le Louvre était menacé, les ligueurs allaient s'emparer du roi. Pour échapper à la souricière, Henri préféra fuir la capitale révoltée au matin du 13 mai 1588. Les barricades de la colère s'étaient transformées en une rébellion armée. Le roi trouva refuge à Blois, où il ouvrit en octobre les états généraux et, ruminant sa vengeance, fit assassiner Guise le 23 décembre suivant et son frère le cardinal le lendemain, croyant ainsi éteindre la guerre civile en décapitant les chefs de la Ligue.

Ce fut au contraire un déchaînement de haine contre le monarque, jugé « sacrilège, parjure, simoniaque, perfide tyran, grand hypocrite, Judas, exécrable athée, paillard, bougre, syphilitique, sodomite ». On ne l'appelait plus que « Henri de Valois », comme un particulier. De son nom on faisait des anagrammes. *Vilain Hérodes* fut la plus répandue. Aux épithètes insultantes s'ajoutaient les descriptions physiques grossières ou fantastiques. Pamphlets, libelles, feuilles volantes de la même eau étaient lus, chantés, criés dans les rues. Henri, prétendait-on, avait non seulement bafoué la vraie foi, mais était devenu l'ami du diable et commandait aux sorciers. Un tel torrent d'invectives exprimait la fureur des ligueurs. C'était aussi un instrument chargé d'encourager la foule à la révolte. En faisant supprimer Guise, Henri avait espéré anéantir le mouvement ligueur et retrouver son autorité. Il hérita en réalité d'une tempête d'une violence inédite dans le royaume.

Paris s'abandonnait à la haine et ne songeait qu'à la vengeance. Pour purifier la ville des souillures dont le roi aurait été prodigue et accélérer l'avènement d'un monde meilleur, les Parisiens multipliaient les cérémonies religieuses, les processions, les jeûnes collectifs. Ainsi montaient ensemble dans le ciel de la capitale les supplications à Dieu et les appels au meurtre contre un roi « satanique ». À celui-ci devait s'appliquer sans attendre la justice des hommes. Le curé de la paroisse Saint-Benoît, ligueur de choc, ne cessait d'affirmer licite de tuer un prince oublieux du bien du peuple et fit un devoir d'assassiner un roi complice de l'hérésie. Honneur de Dieu oblige ! Le 7 janvier 1589, la Sorbonne délia solennellement les sujets du royaume de l'obéissance due au souverain. Le nom d'Henri fut rayé des prières de la messe et disparut des formules officielles de la chancellerie du Parlement. Ses portraits furent lacérés et jetés aux flammes. Chaque Français pouvait désormais prendre les armes contre lui. On souhaitait si ardemment sa mort qu'on confectionnait des effigies en cire à son image sur lesquelles on piquait consciencieusement des aiguilles en prononçant des formules magiques.

Les Parisiens condamnaient le roi, et la France suivit. Les trois quarts des villes, assurait-on, firent sécession. Trois mois seulement après l'exécution de décembre, Henri ne conservait que Blois, Tours et Beaugency. Un carré de choux. Un royaume peau de chagrin. Diabolisé et déchu, le roi Valois ne semblait pas pour autant abattu. Il lui fallait tenir, il reprendrait la main. La vague refluerait, le temps ferait son œuvre. Nul besoin, comme certains le lui suggéraient, de se rapprocher d'Henri de Navarre et des huguenots pour vaincre la Ligue ! Le plat pays n'était-il pas tenu par des troupes fidèles ? Nombre de gouverneurs de province n'étaient-ils pas des hommes sûrs ? Dans l'attente de jours meilleurs, il fallait au souverain une capitale. Il choisit Tours, où il s'installa le 6 mars, ordonnant aux magistrats du parlement de Paris et de la Chambre des comptes de l'y rejoindre pour exercer leurs charges. Malgré quelques ralliements prometteurs, Henri pourrait-il résister seul à la Ligue ? Navarre en doutait et fit le premier des offres de service au roi de France. Devant la menace d'une offensive militaire du duc de Mayenne, nouveau chef de la Ligue, Henri, d'abord hésitant, finit par accepter. Un accord fut signé de nuit dans la cathédrale de Tours le 3 avril. À l'annonce de cette alliance du Très-Chrétien avec les huguenots, le légat du pape faillit s'étrangler. Le roi se justifia : « Si le duc de Mayenne vient pour me couper la gorge, il faut bien que je me défende, dussé-je me servir des hérétiques et même des Turcs, sans que pour cela j'autorise leurs sectes et leurs erreurs. Quel prince n'en ferait autant ? »

L'accord était en réalité bel et bien dirigé contre la

Sainte Ligue et Henri invitait Navarre à joindre son armée à la sienne. Les deux hommes conduiraient ensemble la lutte contre les rebelles alliés de l'Espagne. Aux intérêts de la seule religion romaine, Henri avait préféré ceux de l'État. Il avait choisi son camp. Définitivement.

Le régicide

Navarre galope vers la Touraine. Le rendez-vous a lieu dans le parc de Plessis-lès-Tours le 30 avril. « Dans un véritable équipage de soldat, tout couvert de sueur et de poussière », le Béarnais se jette aux genoux du roi, toujours élégant, vêtu d'un habit de cour, pourpoint de satin sombre et cape courte, couvert de son éternel petit chapeau noir à aigrette. Le monarque relève son beau-frère et l'embrasse. La foule, exaltée comme jamais, applaudit le nom des deux Henri. Rare moment d'unanimité, encore inimaginable quelques semaines plus tôt. Certes, les embrassades n'effacent pas d'un coup les soupçons. Mais le coup de main tenté le 8 mai par Mayenne contre les royaux sur le faubourg proche de Saint-Symphorien dissipe définitivement les derniers doutes. Alerté, alors qu'il s'apprêtait à regagner ses terres, Navarre revient lui-même combattre l'ennemi avec succès. Royaux et huguenots sont victorieux de Mayenne. Navarre a sauvé le roi. Rien de tel que la fraternité des armes pour établir la confiance.

Henri III reprend espoir. Trop souvent hésitant, il a enfin trouvé en Navarre le serviteur loyal, l'homme d'action favorisé par dame Fortune. Fort de son nouvel allié, il décide de combattre sans faillir les ultracatholiques de Mayenne.

« Pour regagner votre royaume, lui suggère le Béarnais, il faut passer sur les ponts de Paris. »

Henri suit son conseil. Les deux armées réunies marchent sur la capitale. Trente mille hommes – la plus grande armée mobilisée depuis le début des guerres de Religion – s'apprêtent à l'investir. Navarre voulait porter le fer au plus tôt. « Il y va du royaume, disait-il gaillardement, d'être venu baiser cette belle ville et ne lui mettre pas la main au sein. » Henri approuve. L'armée avance jusqu'au pont de Saint-Cloud. Le 31 juillet, le roi prend son logis dans le château des Gondi, d'où il peut voir Paris tout à son aise. Enlevant tour à tour Meudon, Vaugirard, Vanves, Navarre poursuit l'encerclement de la capitale. Le 1er août il s'approche de Paris, préparant l'assaut final prévu pour le lendemain.

À la même heure, au château de Saint-Cloud, le lever du roi va s'achever. On avertit Henri d'une demande d'audience inopinée. Un moine venu de Paris prétend vouloir lui remettre une lettre du premier président du Parlement, Achille de Harlay, alors prisonnier de la Ligue. Encore sur sa chaise percée, Henri accepte de recevoir le messager. On fait entrer le religieux. C'est un jeune dominicain de petite taille, portant une barbe taillée très court. Jacques Clément est son nom.

Il tend sa lettre au roi en exigeant de parler seul à seul avec Sa Majesté. Toujours indulgent envers les moines, Henri accède à sa demande. Il prend la missive, l'ouvre et en commence la lecture. Au moment où il se lève et remonte ses chausses, le moinillon sort un couteau de sa manche et frappe le roi. Touché au bas-ventre, Henri retire lui-même l'arme de la plaie et la retourne contre son agresseur, qu'il blesse légèrement au front, tout en appelant à l'aide :

« Ah ! Le méchant moine ! Il m'a tué ! Qu'on le tue ! »

La garde pénètre aussitôt dans la chambre. Le moine est resté sur place, sans songer à fuir. Il est massacré et jeté par la fenêtre.

La blessure royale paraît aux médecins sans gravité. Pourtant Henri perd beaucoup de sang. On le porte sur le lit, où il est pansé. À tous il fait bonne contenance, demandant des nouvelles de l'assaut donné le matin, commandant de prévenir Navarre. Il dicte une lettre pour la reine Louise, alors à Chenonceaux, et trouve la force d'écrire de sa main les deux dernières lignes pour la rassurer. Il ordonne ensuite de rédiger les missives chargées d'avertir le royaume de l'attentat. Le roi, y lit-on, est « sans danger de mort ». Pourtant, Henri commence à souffrir. Le lavement que les médecins croient bon de lui prescrire n'arrange rien. On annonce Navarre. Il est 11 heures.

Henri ne s'afflige ni ne pleure sur son sort. Il parle en roi, tout au souci de sa succession.

« Mon frère, dit-il au Béarnais, je le sens bien, c'est à vous de posséder le droit auquel j'ai travaillé pour vous conserver ce que Dieu vous a donné. C'est ce qui m'a mis en l'état où vous me voyez. La justice, de laquelle j'ai toujours été le protecteur, veut que vous succédiez après moi en ce royaume, dans lequel vous aurez beaucoup de traverses si vous ne vous résolvez à changer de religion. »

Les nobles paroles du roi sont destinées à être entendues de tous. Henri fait un effort pour hausser la voix :

« Je vous prie comme mes amis et vous ordonne comme votre roi, que vous reconnaissiez après ma mort mon frère que voilà, dit-il en désignant Navarre, et que pour ma satisfaction et votre propre devoir, vous lui prêtiez le serment en ma présence. »

L'émotion étreignait chacun. Les larmes montaient

aux yeux des gentilshommes les plus endurcis. Tous jurent fidélité à Navarre. Le roi ordonne encore aux officiers de rejoindre leurs postes et au Béarnais d'aller inspecter tous les quartiers de l'armée. Aux compagnons restés à son chevet, l'après-midi de ce 1er août paraît une éternité. Le roi souffre. Le soir venu, les médecins disent leur inquiétude. Vilaine est la plaie. La fièvre étreint tant le roi qu'elle le fait tomber dans un profond accablement. Henri n'a que la force de demander le viatique. Il se confesse, prononce les paroles rituelles, pardonne à ses ennemis, reçoit l'absolution. Bientôt la parole lui manque. À deux reprises il fait le signe de la croix. Vers 3 heures du matin, il rend son dernier souffle.

Ainsi disparaît le dernier Valois et le premier roi depuis les Mérovingiens à mourir assassiné[1]. Dans la chambre du château de Saint-Cloud, entouré de gentilshommes en pleurs, ne gît plus que le corps d'un homme de trente-huit ans que les chirurgiens s'apprêtent à ouvrir. Personne ne prononça la formule rituelle de la monarchie : « Le roi est mort. Vive le roi ! »

Dans le royaume de France, bien peu sont alors décidés à reconnaître Henri de Bourbon, roi de Navarre, comme le successeur d'Henri III.

Les mystères d'un meurtre

Reste à expliquer le drame et à s'interroger sur le meurtrier. Avec quelle facilité il a commis son crime ! Pourquoi avoir introduit chez le roi un religieux venu de Paris où, chaque jour, curés et prédicateurs appelaient

1. Le roi mérovingien Chilpéric Ier, assassiné en 584.

au meurtre de Sa Majesté ? Le roi n'ignorait rien du danger. On l'en avait suffisamment averti, mais Henri n'en avait cure. « La présence d'un moine, affirmait un contemporain, lui faisait toujours plaisir. » Lorsqu'on le mit une dernière fois en garde contre l'audience qu'il avait décidé d'accorder à Jacques Clément, il avait répondu : « Faites-le entrer. Si je le refuse, on dira à Paris que je ne veux point voir les prêtres. »

Clément ne bondit pas en pleine rue sur Henri, embusqué au milieu de la foule, le couteau à la main. Il ne l'arquebusa pas à distance. Il ne força pas sa porte. Il fut introduit auprès de Sa Majesté. Il avait médité son plan et su capter la confiance de l'entourage du roi.

Mais pourquoi avoir négligé de le fouiller ? Pourquoi l'avoir laissé seul avec sa victime ? Le roi, il est vrai, avait commandé et ordonné à ses gens de se retirer. Le moine s'était alors approché et avait frappé.

Son acte révélait une froide détermination. Sur le chemin de Saint-Cloud, il avait réussi à endormir la méfiance du procureur général du Parlement rencontré par hasard. Au magistrat, il avait déclaré avec assurance qu'il souhaitait transmettre au roi un message oral du premier président de Harlay et avait exhibé pour prouver ses dires un billet de celui-ci écrit en italien et un passeport – nécessaire pour traverser les lignes royales – délivré par le comte de Brienne, prisonnier lui aussi de la Ligue. La sincérité de Clément paraissait totale, sa maîtrise de soi, parfaite. Invité la veille de son forfait au logis du procureur général, il avait dîné de bon appétit avec les domestiques, taillant le pain avec le couteau acheté pour tuer le roi. Sa présence avait toutefois intrigué ses compagnons de table : des religieux de son ordre n'avaient-ils pas projeté d'assassiner le souverain ? Sans changer de couleur, Clément avait répondu qu'il y « en avait partout de bons et de mauvais ». Après une nuit paisible, il se promena dans le jardin sans montrer jamais de nervosité, en attendant le réveil du roi. Introduit dans la chambre de Sa Majesté, il ne céda pas davantage à l'affolement lorsqu'il entendit le procureur général mettre Henri en garde contre un entretien seul à seul avec lui.

« Sire, aurait dit le magistrat, qu'il parle tout haut ! Vous savez les avis que vous avez tous les jours que quelques gens de cette sorte doivent sortir pour vous tuer. »

Clément n'avait pas bronché. Il n'avait pas précipité son geste. Maître de lui, il avait attendu la décision d'Henri.

« Approchez-vous », avait commandé le roi.

Clément était prêt.

Son forfait accompli, le régicide avait malheureusement été massacré par la garde. Chacun s'en aperçut aussitôt : l'erreur était de taille. Le procès de Clément ne pouvait être que posthume. Les dépositions des témoins recueillies, le cadavre du meurtrier fut écartelé par quatre chevaux, brûlé, et ses cendres jetées dans la Seine.

Bien des questions demeuraient. Clément avait-il agi seul, de son propre mouvement, ou aidé de complices et sur ordre ? Le hasard servit les enquêteurs. Le 3 novembre suivant, les troupes d'Henri IV firent des prisonniers dans les faubourgs de Paris. Parmi les captifs, le père Edme Bourgoing, prieur du couvent des Jacobins, le supérieur de Jacques Clément, Champenois comme lui et ardent ligueur, farouchement hostile à tout ce qui pourrait favoriser l'accession d'Henri de Navarre au trône. Son procès s'ouvrit devant le parlement de Tours. Le prieur nia tout. Non, il n'avait rien su des intentions de Clément ! Non, il n'avait pas prêché avant la mort du roi pour appeler au régicide ou après pour le glorifier ! Il n'en fut pas moins condamné à mort pour crime de lèse-majesté et écartelé, sans avoir « confessé le secret » du meurtre ni donné ses complices. Aujourd'hui, on ne doute pas de sa responsabilité dans le crime de Jacques Clément. À défaut de preuves, l'intime conviction des historiens est étayée par des témoignages à charge et les récits des contemporains. Tous assurent que Clément avait consulté ses supérieurs sur la légitimité de l'acte – un régicide – qu'il allait commettre. Les religieux ne l'avaient pas découragé.

Mais comment Clément, jugé lourdaud par les siens, avait-il pu se procurer la fausse lettre en italien du président de Harlay ? Comment avait-il pu approcher le comte de Brienne, prisonnier des ligueurs, qui lui délivra un passeport ? Le geste de Clément n'avait-il pas été inspiré de plus haut ?

Les hommes du temps – comme Pierre de L'Estoile, De Thou ou Bassompierre – étaient convaincus de la réalité d'un complot. Certes, le moine avait été poussé à agir par quelques religieux de son couvent et avait pu obtenir le laissez-passer indispensable pour franchir les lignes grâce au prévôt des marchands de Paris, La Chapelle-Marteau, ligueur exalté. Mais l'idée du meurtre, sinon l'ordre d'assassiner, avait été donnée par de plus hauts personnages. Les chroniqueurs citent les noms du duc de Mayenne et de sa sœur, l'intrigante Catherine-Marie de Lorraine, duchesse de Montpensier, ennemie jurée d'Henri III, frère et sœur du Balafré qui était tombé à Blois, sur ordre du roi, sous les coups des Quarante-Cinq l'avant-veille de Noël 1588.

Le prétendu courroux divin – n'en déplaise aux ligueurs – n'avait donc pas été le seul guide du meurtrier du souverain. La responsabilité de ses supérieurs religieux était certaine. Celle du frère et de la sœur du feu duc de Guise, très probable. Le régicide ne leur profitait-il pas ? Certes, l'assassinat d'Henri de Navarre leur aurait été de semblable bénéfice. Y songèrent-ils ? On l'ignore. Mais les dernières paroles du père Bourgoing avant son supplice sonnent comme un demi-aveu :

« Nous avons bien fait ce que nous avons pu [le meurtre d'Henri III] et non pas ce que nous avons voulu [un attentat contre l'héritier hérétique du trône de France ?]. »

Aussitôt connue la mort du roi, prières publiques, processions, messes et feux de joie honorent à Paris son assassin, nouveau martyr de la vraie foi. Nul n'en doute : Clément a été investi d'une mission divine. Il a été le bras du Seigneur, tout à la fois Judith, David et Samson. On commente sans se lasser ses jeûnes, ses mortifications, ses prières, ses visions réelles ou supposées. Pour le glorifier, on ne recule devant aucune extravagance. Le moinillon au couteau est devenu un saint.

Dans la capitale, l'heure est aux réjouissances. Mme de Montpensier parade dans les rues : « Bonnes nouvelles, mes amis ! Bonnes nouvelles ! Le tyran est mort. Il n'y a plus d'Henri de Valois en France. »

Les Parisiens qui ne rient point ou gardent le visage mélancolique sont tenus pour hérétiques.

Il y a plus. Au « miracle » accompli par Clément, on oppose la mort « impie » d'Henri III. Des libelles – ces libelles injurieux qui ont accompagné tout son règne – assurent faussement que le roi a refusé les derniers sacrements et s'est recommandé au diable. Beaucoup le croient. Sa vie durant, l'image d'Henri n'a cessé d'être déformée. Après l'avoir fait assassiner, ses adversaires refusèrent encore à sa mémoire la vérité d'être mort en chrétien. « Il était un très bon prince, diagnostiquait un contemporain avisé songeant à sa défense de l'État, s'il eût rencontré un bon siècle. » Cruel à beaucoup, le demi-siècle des guerres de Religion lui fut fatal.

L'Histoire a trop souvent oublié que, malgré la guerre civile, l'hostilité tenace de l'Espagne, les conflits d'ambition et la révolte de Paris, Henri III a gouverné, réformé, légiféré. La défense de l'autorité royale fut son constant souci. Pour elle, il s'est allié au futur Henri IV qu'il a reconnu comme héritier légitime, permettant à l'État monarchique de survivre, lui assurant ainsi un avenir. À cause d'elle, victime d'un ligueur fanatique, il fut assassiné.

Bibliographie sélective

Buisson, Jean-Christophe, *Assassinés*, Paris, Perrin, 2013.

Pernot, Michel, *Henri III, le roi décrié*, de Fallois, 2013.

Solnon, Jean-François, *Henri III. Un désir de majesté*, Paris, Perrin, 2001 ; coll. « Tempus », 2007.

—, *Catherine de Médicis*, Paris, Perrin, 2003 ; coll. « Tempus », 2007.

10

Les derniers jours d'Henri IV 1610

par Jean-Pierre Babelon

La mort d'Henri IV est l'un des événements de l'histoire de France qui ont le plus frappé les esprits en son temps, puis dans la mémoire des siècles. La disparition brutale de cet homme qui n'était pas le simple successeur d'un précédent monarque, mais qui avait conquis le pouvoir à la force du poignet dans les pires circonstances et qui avait su s'imposer au péril de sa vie par son énergie et sa clairvoyance – malgré ses évidentes faiblesses humaines –, stupéfia l'opinion alors que l'on sortait enfin, si péniblement, de décennies d'affrontement religieux. Dans le même temps, la France pouvait se sentir rassurée car elle était désormais sous l'autorité d'une dynastie nouvelle, les Bourbons, avec un jeune roi et une régente. Et comme s'il pressentait les dangers de l'avenir, le roi avait eu la précaution de faire sacrer son épouse régente du royaume.

L'affaire de Clèves et Juliers

L'événement lui-même se situe dans un climat d'angoisse qui étreint le souverain mais également tout le pays : l'affaire de Clèves et Juliers. L'année 1609 a pourtant commencé sous de pacifiques auspices avec la trêve de douze ans signée entre l'Espagne et les Pays-Bas grâce à l'entremise des plénipotentiaires français, mais la paix en Europe reste toujours menacée par la diversité des religions et l'impérialisme des grandes puissances. La mort de Jean-Guillaume de Clèves le 25 mars 1609 risque de bouleverser ce fragile équilibre en son secteur géographique le plus fragile, la région qui unit les Pays-Bas et l'Allemagne rhénane. Le prince réunissait sous son autorité les duchés de Clèves, Berg et Juliers, les comtés de Ravensberg et La Marck, la seigneurie de Ravenstein, bref, un véritable État, entre Rhin, Meuse et Ruhr, coiffant l'électorat de Cologne. Il était catholique, mais sans postérité, et ses héritiers sont pour la plupart des princes allemands de religion réformée, en particulier le margrave de Brandebourg et le comte palatin de Neubourg, qui s'imposent sur le terrain et que l'on dénomme rapidement les « princes possédants ». L'empereur Rodolphe II ne peut accepter le fait accompli et convoque tous les prétendants. À Bruxelles, les archiducs espagnols souhaiteraient que les duchés fussent attribués à un catholique. À Paris, Henri IV, Sully et Nicolas de Neufville de Villeroy, secrétaire d'État très écouté pour les affaires étrangères, s'interrogent sur la politique à mener : il y a là une occasion de modifier la carte de l'Europe au profit de la France qui pourrait annexer certains des territoires en cause.

Aussi, lorsque l'empereur décide, aux applaudissements

de l'Espagne et des archiducs, de riposter pour maintenir son autorité sur l'héritage de Jean-Guillaume, et qu'il fait occuper la ville et citadelle de Juliers, pièce maîtresse de l'ensemble, l'opinion française s'enflamme et la noblesse pousse à la guerre. Henri IV prépare immédiatement la réunion d'une armée et annonce qu'il en prendra personnellement la tête pour conquérir les territoires sur les troupes impériales.

L'enlèvement innocent

À cette question d'équilibre politique européen et à cette décision d'intervenir militairement, qui ont effectivement motivé puissamment le roi, s'ajoute une décision de tout autre nature qui n'a pas échappé à l'ironie des contemporains, c'est l'épisode que l'on a appelé « l'enlèvement innocent ». Le vieux barbon, toujours sensible aux « tocades amoureuses », n'a pas supporté le départ de la dernière élue de son cœur, Charlotte de Montmorency. Au ballet de la reine organisé par Marie de Médicis en janvier 1609, Henri a découvert avec une profonde émotion la jeune beauté de Charlotte, fille de son vieil ami le connétable de Montmorency, qui n'a pas encore quinze ans. Cette nouvelle passion le bouleverse. Il ne pense plus qu'à Charlotte, et lorsqu'on évoque le projet de mariage de celle-ci avec le joyeux Bassompierre, le monarque se rebelle. Puisqu'il faut bien la marier, autant lui donner un époux malingre, sombre et maladroit, son neveu, le prince Henri de Condé ; et comme c'est le premier prince du sang, comment pourrait-elle le refuser ? Le jeune prince fait quelques difficultés, car il a compris la périlleuse situation où il s'engage, mais il se décide enfin et le mariage a lieu à Chantilly le 17 mai 1609. Henri n'en multiplia pas moins sa correspondance amoureuse avec la belle Charlotte, puisée dans les galanteries de *L'Astrée*, le célèbre roman qu'Honoré d'Urfé vient de publier en 1607.

Dans ce climat qui enflamme sans cesse davantage les festivités de la Cour, le prince de Condé décide de réagir. Fin novembre, il prend en secret avec la princesse la route du Nord, et quelques jours plus tard il arrive à Bruxelles, où les archiducs, qui ont tout de suite accueilli son épouse, hésitent quelque temps, inquiets des retombées politiques, à le recevoir officiellement. En France, la fureur du roi est à son comble : Condé, prince du sang, n'avait pas le droit de se rendre hors des frontières sans son assentiment, et il faut absolument obtenir le retour de la belle Charlotte.

La guerre imminente

Les conseillers du roi, Villeroy le premier, sont prêts à mobiliser l'Europe entière contre les ambitions des Habsbourg. Il faut renforcer les alliances et réunir tous ceux qui rêvent d'arracher un pan du vaste manteau espagnol. Sur les conseils de Sully et du maréchal de Lesdiguières, lieutenant général du roi en Dauphiné, des propositions sont adressées à la cour de Savoie. Henri IV promet la main de sa fille Christine, âgée seulement de quatre ans, au prince de Piémont, Victor-Amédée. Le duc s'engage alors dans la coalition et promet d'envahir le Milanais au printemps suivant. S'il y parvient et que les Vénitiens ne s'y opposent pas, il cédera la Savoie à la France (traité de Brussol, 25 avril 1610). Cependant, le pape Paul V blâme le soutien apporté par la France à l'Union évangélique des princes germaniques. Henri ne parvient pas non plus à convaincre les Médicis de Florence, non plus que les Cantons suisses, le duc de Lorraine, ou Jacques Ier d'Angleterre auquel il promet pourtant la main de sa dernière fille qui vient de naître, la petite Henriette, pour le prince de Galles. Bref, les affaires s'engagent mal, mais le roi est décidé à agir, même si les confédérés de l'Union évangélique n'apprécient guère de se voir imposer le respect de la foi catholique dans les duchés de Clèves et de Juliers.

Rien n'y fait, l'armée est convoquée. Sully a fait la preuve de ses compétences dans l'organisation d'une armée moderne, capable d'affronter les terribles *tercios* espagnols : innovations dans l'intendance, les cantonnements, la solde, les munitions, les hôpitaux de campagne. On ne se contente plus d'une armée féodale réunie par ban et arrière-ban, car le Trésor royal permet de rémunérer des volontaires. Cette nouvelle armée nationale convoquée pour conquérir les duchés compte 37000 hommes, surtout des fantassins. On y trouve 5000 cavaliers et seulement 12000 mercenaires. L'artillerie est redoutable – Sully l'a développée avec passion dans tous les arsenaux de France – et les magasins d'armes regorgent des équipements nécessaires. Il a été décidé que Maurice de Nassau aurait sur place la lieutenance générale et qu'il investirait Juliers en attendant l'arrivée de l'armée française dirigée par le roi.

En réalité, cette guerre est très impopulaire dans tout le royaume, Henri ne l'ignore pas. Si les protestants l'encouragent afin d'arrêter les progrès du catholicisme en Allemagne, les catholiques, et d'une façon générale les classes populaires, s'indignent de cette opération coûteuse, qui est condamnée explicitement par le pape. Les prédicateurs se déchaînent dans les chaires parisiennes, et le roi, furieux, décide de les faire taire. Mais la décision est prise, tous les ordres donnés. Le duc de La Force doit veiller sur la frontière des Pyrénées ; Lesdiguières, nommé maréchal, a rejoint le Dauphiné et s'apprête à entrer en Piémont, puis à envahir le Milanais avec l'aide des contingents des Grisons. Quant à l'armée royale, elle a été constituée à Châlons-sur-Marne, où a été également regroupée l'artillerie. À Bruxelles, les archiducs ont finalement donné au roi l'autorisation de passer sur leur territoire, en même temps qu'ils cherchent à faciliter le retour en France de la princesse de Condé.

Le sacre de la reine

En partant pour cette campagne dont les horizons sont encore brumeux, Henri veut assurer en France la continuité monarchique. Le gouvernement restera à Paris, ainsi que le jeune dauphin Louis et la reine, sa mère. Un Conseil de régence a été constitué, mais Marie presse son époux de lui accorder la marque éclatante du pouvoir, un sacrement que Catherine de Médicis et Élisabeth d'Autriche avaient reçu, mais qu'elle attend toujours : le sacre et le couronnement. Le roi tergiverse quelque temps, puis il convient qu'il s'agit d'un geste probant pour l'avenir. Le lieu est choisi, la basilique de Saint-Denis, une date retenue : le 13 mai 1610.

Après avoir craint les dépenses de la cérémonie, Henri prend bientôt un vif plaisir à son organisation. Toute la Cour s'est déplacée la veille au soir pour coucher à Saint-Denis. Au jour dit, il assiste à la cérémonie à l'abbatiale, depuis une loge vitrée, à droite de l'autel, d'où il admire la majesté de la reine Marie et la grâce de son attitude, et il est personnellement ému par le rituel. Le soir, après souper, il revient au Louvre avec la reine. Il faut maintenant organiser l'entrée triomphale que la ville de Paris est décidée à offrir à Marie, et qui est prévue pour le dimanche suivant. Le programme des jours qui viennent est alors minutieusement fixé : le vendredi 14 sera consacré aux affaires, le samedi 15 au délassement de la chasse à courre, le dimanche 16 à l'entrée de la reine, le lundi 17 et le mardi 18 aux noces de Catherine-Henriette de Vendôme, fille naturelle du roi, avec le fils du connétable de Montmorency, projet qui sera annulé après la mort du roi, à la grande satisfaction du fiancé. Enfin, la date du mercredi 19 mai est prévue pour le départ d'Henri pour le front, sur la route de Châlons où il prendra la tête de son armée.

Le roi maudit

L'opinion française reste généralement très hostile à cette guerre, nous l'avons dit. Le peuple s'indigne des dépenses de la maison du roi qui sont montées de 300 000 livres en 1600 à 400 000 en 1609, sans compter celles de la reine qui coûtent 540 000 livres. Il s'indigne des prodigalités d'Henri, de ses maîtresses, de ses bâtiments, de sa passion pour le jeu. La pression fiscale, pourtant bien maîtrisée par Sully, est très mal ressentie, et la réforme monétaire de 1609 fait craindre une dévaluation à tous les épargnants, et notamment aux rentiers de l'Hôtel de Ville. Sully n'échappe pas à la critique, avec la construction de la ville nouvelle d'Henrichemont, dans sa principauté souveraine de Boisbelle en Berry, entreprise en 1609.

Sur le plan de la religion, l'application de l'édit

de Nantes et la prééminence des protestants dans les cercles de décision indisposent violemment la population catholique. Les célébrations au temple de Charenton font scandale et le pasteur manque d'être assassiné. L'idée de tyrannicide se répand peu à peu dans l'opinion populaire ainsi qu'hors des frontières. Le bruit de la mort du roi a couru simultanément à Cambrai, à Anvers, à Cologne, à Maastricht, et l'on n'ignore pas à combien d'attentats Henri à survécu. Les mémorialistes ont dénombré vingt-cinq tentatives, et l'on a surtout retenu le geste de Jean Châtel, un élève des jésuites, qui lui a fendu la lèvre en décembre 1594.

Henri a été profondément frappé par cette animosité violente d'un peuple qu'il aime et dont il a cherché toute sa vie à se rapprocher. Les astrologues lui ont dit de se méfier du mois de mai, et il s'épanche auprès de ses fidèles : « Je ne sais ce que c'est, Bassompierre, mais je ne me puis persuader que j'aille en Allemagne. Le cœur ne me dit point que tu ailles aussi en Italie », et il répète à plusieurs : « Je crois mourir bientôt », ainsi qu'à Sully : « Par Dieu ! je mourrai dans cette ville et n'en sortirai jamais ; ils me tueront, car ils n'ont d'autre remède en leurs dangers que ma mort. »

Le roi est alors atteint de crises de dépression, mais il sait réagir courageusement. Âgé de cinquante-six ans, il est de taille moyenne, a le nez important, la barbe, la moustache et les cheveux blancs, le regard clair. Sa santé a souvent donné du souci à son entourage, attaques de goutte, maladies vénériennes récurrentes, mais il déploie encore une intense activité physique ; les voyages, la chasse ont succédé aux combats.

Le 14 mai 1610

La journée doit être consacrée à régler les affaires pendantes, aux derniers préparatifs militaires et à ceux de l'entrée de la reine dans la capitale. Le roi a mal dormi, il a couché dans sa chambre et non dans le petit cabinet qu'il partage souvent avec Marie de Médicis. Il se lève à l'aube, comme d'habitude, s'habille, se fait apporter ses Heures et dit ses prières allongé sur son lit, vers 6 heures. Il donne ensuite audience à trois collaborateurs, sort de sa chambre, emprunte les galeries et descend dans le jardin des Tuileries qu'il traverse. Le dauphin Louis est venu le saluer. Le roi assiste à la messe dans la chapelle du couvent des Feuillants (vers notre rue de Castiglione) et revient en traversant les jardins, rejoint par le duc de Guise et le maréchal de Bassompierre qui tentent de le dérider, mais il reste anormalement grave : « Vous ne me connaissez pas maintenant, vous autres ; mais je mourrai un de ces jours, et quand vous m'aurez perdu, vous connaîtrez lors ce que je valais et la différence qu'il y a de moi aux autres hommes. »

Les préparatifs militaires le reprennent aussitôt avec les responsables des armées. Henri se met à table et reçoit les petites princesses Élisabeth et Chrétienne (ou Christine), ses filles légitimes âgées de sept et quatre ans, et Mlle de Vendôme (Catherine-Henriette, fille légitimée de Gabrielle d'Estrées âgée de treize ans), revenues des cérémonies de Saint-Denis. Puis il reçoit Pierre Jeannin, président du parlement de Bourgogne et son très fidèle conseiller, ainsi que l'intendant Arnauld. Il passe ensuite avec le duc de La Force chez la reine, où il affecte une gaieté toute de parade. Sully est malade, à l'Arsenal. Le roi ira-t-il le voir ? Il craint les humeurs de son ministre. De retour dans son cabinet, il reçoit un messager revenu de Venise. « Mon Dieu, j'ai quelque chose là-dedans qui me trouble fort », dit-il encore en aparté. Puis il va à nouveau chez la reine, et joue avec ses petits garçons.

Apprenant que le roi a décidé de sortir en ville, le capitaine des gardes propose de l'accompagner car « la grande ville est pleine, en ce moment, d'un nombre incroyable d'étrangers et d'inconnus », mais le roi refuse, tout en continuant à manifester son indécision à la reine Marie : « Ma mie, irai-je, n'irai-je pas ? » Il se décide enfin et l'embrasse : « Je ne ferai qu'aller et venir et serai ici tout à cette heure même. »

Henri sort dans la cour carrée du Louvre en descendant le petit degré, un escalier à vis qui débouche à l'angle des ailes ouest et sud. Il écarte à nouveau les propositions d'un autre capitaine des gardes, enlève son manteau et apparaît vêtu de son habit de « satin noir égratigné », puis il monte dans le carrosse carré qui l'attend. Le roi s'assied sur la banquette du fond à gauche, et le duc d'Épernon s'assied à sa droite, car Henri veut lui lire une lettre. C'est l'ancien mignon d'Henri III, rallié tant bien que mal au Béarnais. Sur la banquette de devant, on trouve ses familiers, Charles du Plessis-Liancourt, premier écuyer de la petite écurie, et le marquis de Mirebeau, gentilhomme ordinaire de la chambre. Sur les sièges adossés aux portières rabattues, le maréchal-marquis de Lavardin et le baron Antoine de Roquelaure, fidèle ami catholique du roi, prennent place du côté droit, Hercule de Rohan, duc de Montbazon, et le marquis de Caumont La Force du côté gauche. Il est 16 heures, ou quelques minutes avant. Le roi s'inquiète du jour, on est bien le 14 ?

L'ordre de départ est alors donné, mais de façon

vague. Henri veut se distraire l'esprit et voir les préparatifs de l'entrée de la reine, notamment la rue Saint-Denis, la voie royale ornée d'arcs de triomphe et de divertissements variés. « Mettez-moi hors de céans » est l'ordre donné au cocher, tandis que l'on relève les mantelets de cuir qui obstruent les fenêtres. Une fois le carrosse sorti du Louvre, le roi ordonne : « Par la Croix du Tiroir », et ensuite : « Allons au cimetière Saint-Innocent. »

Rue de la Ferronnerie

On approche du marché des Halles et le chemin est encombré, notamment la rue de la Ferronnerie – qui fait suite à la rue Saint-Honoré –, resserrée par des échoppes qu'on a laissé construire le long des maisons qui surplombent les charniers du cimetière des Innocents. De ce fait, l'escorte de gentilshommes à cheval et de valets de pied ne peut rester aux portières du carrosse royal ; certains valets sont entrés dans le cimetière, d'autres ont couru en tête pour faire ranger une charrette de foin et une autre de tonneaux de vin qui obstruent le passage, enfin le dernier est resté en arrière et remet sa jarretière.

Un homme a pris leur place à la portière du carrosse royal, un colosse à la barbe rousse, habillé en vert, à la flamande, et il peut enfin saisir l'occasion qui lui est offerte. Le matin il a entendu la messe à l'église Saint-Benoît, au quartier Latin, puis il est allé au couvent des Feuillants, mais l'arrivée de César de Vendôme, le fils légitimé d'Henri IV et de Gabrielle d'Estrées, l'a empêché d'accomplir son dessein. Il s'est ensuite assis dans la cour du Louvre, sur une borne, attendant le passage du carrosse, mais la présence du duc d'Épernon à la place où il pensait trouver le roi l'a encore gêné. Alors il s'est mis à courir silencieusement.

Lorsqu'il voit le carrosse arrêté, il met un pied sur les rayons de la roue arrière gauche, l'autre sur une borne, et surgit dans l'ouverture de la portière. Il a sur lui un couteau, une longue lame affilée emmanchée dans une corne de cerf, qu'il a dérobé dans un cabaret de la rue Saint-Honoré ; il le tire, et de sa main gauche – il est ambidextre – il frappe le roi d'un premier coup entre la deuxième et la troisième côte après avoir transpercé la manche du pourpoint, le pourpoint lui-même et la chemise. Sous la douleur, Henri a relevé le bras gauche qu'il avait posé sur l'épaule de Montbazon. Ravaillac le frappe à nouveau, mais plus bas et plus profondément, et la lame pénètre tout entière entre la cinquième et la sixième côte, traverse le poumon gauche, tranche la veine cave, crève l'aorte. Un troisième coup perce seulement la manche de Montbazon.

Après le deuxième coup, Montbazon, qui n'a pas compris, s'écrie : « Qu'est-ce, sire ? ». « Ce n'est rien », répond Henri, une première fois distinctement, une seconde très bas, tandis qu'un flot de sang franchit ses lèvres. « Ah, Sire, souvenez-vous de Dieu », lui crie La Force, le seul huguenot du groupe, qui a enfin compris. Ravaillac est resté debout, comme hébété ; on se jette sur lui, le sieur de Saint-Michel veut le tuer, le comte de Curson le frappe au visage, mais d'Épernon s'interpose : « Ne frappez pas, il y va de votre tête. »

Les gentilshommes qui accompagnent le carrosse réagissent aussitôt. Charles du Plessis-Liancourt part pour prévenir à l'Hôtel de Ville ; le baron Jean-Antoine de Courtomer se rend à l'Arsenal pour voir Sully, et il se heurte curieusement à une troupe d'exaltés, huit à dix hommes à pied, deux à cheval, venant dans l'autre sens et criant : « Tue, tue, il faut qu'il meure. » On les empêche de faire un mauvais coup à Ravaillac et ils se perdent dans la foule. Ravaillac est d'abord conduit par Montigny à l'hôtel de Retz, tout proche, tandis que La Force et Curson font faire demi-tour au carrosse qui repart, les mantelets baissés, vers le Louvre. Dans la cour carrée, on tire le corps du roi de la voiture et on l'emporte par le petit degré dans les bras de Montbazon, Curson, Vitry et Noirmoutier. On l'étend sur un lit dans le petit cabinet de la reine. Le médecin Petit adresse quelques exhortations au moribond qui ouvre trois fois les yeux et les referme. C'en est fini. Le chancelier Brulart de Sillery arrive aussitôt, suivi par la reine Marie qui s'effondre au pied du lit, et bientôt paraît le petit dauphin, Louis XIII, qui était parti, lui aussi, regarder les préparatifs des fêtes parisiennes. « Ha, si j'y eusse été avec mon épée, je l'aurais tué », déclare-t-il en parlant de l'assassin.

Vers minuit, le corps fut dépouillé de ses vêtements, on l'habilla d'un pourpoint de satin blanc et on l'étendit sur son lit, dans la petite chambre du roi. Les médecins pratiquèrent l'autopsie et remarquèrent la belle santé du défunt. Les entrailles furent placées dans un vase de plomb que l'on porta le 18 à Saint-Denis, et le cœur dans un reliquaire d'argent que l'on porta à La Flèche, au collège des Jésuites naguère fondé par Henri.

Le corps embaumé fut mis en bière et exposé sur un lit de parade dans la grande chambre, il y resta dix-huit jours, honoré par des messes quotidiennes, puis, le 10 juin, la bière fut transportée dans la salle des Cariatides drapée de tapisseries ; on la disposa sous un grand « lit d'honneur », sur lequel on plaça une représentation du roi, mannequin d'osier revêtu des habits du sacre, les mains jointes et la tête en cire, cette dernière exécutée grâce à un moulage réalisé par le sculpteur Mathieu Jacquet. Le roi fut servi durant plusieurs jours aux deux repas, comme s'il était vivant. Louis XIII vint le 25 juin lui donner de l'eau bénite. Enfin, le 29 juin, furent célébrées les funérailles, après cette seconde vie symbolique du monarque. On porta la bière à la cathédrale Notre-Dame pour une grande cérémonie religieuse. Le 30, le corps fut porté à l'abbaye de Saint-Denis, dans une immense procession des corps constitués, et l'inhumation eut lieu le lendemain dans la crypte.

Le roi béni

La nouvelle de la mort du roi retourna brusquement l'opinion des populations à son égard. L'épouvante se répandit dans la ville qui se préparait aux festivités de l'entrée de la reine : « Les boutiques se ferment, chacun crie, pleure et se lamente, grands et petits, jeunes et vieux, les femmes et les filles s'en prennent aux cheveux », écrit le mémorialiste Pierre de L'Estoile. À l'exception de quelques cas de joie exprimée à travers la France par des opposants, l'affliction est générale. « C'était pitié, écrit Pierre Matthieu, de voir par toutes les provinces de France les pauvres gens des villages s'amasser en troupes sur les grands chemins, étonnés, hagards, les bras croisés, pour apprendre des passants cette désastreuse nouvelle ; et quand ils en étaient assurés, on les voyait se débander comme brebis sans pasteur, ne pleurant pas seulement mais criant et bramant comme forcenés à travers les champs. » La nouvelle s'était répandue à travers le royaume avec une stupéfiante rapidité que l'on a pu mesurer par l'arrivée des dépêches aux corps de villes. Les protestants étaient terrorisés ; au prêche de Charenton, le pasteur Du Moulin arracha des larmes aux assistants.

Le peuple se trouvait soudain orphelin. Oubliant qu'une nouvelle opération militaire était proche, on pleurait celui qui avait bataillé à la vigueur de son bras contre les partis opposés pour construire enfin la paix. Les princes firent cause commune avec le peuple, Condé courut même à Bruxelles pour ramener sa femme. Marie de Médicis, mise soudain à la tête du royaume, fit poursuivre la campagne militaire engagée par le défunt ; l'armée s'empara le 3 septembre de la citadelle de Juliers, qui fut alors remise aux « princes possédants » sous la promesse de respecter la religion catholique. Le duc de Savoie fut invité à se réconcilier avec Philippe III d'Espagne et Marie négocia aussitôt les promesses de mariage du dauphin avec l'aînée des infantes, Anne, et de sa fille Élisabeth avec l'aîné des infants – qui serait Philippe IV. Le calme revenait en Europe.

Le mystère Ravaillac

L'homme qui a attenté à la vie du roi pour la énième fois après tant d'autres et réussi son geste sacrificateur avait mené sa vie comme une vocation. Enfant d'Angoulême né en 1578, élevé dans une famille divisée, il s'était destiné de bonne heure à la vie religieuse et s'était tourné vers les Feuillants, puis vers les Jésuites, qui l'avaient jugé trop déséquilibré pour l'accueillir. Cet homme a des visions et des crises de mysticisme ; les violences des huguenots dans sa région maternelle lui ont inspiré la haine du roi Henri, promoteur de l'édit de

Nantes et qui, lui dit-on, veut maintenant faire la guerre au pape. Il s'est donc donné pour mission de le détourner de son criminel dessein. Par deux fois il a tenté de lui parler au début de 1610, puis il est retourné à Angoulême où sa résolution, fortifiée par les paroles de ses confesseurs, s'est tournée vers le régicide. Il a volé un couteau puis, encore indécis, l'a brisé. Enfin, il s'est ressaisi et il est reparti pour Paris, pénétré d'une force surnaturelle, et il a accompli son geste pour assurer son salut éternel.

Conduit à l'hôtel de Retz, puis enfermé à la Conciergerie, il s'obstine à revendiquer sa seule responsabilité, et il la soutiendra sous les pires tortures. Les interrogatoires, toujours conservés, en font foi. Condamné au supplice, il est emmené en place de Grève le 27 mai 1610 et s'étonne de constater la rage de la foule parisienne à son égard, alors qu'il attendait d'elle l'approbation de son geste. Puis c'est l'horreur de l'écartèlement.

La thèse de l'assassin solitaire ne fut acceptée qu'avec bien des réticences, et les affaires et les révélations surgirent rapidement aux regards des juges et de l'opinion : la mort suspecte du prévôt de Pluviers (Pithiviers) qui avait annoncé à ses compagnons de jeu la mort du roi au moment même où Ravaillac accomplissait son geste et qui fut enfermé à la Conciergerie où il se suicida ; le scandale de Mlle d'Escoman, jeune demoiselle de compagnie qui avait beaucoup entendu à la Cour et raconté à la reine Margot que le duc d'Épernon et la marquise de Verneuil, maîtresse du roi, avaient partie liée avec Ravaillac ; les révélations du capitaine La Garde qui avait appris à Naples en 1608 que l'on cherchait un tueur et qu'on lui avait proposé la mission… On soupçonna la marquise de Verneuil, le duc d'Épernon, Leonora Galigaï, dame d'atours de la reine, et son époux Concino Concini ; on soupçonna même Marie de Médicis. Comme on demandait au premier président Achille de Harlay quelles preuves avait avancées la d'Escoman pour accuser les plus grands noms du royaume, il répondit : « Il n'y en que trop ! Que plût à Dieu que nous n'en vissions point tant ! » On chercha aussi à comprendre l'épisode des enragés rencontrés rue de la Ferronnerie par le baron de Courtomer.

L'affaire Ravaillac reste ainsi l'une des grandes énigmes de l'histoire de France, et des générations d'historiens ont tenté de la résoudre, depuis Jules Loiseleur, Jérôme et Jean Tharaud, Philippe Erlanger, Roland Mousnier… Des complots pour attenter à la vie du roi sont attestés à Naples, à Milan, à Bruxelles, et sa mort fut même annoncée quelques jours auparavant en France et en Europe. Tout récemment, Jean-Christian Petitfils, ayant compulsé les dossiers de l'ancienne Chambre des comptes des Pays-Bas espagnols aux Archives départementales du Nord, à Lille, a découvert que l'archiduc Albert avait payé le voyage d'émissaires à Paris pour tuer le roi avant son entrée en guerre : 15 000 livres pour des personnes missionnées en France… « dont on ne veut plus ample déclaration être faite ». C'est là une vérité incontestable, mais il nous semble personnellement que Ravaillac, bien qu'il ait entendu dans tous les cabarets tant des propos mortifères contre le roi, a agi seul, obsédé par sa seule conviction religieuse. Il était pourtant inconsciemment téléguidé par une opinion surexcitée.

Le crâne du roi

Un étrange épisode est venu s'adjoindre à l'interminable feuilleton en ces derniers mois. Lors de l'ouverture des tombeaux des rois durant la Révolution, les restes mortels furent exhibés devant la foule, notamment ceux d'Henri IV, et firent l'objet de menues agressions et prélèvements. Lorsque Louis XVIII ordonna en 1817 de remettre de l'ordre dans la fosse de ses ancêtres, trois corps étaient réduits à leurs « portions inférieures ». En 1919, un antiquaire de Dinard acheta à l'hôtel Drouot une tête momifiée qui lui sembla être celle d'Henri IV et il se lança dans des recherches approfondies pour justifier son intuition. Il présentait la tête présumée du roi dans son atelier de photographe à Montmartre, place du Tertre. L'étrange relique passa à sa sœur, qui la vendit en 1955 à un couple d'amateurs d'histoire, chez qui elle a pu être récemment retrouvée. L'enquête menée avec diligence par le journaliste Stéphane Gabet et le documentariste Pierre Belet a permis de faire examiner la tête par le Dr Philippe Charlier, médecin universellement reconnu dans l'anthropologie funéraire, et par d'autres experts, notamment en reconstitution faciale. Ces travaux minutieux ont permis de l'identifier comme la tête du bon roi avec une très forte probabilité. L'enquête a donné lieu à un film qui a obtenu un grand succès en novembre 2010.

Ainsi le Béarnais nous adresse un dernier sourire complice.

Babelon, Jean-Pierre, *Henri IV*, Paris, Fayard, nouvelle édition, 2009.

—, « L'assassinat d'Henri IV rue de la Ferronnerie. Identification des lieux et pose d'une stèle commémorative », Commission du Vieux Paris, 17 avril 1989, *Cahiers de la Rotonde*, nº 16, 1995, p. 109-131.

Bège, Jean-François, *Ravaillac, l'assassin d'Henri IV*, Bordeaux, Éditions Sud-Ouest, 2010.

Cassan, Michel, *La Grande Peur de 1610. Les Français et l'assassinat d'Henri IV*, Seyssel, Champ Vallon, 2010.

Cornette, Joël, *Henri IV à Saint-Denis. De l'abjuration à la profanation*, Paris, Belin, 2010.

Dans les secrets de la police, archives de la préfecture de police, ouvrage collectif. Dont la publication et le commentaire du registre d'écrou de la Conciergerie de 1610, par J.-P. Babelon, L'Iconoclaste, in-folio, 2008 ; rééditions en 2009 et 2012.

Delorme, Philippe, *Henri IV, les réalités d'un mythe*, Paris, L'Archipel, 2010.

—, *Regards sur Henri IV. Du XVIIe siècle à nos jours*, Paris, Point de vue, 2010.

Erlanger, Philippe, *L'Étrange mort d'Henri IV*, Paris, Amiot-Dumont, 1965.

Gabet, Stéphane, et Charlier, Philippe, avec la collaboration de Jacques Perot, préface de J.-P. Babelon, *Henri IV. L'énigme du roi sans tête*, Paris, Vuibert, 2013.

Garrisson, Janine, *Ravaillac, le fou de Dieu*, Paris, Payot, 1993.

Matthieu, Pierre, *Histoire de la mort déplorable de Henri IV*, Paris, 1611.

Mousnier, Roland, *L'Assassinat d'Henri IV*, Paris, Gallimard, 1964.

Pernot, François, *Qui a vraiment tué Henri IV ?*, Paris, Larousse, 2010.

Petitfils, Jean-Christian, *L'Assassinat d'Henri IV. Mystères d'un crime*, Paris, Perrin, 2009 ; coll. « Tempus », 2013.
Tharaud, Jérôme et Jean, *La Tragédie de Ravaillac*, Paris, Plon, 1922.

11

La courte année du roi Louis XIII 1642-1643

par Françoise HILDESHEIMER

Trente-trois ans déjà ! Le 14 mai 1610, jour de l'assassinat d'Henri IV, Louis était devenu roi, le treizième du nom, à l'âge de neuf ans. Trois jours plus tard, le 17 mai, sa nourrice qui couchait dans son lit lui avait demandé ce qu'il rêvait : « Doudou, c'est que je voudrais bien que le Roi mon père eût vécu encore vingt ans, ha ! le méchant qui l'a tué ! » Et, le jour suivant, l'enfant dit à Mme de Montglat : « Mamanga, je voudrais bien n'être pas si tôt roi et que le Roi mon père fût encore en vie » [Héroard]. Le 15 juin, on le conduit dans la chambre funèbre, une salle basse du Louvre, pour donner l'eau bénite au cadavre, et l'image terrifiante s'inscrit dans son cerveau d'enfant. Pendant plusieurs mois, il a peur de coucher dans le grand lit royal, craignant la présence des esprits... C'est dire le drame affectif et la détresse du petit roi privé soudainement d'un père aimé et admiré, qui allait vivre sous la tutelle d'une mère autoritaire et peu encline à la tendresse, Marie de Médicis, qui, devenue régente du royaume, exercerait le pouvoir jusqu'à ce que son hostilité à la politique de Richelieu la condamne à l'exil.

Et, à la fin de sa vie, quand il apprend la mort de cette dernière, toujours en exil à Cologne, le 3 juillet 1642, il ne peut pourtant retenir son émotion : « Quoiqu'il la crût coupable, la nature et le sang ne laissèrent pas de l'attendrir en cette occasion » [Brienne].

Malades d'État

À ce moment, le roi, ce sentimental refoulé et dépressif, avait été crucifié par la trahison, puis par l'exécution de son favori, le grand écuyer Cinq-Mars, et devait encore et toujours supporter le tyrannique cardinal de Richelieu, dont il avait grand besoin à ses côtés pour mener la politique française et poursuivre la guerre ; mais nul n'aurait pu dire combien de temps pourrait encore durer leur accord au sein du régime de gouvernement appelé « ministériat », ni même lequel, du roi ou du ministre, ces deux malades d'État, pourrait être le dernier survivant…

Or, le jeudi 4 décembre 1642, le tyrannique ministre, que tant de conspirateurs et d'ennemis avaient rêvé de faire périr de mort violente, s'éteint très chrétiennement dans son lit. À cette annonce, Louis XIII, qui attendait la nouvelle « sans faire paraître ni joie ni tristesse », « se contenta de dire à quelques-uns qui étaient auprès de lui : "Il est mort un grand politique." » [Brienne]. Une oraison funèbre aussi juste que peu chaleureuse ! Tous les contemporains sont d'ailleurs d'accord sur l'ambivalence des sentiments du roi à l'endroit du défunt, dont un mémorialiste, le futur maréchal d'Estrées, donne l'analyse suivante : « Il est aisé à juger que, dans l'état où il [Richelieu] était avec le roi, Sa Majesté eut plus de joie que de déplaisir de sa mort ; car, encore que le roi eût perdu en la personne du cardinal un sujet si capable et si digne, il ne put s'empêcher de se réjouir, en effet, quoiqu'il n'en fît rien connaître en apparence, de se voir délivré de la défiance que lui donnaient les grands établissements de ce premier ministre » [Estrées]. Montglat enfonce le clou : « Mais en son âme, il en était fort aise, et fut ravi d'en être défait ; il ne le nia point à ses familiers » [Montglat].

La fin des temps de plomb semble enfin arrivée ! Dans tout le royaume se fait alors jour un universel et unanime désir de changement. On demande un retour à des pratiques de gouvernement antérieures, réhabilitant d'autres pouvoirs, les grands, le Parlement... qui aspirent à retrouver leur rôle traditionnel de conseillers du roi. Celui-ci va-t-il y souscrire ?

En ces jours fertiles en événements *Ludovicus, Dei gratia Rex Francorum*, est comme le pivot autour duquel tout gravite. On a généralement tendance à l'éclipser en le présentant comme un roi de transition, faisant pâle figure entre les personnalités plus brillantes d'Henri IV, son père, et de Louis XIV, son fils. On souligne volontiers la difficulté qu'il a eue à s'emparer de la souveraineté et à s'affranchir de sa mère, pour mieux tomber, prétend-on, sous la tutelle de Richelieu. En fait, sa personnalité est complexe et mérite qu'on lui prête davantage d'attention : entre le roi de gloire qu'il veut être et l'homme simple qu'il est, il y a une tension, une contradiction, une faille où a pu se glisser Richelieu, et que seule la mort pourra résorber. Louis n'a pas connu la compétition en ce qui concerne son statut; il a toujours subi sa condition royale : Dieu et sa naissance lui en ont imposé la charge; c'est une sorte d'écrasant surmoi dont il se serait bien passé, mais il a la conscience la plus aiguë de sa dignité de roi sacré et de sa responsabilité, qui n'est rien d'autre que de devoir se conformer au modèle divin !

Au-delà de ses nombreuses inhibitions et de son tempérament neurasthénique, il faut se garder de la caricature : l'apparente inconsistance de ce caractère masque la réalité d'une volonté forte et obstinée. Car il faut de la force de caractère pour supporter le poids d'un tel destin ! Aux « vertus de valet » que lui attribuent volontiers ses détracteurs, il associe paradoxalement de réelles qualités de maître. Louis n'est en rien un fantoche, et il faut lui rendre son rôle, qui est le premier, car il ne manque pas de qualités véritablement royales. Il est avant tout fort jaloux de sa grandeur, de sa gloire, ou plutôt de la gloire qu'il estime devoir à son royaume. Il se veut roi de gloire par devoir, un devoir religieux qu'il impose à la simplicité et à l'humilité de son âme chrétienne. C'est ce qui explique son adhésion à la politique belliqueuse que lui a proposée Richelieu et l'attachement qu'il a finalement témoigné à sa poursuite.

Au plan physique, c'est un malade qui connaît un état constant de mal-être et de dépression qui perturbe sa vie et modèle une personnalité torturée, à la fois forte et faible. Depuis sa tendre enfance il souffre de crises intestinales, de « bouffements de ventre » qui affectent son humeur. En octobre-novembre 1616, un épisode particulièrement aigu s'était compliqué, le 31 octobre, d'une attaque à caractère épileptique entraînant un état dépressif marqué que son médecin Héroard attribue à une « mauvaise vapeur des intestins[1] ». En 1630, lors du « grand orage » qui s'était résolu au soir de la fameuse journée des Dupes, le sort de Richelieu avait été suspendu à la maladie du roi, et ce n'avait été qu'à une guérison inespérée, due à la crevaison inopinée d'un abcès, que Louis avait dû sa survie et le cardinal son salut, puis son triomphe politique[2].

Cette dyspepsie chronique entretenant une inflammation intestinale faisant le lit de ce qu'on peut aujourd'hui diagnostiquer soit comme une entérocolite inflammatoire (sans doute plus qu'une tuberculose intestinale), soit comme la maladie de Crohn, et entraînant des abcès internes, a maintenant fait du roi un cachexique vieillard de quarante-deux ans dépourvu de sécrétions lacrymales comme salivaires ou sudorales (maladie de Gougerot ?), également sujet aux migraines et aux hémorroïdes, que toute surinfection pulmonaire ne peut manquer de fragiliser davantage.

La continuité du changement

Ainsi, à la mort de Richelieu, tout dépend toujours de la santé du souverain. Nombreux sont ceux, proches et lointains, qui, comme Giustiniani, l'ambassadeur

1. Premier médecin de Louis XIII, Jean Héroard a tenu jusqu'à sa mort en 1628 un journal quotidien, source essentielle sur la santé du roi ; Madeleine Foisil (éd.), *Journal de Jean Héroard*, 2 vol., Paris, Fayard, 1989.

2. C'est à cette occasion que Louis XIII choisit entre la politique d'alliance avec l'Espagne catholique et de réforme du royaume proposée par les dévots et la politique de rivalité belliqueuse avec l'Espagne passant par la guerre et l'alliance avec les puissances protestantes proposée par Richelieu à qui il accorde son soutien.

de Venise, escomptent une période d'incertitude ou de changement. Le diplomate, ordinairement fort bien informé, n'a pourtant pas bien apprécié la détermination du roi à poursuivre les affaires en cours : Louis XIII ne remet pas en cause des options politiques auxquelles il adhère profondément, puisque ce sont avant tout les siennes. C'est ainsi qu'une nouvelle inattendue tombe sans retard et se diffuse dans Paris : la poursuite sans aucune restriction de la politique de Richelieu, ainsi que la nomination de Mazarin comme ministre d'État. Dès qu'il a été informé de la mort du cardinal, Louis n'a pas hésité l'ombre d'un instant. Et il s'agit bien dans son esprit de poursuivre la politique de Richelieu, si l'on en croit ses paroles rapportées par Giustiniani : « Je veux maintenir fermement les principes et les buts du susdit cardinal, voulant que toutes les choses restent en l'état sans modification [...], et c'est parce que le cardinal Mazarin est plus que tout autre informé des objectifs et des principes du susdit cardinal que j'ai voulu le faire entrer à mon Conseil » [BnF, Ms. ital. 1819, p. 435]. Peut-être a-t-il alors le sentiment de poursuivre l'œuvre d'Henri IV, son père aimé et admiré... Et, comme jadis en 1630, en ce moment crucial, c'est lui et lui seul qui décide et qui, faisant taire ses passions et antipathies au profit de la raison, accorde une ultime fois au cardinal de triompher de ses ennemis : dès le lendemain de sa mort, Louis XIII accepte et fait sien l'héritage de Richelieu. C'est bien là comme une sorte de deuxième journée des Dupes, où ceux qui avaient cru au changement ont bel et bien été dupés...

Vis-à-vis de l'extérieur, il y a en effet urgence, dans un contexte de guerre et de négociations de paix, à ne pas laisser l'impression d'une vacance du pouvoir, à affirmer à la face du monde la poursuite sans faiblesse et sans relâchement de la politique suivie jusque-là. Une lettre circulaire est adressée aux parlements, aux gouverneurs des provinces et aux ambassadeurs dans les cours étrangères pour les informer ; le roi s'y exprime en termes non équivoques :

« Nos amés et féaux, Dieu ayant voulu retirer à lui notre très cher et très aimé cousin le cardinal-duc de Richelieu lorsque après une longue maladie nous avions plutôt lieu d'espérer sa guérison, cette lettre est pour vous en donner avis avec un très sensible regret d'une perte si considérable et pour vous dire qu'ayant depuis tant d'années reçu des effets si avantageux des conseils et des services de notre dit cousin, nous sommes résolus de conserver et entretenir tous les établissements que nous avons ordonnés durant son ministère et de suivre les projets que nous avons arrêtés avec lui pour les affaires du dehors et du dedans de notre royaume, en sorte qu'il n'y aura aucun changement et que, continuant dans nos conseils les mêmes personnes qui nous y servent si dignement, nous avons voulu y appeler notre très cher cousin le cardinal Mazarini de qui nous avons éprouvé la capacité et l'affection à notre service dans les divers emplois que nous lui avons donnés et qui nous a rendu des services si fidèles et si considérables que nous n'en sommes pas moins assurés que s'il était né notre sujet… » [Arch. nat., X^{1A} 8387].

Le crépuscule d'un souffrant

Louis XIII va survivre jusqu'au 14 mai et, durant ces semaines, sa santé ne va pas cesser de se dégrader. Compte tenu du jeune âge du dauphin (né le 5 septembre 1638), c'est la question de la régence qui occupe jusqu'à l'obsession toute la scène politique. Le roi ne peut se résoudre à voir sa femme, la reine Anne d'Autriche, en qui il n'a nulle confiance, ou son frère Gaston d'Orléans, qui l'a si souvent trahi, l'exercer, et tout est suspendu à sa volonté et à son humeur incertaine : il est devenu « si chagrin qu'on n'osait plus parler à lui ; [...] de si méchante humeur qu'il gourmandait tout le monde et faisait des rebuffades à tous ceux qui l'abordaient ; [...] si maigre et si pâle, qu'on le voyait diminuer à vue d'œil » [Montglat]. Dans un premier temps (1er décembre 1642), il en exclut formellement son frère, avant de revenir sur cette décision et de rendre publique (20 avril 1643) une déclaration échafaudant un système complexe destiné à ligoter la reine. Celle-ci est bien nommée régente :

« À ces causes, de notre certaine science, pleine puissance et autorité royale, nous avons ordonné et ordonnons, voulons et nous plaît qu'advenant notre décès avant que notre fils aîné le dauphin soit entré en la quatorzième année de son âge, ou en cas que notre dit fils le dauphin décédât avant la majorité de notre second fils le duc d'Anjou, notre très chère et très aimée épouse et compagne, la reine, mère de nos dits enfants, soit régente en France, qu'elle ait l'éducation et instruction de nos dits enfants avec l'administration et gouvernement du royaume tant et si longuement que durera la minorité de celui qui sera roi avec l'avis du Conseil et en la forme que nous ordonnerons ci-après. »

Mais, bien que régente, Anne d'Autriche voit son pouvoir limité et ne pourra pas mettre à mal les options politiques de Louis XIII et Richelieu ; elle devra composer avec son beau-frère Gaston d'Orléans et s'accommoder de la tutelle d'un Conseil de régence dont la composition lui est imposée :

« Et pour témoigner à notre très cher et très aimé frère, le duc d'Orléans, que rien n'a été capable de diminuer l'affection que nous avons toujours eue pour lui, nous voulons et ordonnons qu'après notre décès il soit lieutenant général du roi mineur en toutes les provinces du royaume pour exercer pendant la minorité ladite charge sous l'autorité de ladite dame reine régente et du Conseil que nous ordonnerons ci-après [...].

« Nous avons tout sujet d'espérer de la vertu, de la piété et de la sage conduite de notre très chère et très aimée épouse et compagne la reine mère de nos enfants, que son administration sera heureuse et avantageuse à l'État, mais comme la charge de régente est de si grand poids, sur laquelle repose le salut et la conservation entière du royaume, et qu'il est impossible qu'elle puisse avoir la connaissance parfaite et si nécessaire pour la conservation de si grandes et si difficiles affaires, qui ne s'acquiert que par une longue expérience, nous avons jugé à propos d'établir un Conseil près d'elle pour la régence, par les avis duquel et sous son autorité, les grandes et difficiles affaires de l'État soient résolues suivant la pluralité des voix. Et pour dignement composer le corps de ce Conseil, nous avons estimé que nous ne pouvions faire un meilleur choix pour être ministres de l'État que de nos très chers et très aimés cousins le prince de Condé et le cardinal Mazarin, de notre très cher et féal le sieur Séguier, chancelier de France, garde des Sceaux et commandeur de nos ordres, et de nos très chers et bien aimés les sieurs Bouthillier, surintendant de nos finances et grand trésorier de nos ordres, et de Chavigny, secrétaire d'État et de nos commandements. Nous voulons et ordonnons que notre très cher et très aimé frère le duc d'Orléans et, en son absence, nos très chers et très aimés cousins le prince de Condé et le cardinal Mazarin soient chefs dudit Conseil selon l'ordre qu'ils sont ici nommés sous l'autorité de ladite dame reine régente [...] » [Arch. nat., X^{1A} 8654].

Il ne restait plus au roi, après ce testament politique, qu'à réussir sa mort de chrétien et, pour cela, la passion de la gloire cède définitivement la place à la simplicité et à la dévotion.

De semaine en semaine, au fil d'un lent crépuscule qui s'assombrit, alors qu'à l'extérieur le printemps s'affirme, sa chambre devient le lieu où se joue la Passion du roi, qui rappelle que les monarques ne sont en rien exceptés de l'humaine misère. Toutefois, la mort leur accorde le dernier privilège de devoir produire une image surnaturelle. Pour l'édification des sujets et de la légende monarchique, un roi a pour charge de se faire modèle dans l'art du bien-mourir, d'être un reflet du Christ souffrant. Un Christ souffrant que l'effervescente indifférence de la Cour tend d'ailleurs à transformer en Christ aux outrages : « Enfin, il ne fut jamais tant brillé[1], tant chuchoté; les visages étaient bien colorés, personne de triste, peu de larmes et de véritable douleur... » [Goulas].

Au terme d'une agonie perçue, en une reprise d'attitudes médiévales, comme le moment ultime où se joue le sort de l'âme au cours d'une lutte suprême contre le Malin, saint Vincent de Paul est témoin de la mort du roi dont il couche par écrit l'édifiant récit :

« Depuis que je suis sur la terre, je n'ai vu mourir une personne plus chrétiennement. Il y a environ quinze jours qu'il me fit recommander de l'aller voir. Et il me fit redemander il y a trois jours, pendant lesquels Notre-Seigneur m'a fait la grâce d'être auprès de lui.

1. Terme de chasse désignant des chiens actifs et en alerte.

Jamais je n'ai vu plus d'élévation à Dieu, plus de tranquillité, plus d'appréhension des moindres atomes qui paraissaient péché, plus de bonté, ni plus de jugement en une personne en cet état. Avant-hier, les médecins, l'ayant vu assoupi et les yeux tournés, appréhendèrent qu'il ne dût passer et le dirent au père confesseur, qui l'éveilla tout aussitôt et lui dit que les médecins estimaient que le temps était venu auquel il fallait faire la recommandation de son âme à Dieu. Au même temps, cet esprit, plein de celui de Dieu, embrassa tendrement et longtemps ce bon père et le remercia de la bonne nouvelle qu'il lui donnait ; et incontinent après, levant les yeux et les bras au ciel, il dit le *Te Deum laudamus*[1] et l'acheva avec tant de ferveur que le seul ressouvenir m'attendrit tant à l'heure que je vous parle » [Lettre à Bernard Codoing].

Le pouvoir de la veuve

Le roi mort, tout s'accélère et le cérémonial s'en trouve bousculé : « Louis XIII se dévêt à l'heure de sa mort de la fonction royale : c'est désormais sur la personne de Louis XIV que se concentre le pouvoir, lui-même n'étant devenu, en s'éteignant, qu'une dépouille physique » [F. Cosandey]. Tenue naguère en bride par Louis XIII et Richelieu, bientôt régentée par Mazarin pour être ensuite soumise à son fils, Anne d'Autriche trouve, en ce moment critique, son heure de vérité.

1. « Dieu, nous te louons… », hymne chrétienne de louange chantée ordinairement lors de fêtes ou à l'occasion de victoires, dont l'usage qu'en fait ici Louis XIII indique bien le sens qu'il donne à sa mort chrétienne.

Elle négocie afin d'unir autour d'elle les opposants à la déclaration de régence, et on assiste à l'incroyable : la remontée en puissance des ministres de Richelieu qui se rallient à sa régence.

À l'affirmation de son pouvoir de souveraine elle sacrifie le deuil dont la décence exigerait son retrait du monde. Car il est urgent d'agir et de se saisir du pouvoir. Une fois expédiées les lettres de cachet ordonnant l'organisation des funérailles royales, Anne s'affranchit de toute autre obligation en ce domaine et s'emploie à faire casser la déclaration de régence par le Parlement, sans donner pour autant à ce dernier barre sur elle.

Les subtils équilibres du cérémonial monarchique sont bousculés par l'urgence. Du fait de l'immédiateté de la succession royale, le sacre du nouveau roi à Reims n'a pas de caractère d'urgence impérieuse. Les funérailles du roi défunt peuvent passer, elles aussi, au second plan. En revanche, l'entrée du nouveau roi dans Paris et sa réception en son Parlement constituent des étapes essentielles de l'affirmation de sa puissance. Il faut donc sans tarder faire route vers la capitale. On sait que le Parlement est fort bien disposé ; on y a travaillé et soigneusement négocié les conditions de la tenue du lit de justice inaugural du règne de Louis XIV, au cours duquel la régente entend obtenir les pleins pouvoirs du Parlement sans que celui-ci sorte des bornes de sa soumission… Et, le 18 mai, quatre jours après la mort très chrétienne de Louis XIII, le Parlement rend un arrêt qui fait fi des dispositions naguères prises par le défunt :

« Le roi, séant en son lit de justice, en la présence et par l'avis du duc d'Orléans son oncle, de son cousin le prince de Condé, premier prince du sang et autres princes, prélats, pairs et officiers de la couronne, ouï et requérant son procureur général, a déclaré et déclare la reine, sa mère, régente en France conformément à la volonté du défunt roi son père, pour avoir le soin de l'éducation et nourriture de sa personne et l'administration absolue, libre et entière des affaires de son royaume pendant sa minorité. Veut et entend, Sa dite Majesté, que le duc d'Orléans, son oncle, soit lieutenant général en toutes les provinces dudit royaume sous l'autorité de ladite dame reine et que sous la même autorité son dit oncle soit chef de ses conseils, en son absence le prince de Condé, demeurant au pouvoir de ladite dame de faire choix de personnes de probité et expérience en tel nombre qu'elle jugera à propos pour délibérer auxdits conseils et donner leurs avis sur les affaires qui seront proposées, sans que néanmoins elle soit obligée de suivre la pluralité des voix si bon ne lui semble. Ordonne Sa dite Majesté, que le présent arrêt sera lu, publié et registré en tous les bailliages, sénéchaussées et autres sièges royaux de ce ressort et en toutes ses autres cours de parlement et pays de sa souveraineté » [Arch. nat., X^{1A} 8388].

Louis XIV est roi, Anne d'Autriche régente de plein exercice et Mazarin, dont Louis XIII, par une de ses dernières volontés, avait fait le parrain de Louis XIV, est leur ministre. Point n'a été besoin de forcer la main d'Anne d'Autriche pour qu'elle choisisse Mazarin comme le plus capable et le plus dévoué aux intérêts du jeune roi, car la reine régente et le feu roi ont exactement le même objectif : la sauvegarde du pouvoir de leur fils. On observe alors le plus surprenant des retournements : pas davantage que Louis XIII, Anne ne remet en cause les options politiques de Richelieu dont, avec Mazarin, elle entend gérer l'héritage pour son fils. Et le début du nouveau règne est nimbé de la gloire de la victoire remportée par le jeune duc d'Enghien sur les Espagnols, le 19 mai, à Rocroi.

Dans le même temps, se déroulaient les obsèques royales. Abandonnée à Saint-Germain, la dépouille avait été autopsiée afin de détecter toute trace d'un éventuel empoisonnement (on a accusé Richelieu d'en avoir ourdi le projet). Aucun doute n'est possible, les ravages de l'affection intestinale dont Louis XIII a souffert toute sa vie sont impressionnants, et c'est bien elle qui l'a emporté :

« Les intestins grêles boursouflés et blafards, nageant dans une sanie séreuse épaisse au fond et cendrée. La face extérieure du foie roux pâle et comme s'il avait été bouilli. Dans la capacité de l'estomac, un ver de demi-pied de long et de la grosseur d'un lacet, avec plusieurs petits flottants sur une quantité d'humeurs brun et noir dit atrabilaire. Le fond de l'estomac effleuré et marqueté par la piqûre des vers environ la grandeur de la paume de la main. Le premier boyau grêle, dit duodénum, contenu à l'estomac d'une grosseur extraordinaire surpassant la naturelle de quatre fois davantage qu'il ne doit être, et plein d'humeur jaune-brun bile poracée [de la couleur du poireau]… »

Le tout s'est terminé par une péritonite aiguë : le rectum rempli de pus verdâtre est percé d'un trou « de la grandeur à passer le tuyau d'une grosse plume d'oie. Le pus qui en coulait avait rempli toute la partie de l'hypogastre, dit le petit ventre, et au-delà » [BnF, Dupuy 672, fol. 206-207]…

Enfermé dans un double cercueil de plomb et de bois, le corps royal prend la route de Saint-Denis le mardi 19 mai à 4 heures du matin en évitant Paris et l'étape jusque-là traditionnelle à Notre-Dame. Là, on fait d'abord descendre dans la crypte le corps de Marie de Médicis qui était toujours en attente de sa sépulture définitive. On la place auprès de son époux, Henri IV, en laissant entre les deux un espace pour le cercueil de Louis XIII. Le 22, c'est le service solennel, et le rituel subit alors d'importantes modifications : on omet la traditionnelle effigie, image du vivant qui s'opposait au corps mort en son cercueil, véritable révolution symbolique qui montre qu'il n'y a plus d'interrègne cérémoniel, car la manifestation publique et solennelle de Louis XIV lors du lit de justice a rendu inutile cette pratique de transition de la dignité royale. Le projet de déification jusque-là signifié par l'effigie-idole s'estompe au profit d'obsèques chrétiennes correspondant à l'humilité de la mort dévote de Louis XIII, ce qui ne veut pas dire pour autant que la personne royale est réduite à une simple humanité ; en témoignent le faste et le rituel qui continuent à accompagner le déroulement de ces « simples » funérailles.

À Notre-Dame, enfin, est célébré, le 27 juin, quarante jours après la mort du roi, un service solennel de « quarantain » clôturant la période de grand deuil. C'est aussi le temps des panégyriques où le message de propagande délivré est, une fois encore, politique autant que religieux. Quelque quarante-cinq oraisons funèbres, quelque mille cinq cents pages, qui toutes bénéficient du mécénat royal ou princier, expriment la volonté éminemment politique de propager la mort sainte du roi. Ainsi fait, le 14 mai, l'évêque de Grasse, Antoine Godeau, à l'attention de ses diocésains :

« On peut dire véritablement qu'il était roi de soi-même par la victoire de ses passions et par l'innocence de sa vie, roi pour celui qui le faisait régner, de la gloire duquel il s'est montré si jaloux, et roi de la part du roi des rois qui l'a comblé durant son règne de bénédictions si merveilleuses. [...] Il faisait beau le voir foudroyant les Alpes, conduisant de grands sièges ou rangeant une armée, s'exposant lui-même au danger ou revenant en triomphe après ses conquêtes. Mais c'était un objet plus digne d'admiration, encore qu'il fût bien funeste, de voir dans son lit un prince, à la fleur de son âge, au plus haut point de sa gloire, adoré de ses peuples, redouté de ses voisins, qui parlait de la mort comme d'un petit voyage... »

Mais, hors du cercle des thuriféraires officiels, circule un portrait moins glorieux dont la version versifiée est attribuée à Corneille, qui réduit le souverain à l'état d'esclave de son tyrannique ministre, et que reprendra trop souvent la postérité :

Sous ce marbre repose un monarque sans vice,
Dont la seule bonté déplut aux bons François,
Et qui pour tout péché ne fit qu'un mauvais choix
Dont il fut trop longtemps innocemment complice.

L'ambition, l'orgueil, l'audace, l'avarice,
Saisis de son pouvoir, nous donnèrent des lois ;
Et bien qu'il fût en soi le plus juste des rois,
Son règne fut pourtant celui de l'injustice.

Vainqueur de toutes parts, esclave dans sa cour,
Son tyran et le nôtre à peine perd le jour,
Que jusque dans la tombe il le force à le suivre.

Jamais de tels malheurs furent-ils entendus ?
Après trente-trois ans sur le trône perdus,
Commençant à régner, il a cessé de vivre.

Tout comme Louis XIII enfant, Louis XIV, alors âgé de cinq ans, avait été confronté à la mort de son père et en resta marqué. À la sortie de la chambre où il avait été admis auprès du mourant :

« Dupont, huissier de la chambre de Sa Majesté, qui était de garde auprès de monsieur le dauphin, prit la parole et dit : “Monsieur, voudriez-vous bien être roi ?” Monsieur le dauphin repartit : “Non.” Dupont reprit : “Et si votre papa mourait ?” Monsieur le dauphin dit de son propre mouvement, la larme à l'œil, […] : “Si mon papa mourait, je me jetterais dans le fossé.” » [Dubois]

De son père, Louis XIV n'aura guère eu que l'image peu séduisante d'un malade maussade, puis d'un agonisant ; pourtant, il semble avoir développé un réel attachement affectif à ce vieillard stoïque ; et de cette fidélité filiale témoignera le respect qu'il portera au petit château de Versailles, si cher à Louis XIII…

Bibliographie sélective

Bernier, J.-J., Chevallier, P., Teysseire, D., André, J., « La maladie de Louis XIII, tuberculose intestinale ou maladie de Crohn ? », *La Nouvelle Presse médicale*, nº 27, 20 juin 1981, p. 2243-2250.

Bertière, Simone, *Mazarin, le maître du jeu*, Paris, de Fallois, 2007.

Chevallier, Pierre, *Louis XIII, roi cornélien*, Paris, Fayard, 1979 ; rééd. 1994.

Cosandey, Fanny, *La Reine de France*, Paris, Gallimard, coll. « Bibliothèque des histoires », 2000, p. 243.

Dethan, Georges, *Mazarin, un homme de paix à l'âge baroque. 1602-1661*, Paris, Imprimerie nationale, 1981.

Dulong, Claude, *Anne d'Autriche, mère de Louis XIV*, Paris, Hachette, 1980.

—, *Mazarin*, Paris, Perrin, 1999.

Goubert, Pierre, *Mazarin*, Paris, Fayard, 1990.

Guillon, Paul, *La Mort de Louis XIII. Étude d'histoire médicale*, Paris, A. Fontemoing, 1897.
Hildesheimer, Françoise, *Richelieu*, Paris, Flammarion, 2004.
—, *La Double Mort du roi Louis XIII*, Paris, Flammarion, 2007.
Lloyd Moote, A., *Louis XIII, the Just*, Berkeley, University of California Press, 1989.
Petitfils, Jean-Christian, *Louis XIII*, Paris, Perrin, 2008.
Kleinman, Ruth, *Anne d'Autriche*, Paris, Fayard, 1993.

Sources

Héroard, Madeleine Foisil (éd.), *Journal de Jean Héroard*, Paris, 1989, t. II, p. 1769.
Brienne, *Mémoires du comte de Brienne, ministre et secrétaire d'État* (éd. A. Champollion-Figeac et A. Champollion fils), Michaud et Poujoulat, 3e série, t. III, 1838, p. 77.
Estrées, *Mémoires du maréchal d'Estrées sur la régence de Marie de Médicis (1610-1616) et sur celle d'Anne d'Autriche (1643-1650)*, éd. P. Bonnefon, Société de l'histoire de France, 1910, p. 171.
Montglat, *Mémoires contenant l'histoire de la guerre entre la France et la maison d'Autriche durant l'administration du cardinal de Richelieu et du cardinal Mazarin...*, Michaud et Poujoulat, 3e série, t. V, Paris, 1838, p. 134 et p. 136.
Goulas, *Mémoires de Nicolas Goulas, gentilhomme ordinaire de la chambre du duc d'Orléans*, éd. Ch. Constant, t. I, Paris, Société de l'histoire de France, 1879, p. 439-440.
Vincent de Paul, Lettre à Bernard Codoing, supérieur de la communauté des prêtres de la Mission à Rome. *Correspondance*, t. II, p. 393-394.
A. Godeau, *Oraison funèbre de Louis XIII dit le Juste*, Paris, 1644.
Dubois, *Mémoire fidèle des choses qui se sont passées à la mort de Louis XIII, fait par Dubois, l'un des valets de chambre de Sa Majesté, le 14 mai 1643*, éd. Michaud et Poujoulat, 1re série, t. 11, 1838, p. 435.

12

Le grand coucher du Soleil
1er septembre 1715

par Jean-Christian PETITFILS

Ce matin du 1er septembre 1715, à Versailles, dans un petit jour un peu gris, alors que le quart de 8 heures venait de sonner à l'horloge de la chapelle, la porte-fenêtre du premier étage sur la cour de Marbre – celle de la chambre du roi – s'ouvrit. Geoffroy Maurice de La Tour d'Auvergne, duc de Bouillon, grand chambellan, s'avança sur le balcon de fer forgé doré, le chapeau débordant de plumes noires. « Le roi est mort ! » lança-t-il d'un ton grave et cérémonieux devant un parterre de courtisans qui attendaient anxieusement l'annonce de l'issue fatale. Il rentra quelques instants et réapparut avec des plumes blanches. « Vive le roi ! » annonça-t-il joyeusement. Ainsi s'exprimait symboliquement, dans l'ancienne France, le principe de continuité royale. Le roi ne meurt point en France !

Son Altesse Royale Philippe d'Orléans, neveu du défunt et premier prince du sang, se rendit à l'appartement du nouveau souverain, Louis quinzième du nom, arrière-petit-fils du roi, suivi des princes et princesses de la famille royale, des hauts dignitaires de la Couronne, gentilshommes de la chambre, ducs et pairs, archevêques, évêques, gouverneurs, ainsi que d'une foule de dames et de nobles seigneurs. « Sire, dit-il en s'inclinant devant l'enfant de cinq ans, je viens rendre mes devoirs à Votre Majesté comme le premier de vos sujets. » Puis, désignant d'un geste ceux qui l'avaient accompagné : « Voilà la principale noblesse de votre royaume qui vient vous assurer de sa fidélité ! » Le petit regarda un instant en silence tout ce monde assemblé et éclata en sanglots…

La dernière maladie du roi

Au cœur de l'été, l'affaiblissement de Louis XIV, qui allait sur ses soixante-dix-sept ans, était devenu manifeste. « Le roi est perdu », avait glissé Georges Mareschal, son premier chirurgien, à l'oreille de l'abbé Dubois dès la fin de juillet. Le 10 août, après un séjour à Marly, le vieil homme s'était réveillé avec un très fort mal de tête, au point, lui qui abhorrait les saignées, d'en réclamer une. Son premier médecin, le docte Guy Crescent Fagon, s'y opposa, mais lui fit porter par Anthoine, garçon de chambre, une dose de carabé (ambre jaune en poudre) qui le soulagea un peu. Il put ainsi se rendre en chaise roulante dans les jardins et assister avec plaisir à la pose des statues de marbre blanc, récemment arrivées de Rome.

Le soir, après avoir dîné chez Mme de Maintenon, dont l'appartement était de plain-pied avec le sien, il ressentit une « incommodité aux jambes » et peina à atteindre son prie-Dieu. Le lendemain, il contremanda sa chasse et se contenta d'une promenade à Trianon : ce fut sa dernière sortie.

Le 12, après l'avoir purgé, Fagon examina sa jambe et sa cuisse gauches qui le tourmentaient. Il diagnostiqua une banale sciatique. Le lendemain, le roi se fit porter jusqu'à la chapelle pour entendre la messe, puis donna dans la salle du trône son audience de congé à l'envoyé du shah de Perse, Mehemet Reza Beg. Longue cérémonie protocolaire, durant laquelle il eut du mal à rester debout. Comme il voulait aller chez Mme de Maintenon pour un concert, sa douleur l'empêcha de marcher. Mareschal, remarquant une légère rougeur au-dessus de la jarretière, prescrivit des frictions avec des linges chauds.

Le 14, son état empira. Fiévreux et couvert de sueur, le malade souffrait d'élancements. Il paraissait abattu, incapable de se soutenir. Quatre médecins venus de Paris l'examinèrent longuement en compagnie de Fagon : aucun ne s'inquiéta outre mesure. Les jours suivants, il faiblit encore. Il avait perdu son appétit légendaire et ses chairs avaient fondu. Il se faisait porter en chaise de son cabinet à sa chambre, de sa chambre à la tribune de la chapelle royale. C'étaient ses seuls trajets quotidiens.

Le 19, le consciencieux Mareschal s'inquiéta d'une noirceur au pied. Imbu de sa science et gonflé de suffisance, Fagon ne doutait toujours pas de la bénignité de l'indisposition. Le lendemain, cependant, il prescrivit un bain d'herbes aromatiques, mêlées de vin de Bourgogne chaud, et des massages de la jambe malade. À la vue des autres archiatres venus l'ausculter, le roi manifesta son inquiétude : « Je vois bien, messieurs, que vous me trouvez mal. Je suis véritablement bien abattu, mais comment voulez-vous que je fusse autrement, souffrant jour et nuit sans relâche et ne prenant presque point de nourriture depuis le début de ma maladie, sans que vous ayez pu me donner un peu de soulagement. »

Le 21, il tenta de travailler chez lui en robe de chambre, la jambe bandée posée sur un tabouret, mais ses douleurs demeuraient intenses. Le soir, les vingt-quatre violons vinrent lui donner un concert qui l'emplit d'aise. La musique avait toujours été l'une des grandes joies de sa vie.

Le jeudi 22 aux aurores, il prit une nouvelle fois son bain d'herbes, au cours duquel il perdit quelques instants connaissance. À 9 heures, les dix sommités médicales que Fagon avait fait venir de Paris pour conforter son diagnostic se joignirent aux médecins ordinaires de la Cour et pénétrèrent dans la chambre royale. Ils tâtèrent cérémonieusement le pouls du patient, par rang d'ancienneté. Pour faire chuter la fièvre qui leur parut bien forte, les Esculapes en robe noire, hochant de concert du bonnet, recommandèrent du lait d'ânesse, comme leur éminent confrère le leur avait suggéré. Molière était mort : dommage ! Vite, on courut chercher ce breuvage : le roi en but une écuelle et balbutia qu'il le trouvait bon.

Rivalités autour du trône

Le protocole, le cérémonial de cour, l'implacable mécanique mise au point par le tout-puissant monarque, plus rien ne fonctionnait. C'était le jour où devait avoir lieu la revue de la gendarmerie qui venait d'arriver à Versailles. Louis chargea le duc du Maine, son fils légitimé, de le remplacer : insigne honneur qui soulignait sa faveur ! Accompagné du petit dauphin joliment habillé en officier de cette arme – uniforme rouge à parements noirs –, celui-ci s'acquitta avec plaisir de cette tâche. Défilant à cheval, Philippe d'Orléans salua l'enfant à la tête de sa compagnie comme si de rien n'était.

Toute la Cour frémissait d'intrigues et de cabales, si l'on en croit les *Cahiers* de Mlle d'Aumale. On savait que le souverain avait fait un testament, dont on ignorait le contenu, mais on subodorait qu'il favorisait d'une façon ou d'une autre son bâtard chéri, protégé de Mme de Maintenon, au détriment de Philippe. Le duc du Maine ainsi que son frère le comte de Toulouse, tous deux enfants adultérins de Mme de Montespan, avaient déjà été intégrés par un édit de juillet 1714 dans l'ordre de succession à la couronne de France, après les princes de Bourbon-Condé et de Bourbon-Conti. Louis XIV comblait ainsi, lui semblait-il, les disparitions intervenues autour du trône les années précédentes : le Grand Dauphin, son fils, décédé de la variole en 1711, le duc de Bourgogne, son petit-fils, le petit duc de Bretagne, son arrière-petit-fils, tous deux emportés par une épidémie de scarlatine infectieuse en 1712, le duc d'Alençon, autre arrière-petit-fils, en 1713, et le père de ce dernier, le duc de Berry, mort en 1714 des suites d'un accident de chasse. Cet édit, jugé contraire aux lois fondamentales du royaume par tous les jurisconsultes, avait choqué la plupart des courtisans, le duc de Saint-Simon en tête, mais nul n'avait osé le contester. Même le Parlement l'avait enregistré sans broncher le 2 août 1714.

Avec sa silhouette courte et épaisse, son visage coloré aux traits bourboniens accusés, Philippe d'Orléans, âgé de quarante et un ans, était un homme affable, à la fois majestueux et accueillant, malgré une timidité native.

Fort intelligent, habile, secret, rusé, il savait qu'il lui fallait agir au plus vite s'il ne voulait pas perdre la régence qui lui revenait de droit. Il cherchait donc à gagner des partisans parmi les hauts dignitaires de la Couronne, les chefs militaires et les opposants notoires, particulièrement les membres du Parlement, appelés à statuer sur le testament royal scellé de sept sceaux rouges et enfermé dans la niche d'un pilier du Palais de justice. La foule des courtisans se pressait dans son appartement, avec l'intuition qu'il s'imposerait aisément devant le pâle duc du Maine, plus doué pour l'étude et la méditation que pour l'exercice du pouvoir. Mais il était à la merci du moindre incident. Un biscuit mangé sans dégoût par le roi ne les avait-il pas fait fuir de chez lui durant vingt-quatre heures ?

Et s'il n'y avait eu que Maine ! À Madrid, Philippe V, dernier petit-fils du roi, mou et indolent, écrasé par l'étiquette espagnole, ne retrouvait son énergie que pour affirmer ses droits à la régence et à la couronne de France, en cas de décès du petit dauphin, couronne à laquelle il n'avait nullement renoncé, malgré ses engagements formels lors des négociations d'Utrecht de 1713. Envisageant de nommer à titre conservatoire un vice-régent à sa dévotion, il avait chargé son ambassadeur à Paris, le prince de Cellamare, d'organiser un parti favorable à ses prétentions et de surveiller étroitement les agissements de son plus irréductible adversaire, Orléans.

Le 23, Fagon renonça au lait d'ânesse. Il s'accrochait cependant à l'idée que son patient était atteint d'un mauvais érysipèle, dont on finirait bien par le débarrasser. Les autres médecins de la Cour appelés une nouvelle fois en consultation commençaient à redouter un mal beaucoup plus sérieux, la *cangrène*. Ils firent envelopper la jambe malade dans des compresses d'eau-de-vie camphrée.

Le 24, le roi, après avoir entendu la messe et bu un bouillon, tint une séance du conseil des Finances. Débandant le pansement, Mareschal fut effrayé de voir la jambe noire jusqu'au pied : nul doute cette fois, c'était la gangrène ! Fagon en perdit son latin et son assurance. La nouvelle aussitôt se répandit à la Cour. La fin approchait. Dans la soirée, Louis, affaibli et souffrant, n'avait plus aucune illusion.

Il voyait constamment la marquise de Maintenon, à qui il avait réservé une chambre près de la sienne. Il l'avait épousée en grand secret – qui ne trompait personne – à Versailles dans la nuit du 9 au 10 octobre 1683, il y avait de cela près de trente-deux ans. Embéguinée dans ses voilettes noires, la vieille dévote – elle était dans sa quatre-vingtième année – lui conseilla de recevoir les sacrements, autrement dit l'extrême-onction. Louis eut un moment de recul : « C'est de bonne heure, car je me sens bien… » À 4 heures, néanmoins, il fit venir le père Le Tellier et se confessa. « Madame, dit-il à son épouse, je suis un peu plus en paix ; mon confesseur m'a dit qu'il faut que j'aie une grande confiance dans la miséricorde de Dieu, vous me le dites aussi. […] Mais je ne me consolerai jamais de l'avoir offensé. » Quelques larmes coulaient sur son visage. Avant de se coucher, il se fit rouler sur son balcon et salua trois fois de son chapeau la foule des courtisans qui l'acclamait dans la cour de Marbre en déclarant : « Messieurs, je vous en remercie de bon cœur. »

Tandis que le duc du Maine, assuré des dispositions du testament royal que Mme de Maintenon avait arrachées en sa faveur, notamment la surintendance de l'Éducation du futur roi et le commandement des troupes de sa maison militaire, restait inactif, dans l'attente de la disparition de son père, Philippe poursuivait les conciliabules avec les têtes influentes de la Cour. Moyennant une gratification à venir de 500 000 livres, le duc de Guiche lui avait promis le concours du régiment des Gardes ; pour beaucoup moins, M. de Reynolds lui avait offert le soutien des gardes suisses ; le maréchal de Villars, le glorieux vainqueur de Denain, s'était rallié contre la promesse de la présidence du futur Conseil de la guerre, et le duc de Noailles avait obtenu celle du Conseil des finances. Sentant le vent, les deux personnages les plus proches du roi après Mme de Maintenon, le chancelier Voysin et le maréchal-duc de Villeroi, qui avaient été dans la confidence du testament, acceptèrent de lui en révéler le contenu sous promesse de récompenses.

La symphonie des adieux

Le lendemain dimanche, jour de la Saint-Louis, pour la fête du roi, les gardes françaises et suisses vinrent jouer sous ses fenêtres une aubade avec leurs fifres et tambours. Ah, qu'il était loin l'heureux temps de M. de Lully ! Après la messe, suivie avec ferveur, mains jointes et yeux levés au ciel, le monarque exprima son désir de dîner en public : « J'ai vécu parmi les gens de ma Cour, je veux mourir parmi eux. Ils ont suivi tout le cours de ma vie, il est juste qu'ils me voient finir. » Il n'absorba qu'une panade. Le soir, il demanda à recevoir le viatique. Deux chapelains soutenant le dais, six garçons bleus, trois laquais, flambeaux à la main, et un petit clerc, en soutanelle rouge et surplis de dentelle blanche agitant sa clochette, accompagnèrent le saint sacrement ainsi que les saintes huiles portés par le cardinal de Rohan et le curé de Versailles. Parti de la chapelle, le cortège emprunta le petit escalier de l'appartement royal, suivi d'une foule bruissant d'inquiétude. Louis, qui se reposait dans son lit, rideaux ouverts, reçut avec émotion le saint viatique. « Mon Dieu, répéta-t-il plusieurs fois, ayez pitié de moi ; j'espère en Votre miséricorde. » Demeurées dans le cabinet du Conseil, les princesses sanglotaient. Après avoir donné au roi sa bénédiction, le cardinal sortit, suivi de Mme de Maintenon.

Après le départ de Mme de Maintenon, le roi appela d'une voix forte le maréchal de Villeroi qui attendait à la porte. En souvenir du père de son vieil ami, qui avait été son gouverneur, il le nomma à la même fonction auprès du dauphin. « Je vous demande en grâce de l'élever dans la crainte de Dieu, lui dit-il, de lui inspirer un amour pour ses peuples qui le porte à les soulager autant qu'il lui sera possible ; ayez attention sur sa conduite, faites en sorte qu'elle soit bien réglée et ne l'abandonnez. »

Louis s'entretint ensuite quelques minutes avec le chancelier Voysin et le ministre Desmarets, puis fit mander le duc d'Orléans. « Mon neveu, lui dit-il, j'ai fait un testament où je vous ai conservé tous les droits que vous donne votre naissance. Je vous recommande le dauphin, servez-le aussi bien et aussi fidèlement que vous m'avez servi, travaillez de votre mieux à lui conserver son royaume, comme pour vous-même ; s'il venait à manquer, vous seriez le maître. Je connais votre bon cœur, votre sagesse, votre courage et l'étendue de votre esprit… »

Le roi continuait donc de lui dissimuler qu'il ne lui avait attribué que le titre de président du Conseil de régence, et non celui de régent. Hypocrisie que Saint-Simon lui reproche dans ses *Mémoires* : « Est-ce artifice ? Est-ce tromperie ? Est-ce dérision jusqu'en mourant ? Quelle énigme à expliquer ! » Louis XIV, toutefois, ne se faisait guère d'illusions sur le devenir de son testament. Il savait que, lors de son propre avènement, sa mère Anne d'Autriche, à qui revenait la régence, avait fait annuler les dispositions testamentaires de son père restreignant ses pouvoirs. Il ajouta, toujours à l'adresse de son neveu : « J'ai fait les dispositions que j'ai cru[es] les plus sages et les plus équitables pour le royaume, mais, comme on ne saurait tout prévoir, s'il y a quelque chose à changer ou à réformer, l'on fera ce que l'on trouvera à propos. » Ces paroles ne tombèrent pas dans l'oreille d'un sourd… « Sire, répondit le duc d'Orléans, je prie Votre Majesté d'être bien persuadée de ma reconnaissance pour toutes les bontés qu'elle a toujours eues pour moi. Je la supplie de croire que j'exécuterai très ponctuellement tout ce qu'elle m'ordonne. » Il s'agenouilla en larmes, embrassa deux fois son oncle et reçut sa bénédiction. Quand il sortit, chacun crut qu'il venait d'être déclaré régent…

Le cérémonial des adieux n'en finissait pas. Le mourant eut encore des entretiens particuliers avec le duc du Maine et le comte de Toulouse, puis avec le duc de Bourbon et le prince de Conti, les exhortant à vivre unis et en paix. « Mes cousins, déclara-t-il à ces deux derniers, je me souviens de vos grands-pères ; ils m'ont fait bien de la peine pendant ma minorité ; vous n'en avez pas mieux valu depuis ce temps-là ; soyez plus sages qu'eux. » Vers 11 heures, après un moment de somnolence, il aperçut Mme de Maintenon anxieuse et éplorée à son chevet. « M'avez-vous cru immortel ? Non, non, je sais bien qu'il faut tout quitter. […] Il y a un souverain infiniment élevé au-dessus des rois de la terre ! C'est à nous à nous soumettre à Ses ordres suprêmes. »

Pendant ce temps, dans l'antichambre, le chancelier Voysin prit à part le duc d'Orléans, tira d'une enveloppe non cachetée le codicille que le roi venait d'écrire d'une main tremblante, le lui montra avant de le remettre dans son enveloppe : il nommait précepteur du dauphin Mgr de Fleury, ancien évêque de Fréjus, et confesseur le père Le Tellier. Philippe d'Orléans avait toutes les cartes en main.

Le lendemain matin 26, Mareschal, par quelques coups de lancette dans la jambe, constata que la gangrène avait gagné l'os. À midi, Mme de Ventadour, gouvernante des Enfants de France, son éternelle fontange noire dans les cheveux, amena le dauphin. « Mon cher enfant, lui déclara son arrière-grand-père, vous allez être le plus grand roi du monde, n'oubliez jamais les obligations que vous avez à Dieu. Ne m'imitez pas dans les guerres ; tâchez de maintenir toujours la paix avec vos voisins, de soulager votre peuple autant que vous pourrez, ce que j'ai eu le malheur de ne pouvoir faire par les nécessités de l'État. Suivez toujours les bons conseils et songez bien que c'est à Dieu à qui vous devez ce que vous êtes. Je vous donne le père Le Tellier pour confesseur ; suivez ses avis et ressouvenez-vous toujours des obligations que vous avez à Mme de Ventadour. »

Il bénit le garçonnet et l'embrassa en s'exclamant, les larmes aux yeux : « Seigneur, je Vous offre cet enfant, faites-lui la grâce qu'il Vous serve et honore en roi très chrétien et Vous fasse adorer et respecter par tous les peuples de son royaume. » Le petit, inconsolable, hoquetait. Revenu à son appartement, il alla se cacher dans un coin et y pleura à son aise.

Les titulaires des grands offices de la Cour, conviés à leur tour, eurent eux aussi leur discours d'adieu : « Messieurs, je vous quitte avec regret. Servez le dauphin avec la même affection que vous m'avez servi ; c'est un enfant de cinq ans qui peut essuyer bien des traverses, car je me souviens d'en avoir beaucoup essuyé pendant mon jeune âge. Je m'en vais, mais l'État demeurera toujours ; soyez-y fidèlement attaché... »

Ainsi, sous le regard de la Cour qui l'avait vu vivre, Louis théâtralisait-il son agonie, la ritualisant dans un art du bien-mourir où entraient la force d'âme du souverain et l'abandon confiant du chrétien avant la chute du rideau.

Comme une chandelle qui s'éteint

La gangrène continuait sa progression inexorable. Fallait-il amputer ? Le roi était consentant, mais il était bien tard. « Mareschal, n'avez-vous pas là des rasoirs ? Coupez ! Et ne craignez rien. » Les chirurgiens venus de Paris avaient les larmes aux yeux. « Me sauvera-t-on la vie ? » demanda Louis. « Il y a peu d'apparence », soupira Mareschal. « Eh bien, il est inutile que vous me fassiez souffrir ! » Il préférait mourir en repos.

Pénétré de l'imminence de sa fin, se détachant sans regret du néant de toute grandeur humaine, Louis XIV témoigna dans les trois derniers jours la plus parfaite humilité, offrant au Rédempteur ses souffrances, en expiation, disait-il, de ses péchés, dans l'unique espérance de la miséricorde divine.

Les médicastres ne savaient plus à quel saint ni à quel remède se vouer. Un empirique de Marseille nommé Lebrun, « espèce de manant provençal fort grossier », selon Saint-Simon, qui prétendait détenir un remède miracle contre la gangrène, se présenta aux grilles du palais. Au lieu de l'éconduire, on l'admit aussitôt au chevet du grabataire, malgré les protestations furibondes de Fagon. « Il n'y a point de risque à tout tenter », avait dit Mareschal. Quelques gouttes de son *elixir vitae*, composé de matières organiques diluées dans un petit verre de vin de Bourgogne, semblèrent le ranimer. On prolongea la cure de huit heures en huit heures. L'espoir, hélas, dura peu. La gangrène avait maintenant gagné le genou, et la cuisse était laide et enflée.

Cependant, la politique ne perdait pas ses droits. Philippe d'Orléans, afin de retarder l'annonce de la mort du roi à Madrid, fit arrêter tous les courriers, défendit aux bureaux de poste de louer cheval ou voiture sans son ordre écrit.

Le 28, le monarque s'aperçut que Mme de Maintenon était partie pour Saint-Cyr. Il la fit rappeler. Elle revint sans aucune illusion et s'empressa de repartir le surlendemain à 3 heures de l'après-midi, pour ne plus jamais franchir la grille du château. Le samedi 31 août, vers 11 heures, on récita la prière des agonisants. Mêlant sa voix à celles des prêtres et des moines, Louis, visage livide et yeux fermés, répéta plusieurs fois les paroles de l'*Ave Maria* : *Nunc et in hora mortis* (« Maintenant et à l'heure de notre mort »). La vie se retirait lentement. « Ô mon Dieu, venez à mon aide, hâtez-vous de me secourir ! » Telles furent ses dernières paroles. Il entra dans le coma et expira doucement le lendemain, comme une chandelle qui s'éteint…

Le 2 septembre, le parlement de Paris, réuni en séance extraordinaire avec les princes du sang, les ducs et pairs, écarta les dispositions défavorables du testament, balaya les vaines protestations du duc du Maine et proclama Philippe d'Orléans régent de France sans aucune entrave. En remerciement, ces messieurs de la magistrature retrouvaient en plénitude leur droit de remontrance, dont ils firent un détestable usage tout au long du siècle, empêchant, jusqu'à l'explosion finale, la monarchie de se réformer et de se moderniser. Un monde s'achevait, un nouveau commençait à poindre…

Bibliographie sélective

Leclercq, Dom H., *Histoire de la Régence pendant la minorité de Louis XV*, t. I, Paris, H. Champion, 1922.

Maral, Alexandre, *Le Roi-Soleil et Dieu*, préface de Marc Fumaroli, Paris, Perrin, 2012.

Petitfils, Jean-Christian, *Louis XIV*, Paris, Perrin, 1995.

Saint-Simon, duc de, *Mémoires*, t. III : *La Mort de Louis XIV*, sous la direction de G. Truc, Paris, Gallimard, coll. « Folio classique », 2008.

13

L'agonie de Louis XV
Mai 1774

par Simone Bertière

Les derniers jours de Louis XV se réduisent à peu de chose. Comme ses deux prédécesseurs, il mourut dans son lit. Mais rien ne le laissait prévoir. Pas d'affection chronique touchant à son terme, pas de lente décrépitude due au grand âge. Il n'avait pas soixante-quatre ans lorsqu'il fut emporté, à l'improviste, en l'espace de deux semaines. Comme l'incertitude pesa longtemps sur l'issue de sa maladie, ni lui ni son entourage n'eurent le loisir de s'y préparer.

Or, le Roi Très-Chrétien n'est pas seulement un homme qui s'apprête à paraître devant son Créateur. Il reste un souverain qui doit donner au public le spectacle d'une « bonne mort ». L'exemple de ses aînés a fixé un rituel qui exige des médecins et des prêtres une rigoureuse synchronisation : une fois le diagnostic posé et le malade informé, il lui faut prendre congé du monde, puis recevoir les derniers sacrements – communion tout d'abord, extrême-onction ensuite – avant que les portes ne se referment sur lui pour une fin soustraite aux regards. Un lourd cérémonial s'étire ensuite sur une semaine avant que son cercueil n'aille rejoindre ceux de ses ancêtres dans la nécropole de Saint-Denis. Hélas, dans le cas du malheureux Louis XV, les tensions politiques se conjuguèrent avec la maladie pour en perturber le déroulement.

Le crépuscule d'un règne

Le temps était bien passé où on le surnommait le Bien-Aimé. Depuis le milieu du siècle, les difficultés s'étaient amoncelées, faute d'une impulsion claire et ferme. Renonçant à imposer au clergé une réforme fiscale équitable qui eût soulagé le budget, mais contraint par les magistrats parisiens de consentir à l'expulsion des jésuites, il avait vu son autorité partir en lambeaux sous les coups d'opposants par ailleurs désunis. Les philosophes contestaient le principe même de l'État monarchique : le droit divin qui fondait la concentration des pouvoirs entre ses mains. D'autre part, sa vie affichée au côté d'une maîtresse heurtait une opinion encore très attachée à la foi et à la morale traditionnelles. Il était donc la cible de tirs croisés. Après la mort de son fils unique en 1765, saisi d'angoisse pour l'enfant de onze ans appelé à lui succéder, il avait décidé de reprendre la main. Fin 1770, il renvoya Choiseul, son principal ministre depuis 1758. Trois hommes à poigne, Maupeou affecté à la Justice, l'abbé Terray aux Finances et le duc d'Aiguillon aux Affaires étrangères, furent chargés de mettre un terme à l'agitation orchestrée par les parlements – notamment celui de Paris – et de restaurer l'autorité royale dans tous les domaines.

Soulagé des soucis politiques par ce triumvirat énergique, il bénéficia de quelques années de sursis. Il aurait pu en profiter pour tenter de rétablir le lien avec son peuple. Mais il n'aimait pas le métier de roi et le supportait de plus en plus mal. Le pouvoir suprême, sous la forme rigide héritée de Louis XIV, pesait trop lourd sur ses épaules. Il se replia sur sa vie privée, évitant Paris, partageant son temps entre Versailles et les châteaux ou relais de chasse dispersés à travers l'Île-de-France. Autour de lui, la mort avait creusé des vides. Il avait vu partir Mme de Pompadour, qu'on lui avait tant reprochée, puis son fils et sa belle-fille, enfin la reine, son épouse, en 1768. Ô surprise ! sa nouvelle maîtresse, Mme Du Barry, était mieux tolérée que les précédentes. Parce que, étant veuf, il n'était plus adultère, mais aussi parce que, Choiseul ayant traité la jeune femme par le mépris, le parti adverse avait cherché son appui. Il put donc, sans susciter l'ire des dévots, savourer dans ses bras une idylle d'arrière-saison. Elle était belle, douce, tendre. Cet éternel dépressif se trouvait presque heureux.

Un point noir, cependant. Ses enfants persistaient à voir en lui un pécheur impénitent dont l'âme était en perdition. Il avait encore quatre filles, dont trois restées célibataires, Mmes Adélaïde, Victoire et Sophie, qui s'érigeaient en gardiennes des traditions et de l'étiquette. La quatrième, Louise, priait pour lui du fond du Carmel où elle avait fait profession. Son petit-fils – le futur Louis XVI – avait subi, sur ordre de ses parents, une éducation rigoriste, dans laquelle il faisait figure de contre-modèle. Mais l'enfant avait grandi, il était marié – avec Marie-Antoinette –, et un prêtre intelligent avait su le rapprocher de son grand-père, pour le plus grand bonheur de celui-ci. Une commune passion pour la chasse les réunissait et ils partageaient le soir les petits soupers privés où officiait Mme Du Barry. Mais, faute de temps et peut-être aussi de confiance en soi, Louis XV ne put entreprendre son initiation politique.

Le commencement de la fin

Au printemps de 1774, vieillissant mais sans infirmité notable, il menait une vie normale. Le mardi 26 avril, accompagné de sa maîtresse, il partit pour Trianon où le dauphin le rejoignit le lendemain, 27, pour une partie de chasse. Se sentant fiévreux, il la suivit en calèche et non à cheval comme prévu. Le 28, il fut pris d'une forte fièvre accompagnée de nausées. On le ramena au château où les médecins se montrèrent inquiets. Fallait-il convoquer les prêtres ? La chose n'allait pas de soi : il n'était pas en règle avec l'Église. Incapable de se passer de femmes, mais resté profondément croyant, il avait choisi, tout en suivant la messe quotidienne, de se tenir à l'écart des sacrements « pour ne pas les profaner ». Ni confession, donc, ni communion depuis près de quarante ans – à une exception près. Car il y avait un préalable, le renvoi de sa maîtresse. Hélas, le cas s'était déjà produit une fois, avec un résultat désastreux. Trente ans plus tôt, à Metz, on l'avait cru mourant ; il avait cédé aux pressions de deux évêques qui donnèrent à sa contrition une publicité tapageuse et firent expulser Mme de Vintimille sous les huées populaires. Guéri, il renoua aussitôt avec elle et en voulut très fort aux responsables de son humiliation. Un peu plus tard, lorsqu'un illuminé nommé Damiens le blessa d'un coup de canif « à titre d'avertissement », pour que Dieu l'incite à remettre de l'ordre dans ses États, sa femme et ses enfants purent espérer, bien que sa vie ne fût pas en danger, qu'il y verrait une invitation à songer à ses fins dernières. Leurs interventions maladroites ne parvinrent qu'à le rejeter dans les bras de Mme de Pompadour et à lui inspirer une solide aversion pour les prélats rigoristes qui les dirigeaient, non sans arrière-pensées politiques.

Nul n'a oublié ces deux précédents et nul n'a envie de voir se produire un « troisième tome de Metz ». Cette fois-ci, la situation est moins tendue. Le clan familial n'est plus représenté que par trois vieilles filles marginalisées. Une improbable conjonction d'intérêts a jeté dans le même camp, contre l'agnosticisme supposé de Choiseul, les confidents des amours du roi et les pourfendeurs de ses turpitudes. L'Église ne s'oppose donc pas à la présence auprès du malade d'une maîtresse aimante qui s'emploie à le soigner avec dévouement. Un accord tacite se fait pour sous-estimer le danger, afin de n'avoir pas à envisager la question des sacrements. Prudents, les médecins mêmes s'en font complices, car ils savent que dans leur bouche la seule évocation d'une issue fatale mettrait en branle un processus impossible à arrêter. Alors, dans le doute, on choisit d'attendre.

Les ducs d'Aiguillon et de Richelieu, membres du parti au pouvoir, dont la fortune est liée au maintien de la favorite, ont pris les choses en main. Ils occupent le terrain et s'efforcent de maintenir autour du roi un semblant de vie de cour. Il est installé non pas dans la chambre d'apparat solennelle et glaciale qu'avait élue Louis XIV, mais dans la pièce plus petite qu'il s'est fait aménager confortablement à côté du cabinet du Conseil. Il n'y a plus de « lever », puisqu'il ne se lève plus, mais il accueille les « grandes entrées » et il s'entretient avec ses ministres. Hélas, sa fièvre ne tombe pas. Le vendredi 29, vers midi, les médecins s'interrogent : pourra-t-on s'en tenir à une seconde saignée, en évitant la troisième, qui signifierait danger de mort et appel aux prêtres ? Pour y échapper, ils décident de doubler le volume de la deuxième, sans autre effet que de le faire transpirer davantage. Et il s'impatiente : « Vous dites que je serai bientôt guéri, mais vous n'en pensez pas moins. »

Le soir, le duc de Croÿ, lieutenant général des armées, fut frappé par sa voix rauque et son agitation. En lui donnant à boire, on aperçut des rougeurs sur son visage. « Approchez donc de la lumière, le roi ne voit pas son verre », dit un médecin qui se pencha, serré de près par ses confrères. Aucun doute, c'était la variole. Ce diagnostic les rasséréna, car il les déchargeait de toute responsabilité. Nul n'y pouvait rien, la maladie suivrait son cours. Au bout de neuf jours, elle tournerait d'elle-même à la guérison ou à la mort. Mais elle revêtait la forme dite confluente, présentant des pustules nombreuses et très rapprochées, d'où le pessimisme des plus lucides. Assurément ils auraient dû prévenir le monarque. Mais ils cédèrent aux amis de la favorite, qui exigeaient le silence sous prétexte de lui épargner une émotion pouvant lui « faire rentrer le venin ». Ils transigèrent : on ne lui dirait rien, mais s'il devinait, on ne le détromperait pas. Et une fois de plus, le recours à la religion fut jugé prématuré. Lorsque Mgr de Beaumont, le très pieux archevêque de Paris, parla de lui rendre visite, le maréchal de Richelieu tenta de l'en dissuader, puis finit par le convaincre que toute allusion à un danger mortel compromettrait la guérison. L'entretien roula donc sur des banalités. Pas question de confession ni de sacrements.

Un *modus vivendi* se mit en place. Le roi remarqua-t-il l'absence du dauphin et de ses deux frères, les futurs Louis XVIII et Charles X, qui, n'étant pas protégés contre la variole par une atteinte antérieure, étaient tenus à l'écart ? On ne sait. L'assistance aux malades était du ressort des femmes et, selon un usage très ancien, celles de la famille royale y étaient tout particulièrement astreintes. Mesdames ses filles, bien que non immunisées, décidèrent de braver la contagion. Mme Du Barry, qui ne l'était pas davantage, ne songea pas un instant à l'abandonner. Sa chambre fit alors l'objet d'un singulier partage. Elle appartenait toute la journée à Mesdames. Mais le soir, dès qu'elles se retiraient pour dormir, la favorite en reprenait possession et veillait son amant jusqu'à l'aube – belle matière à réflexion pour amateurs de symboles. Marie-Antoinette, qui pourtant avait eu la variole au cours de son enfance, avait trouvé le moyen de s'abstenir.

Le retour à Dieu

La maladie évoluait normalement, les pustules sortaient en grand nombre. Les médecins avaient de plus en plus de peine à mentir. Louis XV aurait compris plus tôt s'il ne s'était cru immunisé par une affection cutanée ancienne mal interprétée. Dans l'après-midi du 3 mai, il se rendit enfin à l'évidence. « Il regarda les boutons de sa main avec attention, raconte le duc de Croÿ, et dit : "C'est la petite vérole." Personne ne répondit, et il se retourna en disant : "Pour ça, cela est étonnant." » Le soir, sa tête paraissait fort grosse et rouge, mais sa voix conservait son intonation ordinaire. Son âge laissait très peu d'espoir. Mais personne n'osa prendre la moindre initiative. Nul ne lui dicta ce qu'il devait faire. C'est lui, seul, qui fit face à ses responsabilités. Vers minuit il congédia sa maîtresse en larmes : « À présent que je suis au fait de mon état, il ne faut pas recommencer le scandale de Metz. Si j'avais su ce que je sais, vous ne seriez pas entrée. Je me dois à Dieu et à mon peuple. Ainsi il faut que vous vous retiriez demain. » Et il chargea le duc d'Aiguillon d'assurer discrètement sa sortie.

Il passa les trois jours qui suivirent absorbé dans une méditation silencieuse. Il était couvert de pustules et la suppuration se faisait mal. C'est au creux de la nuit, à nouveau, qu'il prit sa décision, seul. À 2 h 30 du matin, le 7 mai, « de son propre mouvement et sans qu'on s'y attendît, il a demandé son confesseur », l'abbé Maudoux, qu'il avait nommé à ce poste sans pour autant recourir à ses services. Dans la coulisse, montre en main, on chronométra l'événement : seize minutes. Il le rappela ensuite à trois reprises, afin de prendre ses dispositions pour la messe de 7 heures. Ceux qui n'avaient pas à redouter la contagion furent massés dans le cabinet du Conseil, d'où ils purent suivre la cérémonie. Les autres, dont ses trois petits-fils, restèrent consignés au rez-de-chaussée. Il reçut la communion des mains du cardinal de La Roche-Aymon, son premier aumônier. À la fin, celui-ci vint à la porte du cabinet et déclara : « Messieurs, le roi me charge de vous dire qu'il demande pardon à Dieu de L'avoir offensé et du scandale qu'il a donné à son peuple ; que si Dieu lui rend la santé, il s'occupera de faire pénitence, du soutien de la religion et du soulagement de ses peuples. » On entendit le malade murmurer : « J'aurais voulu avoir la force de le dire moi-même. » Il confia peu après à sa fille Adélaïde : « Je ne me suis jamais trouvé mieux ni plus tranquille. » Et ce fut tout.

Croyait-il encore la guérison possible ? Sans doute pas. Mais peu importe. Car ce qu'il accomplit ce jour-là échappe au temps et vaut pour l'un et l'autre monde. C'est le retour dans le sein de l'Église d'un homme – et d'un roi – resté profondément croyant. Ne cherchons pas dans ses paroles l'expression d'une émotion personnelle. Non qu'il n'en éprouve pas, bien sûr. Mais parce que cette déclaration relève d'un autre ordre. Elle n'est pas spontanée, mais rituelle. Elle répond aux deux conditions exigées pour l'absolution : repentir et ferme propos. C'est donc tout normalement qu'elle reprend presque terme à terme celle que lui avaient arrachée les impérieux prélats de Metz. Mais cette fois-ci elle est volontaire et assumée. En quelques mots, brefs et fermes, tout est dit. Il aurait pu sans doute trouver la force de les prononcer lui-même – au risque de buter ici ou là. Relayés par le prêtre à l'issue de la messe, ils prennent une valeur sacramentelle renforcée. C'en est fini de l'anathème jeté sur lui qui avait empoisonné toute sa vie. Le retour dans le sein de l'Église lui apporte la paix et le réconcilie avec lui-même.

Cet acte essentiel, dont l'extrême dépouillement souligne la profondeur, est le dernier de sa vie publique et peut-être de sa vie consciente. Il ne dira plus rien. On n'entendra pas dans sa bouche les dernières paroles attendues d'un souverain. Les adieux au lit de mort n'auront pas lieu. Le contraste est vif avec la prolixité de ses aînés. Le manque de temps et le danger de contagion, qui ont assurément pesé, ne suffisent pas à expliquer ce silence. Au seuil de la mort, Louis XIII et Louis XIV s'étaient comportés en chefs d'État responsables, multipliant les consignes, les garde-fous, les leçons. Rien de tel chez Louis XV. Pas le moindre effort pour peser par d'ultimes décisions sur le règne qui va s'ouvrir. Il est vrai que son héritier à lui, âgé de vingt ans, est adulte. Mais il le sait mal préparé à régner. Se sent-il peu qualifié pour lui en enseigner le secret ? Ou pense-t-il qu'il n'y a pas de secret ? Tout ce qu'il lui souhaite est la protection de Dieu. Par le renvoi de sa maîtresse et le retour aux sacrements, il a coupé le lien qui l'attachait au monde. Il n'a plus rien à dire à personne ici-bas.

L'absence de testament témoigne aussi de cette rupture. En réalité il en avait fait un huit ans plus tôt, au lendemain de la mort de son fils. Un très étrange document qu'on croirait daté de la veille. En dépit de l'incipit, ses « dernières volontés » y occupent très peu de place : des consignes pour ses obsèques, aussi simples que possible, la fondation d'un grand nombre de messes et le partage entre les membres de sa famille des quelques biens qu'il possède en propre. C'est pour l'essentiel une confession et une prière. Une confession : « Je demande pardon à tous ceux que j'ai pu offenser ou scandaliser, et je les prie de me pardonner et de prier Dieu pour mon âme. » Une prière, non seulement pour lui-même, mais pour le règne de son successeur, afin qu'il gouverne mieux qu'il ne l'a fait. L'aveu de son propre échec politique, par « manque de talents et non de volonté », « et pour n'avoir pas été secondé comme [il] l'aurait désiré, surtout dans les affaires de la religion ». Et soudain, après avoir paraphé cette page chargée d'une émotion maîtrisée, un post-scriptum en forme de cri d'angoisse, confirmant, s'il en était besoin, la prégnance de la foi au cœur de sa vie intérieure :

« Ô Dieu, qui connaissez tout, pardonnez-moi de nouveau toutes les fautes que j'ai faites et tous les péchés que j'ai commis ! Vous êtes miséricordieux et plein de bonté ; j'attends en frémissant de crainte et d'espérance Votre jugement. Ayez en pitié mon peuple et mon royaume et ne permettez pas qu'il tombe jamais dans l'erreur, comme des États nos voisins, qui étaient jadis si catholiques, apostoliques et romains, peut-être plus que nous. »

Les deux morts du roi

La maladie avait maintenu le suspense jusqu'au bout. Lorsqu'elle atteignit le 8 mai le point critique, elle s'emballa et bouscula les bienséances. Les règles de la bonne mort enjoignaient de montrer le roi souffrant et supportant héroïquement l'épreuve en rachat de ses péchés. Mais on s'efforçait ensuite d'épargner au public et même à la famille proche le spectacle de la dégradation physique. Dans son cas, ce fut impossible. Le mal empira très vite, envahissant tout le corps et déformant puis détruisant le visage. Lorsqu'on lui donna l'extrême-onction le 9 au soir, il était à l'agonie. L'ambassadeur d'Autriche crut pouvoir affirmer à sa souveraine qu'« il avait toujours eu l'esprit présent et donné jusqu'au dernier moment les marques d'une pénitence et d'une piété vraiment chrétiennes » : telle est la version officielle édulcorée. Elle s'accorde mal avec le récit terrifiant qu'en donne le duc de Croÿ, qui assistait à l'ultime cérémonie. Les pustules avaient séché. Les croûtes durcies scellaient les paupières, obstruaient la gorge. Si serrées qu'elles formaient une carapace continue, elles avaient viré au noir, transformant le visage en un masque de bronze à la bouche béante, « comme une tête de maure, de nègre, cuivrée et enflée ». L'odeur était insupportable. Il vécut encore vingt-quatre heures, suffoquant, râlant affreusement. Il ne perdit connaissance que vers midi et expira à 3 h 15, le 10 mai.

On réduisit au minimum le cérémonial. La Cour s'était dispersée, tournée vers le jeune couple royal. Pas d'exposition rituelle du cadavre. La décomposition fut si rapide qu'on ne put isoler les entrailles, selon l'usage, pour les déposer à Notre-Dame, et qu'on dut même renoncer à prélever le cœur, qui aurait dû rejoindre ceux de ses aînés à l'église Saint-Louis des Jésuites. Le 12 mai au soir, on le mit en bière sous une double enveloppe de plomb et un maigre cortège portant flambeaux le conduisit à vive allure vers Saint-Denis. On l'oublia très vite.

Sa mort se prête mal au récit hagiographique. Elle est unique. Elle est sienne. Elle sonne plus vrai que d'autres, où le mourant est guidé pas à pas. Elle est le fruit d'un cheminement solitaire, accompli en silence et dont n'émerge que l'essentiel. Elle ouvre sur sa vie intérieure des perspectives insoupçonnées, qui remettent en cause l'image véhiculée par l'Histoire, celle d'un épicurien libertin sacrifiant à ses plaisirs les affaires du royaume. À la place on découvre un être torturé par le sentiment de ne pas être à la hauteur requise. En tant que souverain, il a choisi d'exercer le pouvoir à mi-temps, à condition de se réserver un espace équivalent pour une vie privée à l'abri des regards. En vain : il a ressenti comme un échec la désaffection dont souffrait la monarchie. En tant qu'homme, il n'a réussi ni à dominer sa sexualité, ni à s'installer dans le péché en se bornant comme tant d'autres à s'en laver une fois par an. Il traînait une conscience coupable, attisée par une exigence d'absolu confinant parfois au mysticisme – comme l'atteste la prière annexée au testament. La mort le réconcilia avec lui-même. Mais elle n'améliora pas son image. Au contraire, le fait qu'elle fut horrible contribua à sa déréliction aux yeux d'un peuple dont il s'était éloigné. Des quolibets injurieux saluèrent son cortège funèbre et Paris se déchaîna en couplets satiriques :

Louis a rempli sa carrière
Et fini ses tristes destins.
Tremblez, voleurs, fuyez, putains :
Vous avez perdu votre père.

Et bientôt, faute de pouvoir mordre sur le très vertueux Louis XVI, la propagande révolutionnaire fit de lui le parangon de tous les vices dont on chargeait l'Ancien Régime. L'homme privé, assurément, ne méritait pas un tel mépris. Mais il était roi. Et son comportement face à la mort souligne la faille qui mina son règne. Il remplit de son mieux une fonction qui ne lui était pas consubstantielle et à laquelle il ne s'identifia jamais pleinement. Par son refus d'*incarner* la monarchie, il en précipita la désacralisation, préludant ainsi à sa chute prochaine.

Bibliographie sélective

Antoine, Michel, *Louis XV*, Paris, Fayard, 1989.
Bertière, Simone, *La Reine et la Favorite*, Paris, de Fallois, 2000.
—, *Marie-Antoinette, l'insoumise*, Paris, de Fallois, 2002.
Bluche, François, *Louis XV*, Paris, Perrin, 2000.
Croÿ, Emmanuel, duc de, *Journal inédit du duc de Croÿ,*

1718-1784, éd. vicomte de Grouchy et Paul Cottin, 4 vol., Paris, Flammarion, 1906-1907.
Marie-Antoinette, *Correspondance secrète entre Marie-Thérèse et Mercy-Argenteau, avec les lettres de Marie-Thérèse et de Marie-Antoinette*, éd. Alfred d'Arneth et M.A. Geffroy, t. 2, Paris, Firmin-Didot, 1874.
Petitfils, Jean-Christian, *Louis XVI*, Paris, Perrin, 2005.
Viguerie, Jean de, *Histoire et dictionnaire du temps des Lumières*, Paris, Robert Laffont, coll. « Bouquins », 1995.

14

Louis XVI, chronique d'une fin annoncée

par Patrice GUENIFFEY

L'avenir n'est écrit nulle part, dit-on. Il est vrai que l'Histoire est aussi changeante que l'humeur des hommes qui la font. Intérêts, passions, ambitions en déterminent et en modifient le cours jour après jour, sans compter ces innombrables accidents dont les suites échappent à tout contrôle. Les exemples ne manquent pas où une décision qui n'a pas été prise, l'absence d'un personnage, un changement infime dans la disposition des lieux ou celle des esprits eussent complètement changé le cours des événements. Cependant, on trouverait sans peine au moins autant d'exemples où l'Histoire paraît obéir à une logique implacable. Plus elle est tragique, plus les hommes ont le sentiment d'en être les jouets plutôt que les acteurs. C'est le cas de la Révolution française :

« Ce qu'il y a de plus frappant dans la Révolution française, observait Joseph de Maistre, c'est [sa] force entraînante. [...] Le torrent révolutionnaire a pris successivement différentes directions ; et les hommes les plus marquants dans la révolution n'ont acquis l'espèce de puissance et de célébrité qui pouvait leur appartenir qu'en suivant le cours du moment : dès qu'ils ont voulu le contrarier [...], ils ont disparu de la scène. [...] On ne saurait trop le répéter, ce ne sont point les hommes qui mènent la révolution, c'est la révolution qui emploie les hommes. »

Une descente aux enfers

S'il est permis d'élever quelques doutes à l'encontre de cette conception par trop fataliste de l'Histoire dont Bonaparte, notamment, apparaîtra comme le vivant démenti, le destin de Louis XVI, en revanche, la conforte. Il fut à ce point le témoin passif et quasi muet de « l'irrésistible naufrage » (Jean-Christian Petitfils) auquel se résuma l'histoire de son règne, au moins dans sa dernière partie, qu'on ne sait trop de quand dater le commencement de ses « derniers jours ».

Lui-même eut à plusieurs reprises le sentiment de les vivre. Lorsqu'il se rendit à Paris au lendemain de la prise de la Bastille, il fit comme s'il ne devait pas revenir : il nomma son frère cadet, le comte de Provence, lieutenant général du royaume, se confessa et communia. Et que dire, bien sûr, des journées d'Octobre, lorsqu'il fut ramené à Paris précédé par les têtes de deux gardes du corps et suivi d'une foule qui abreuvait d'injures « l'Autrichienne ». La pitoyable équipée de Varennes ne fit pas exception. Le long retour vers Paris dépassa en violence tout ce qu'on avait pu voir jusque-là. Un noble fut tué à coups de pioche sur le bord de la route, un abbé achevé à la baïonnette, un homme se hissa sur le marchepied de la voiture et cracha au visage du roi ; tout le long de la route, et surtout à chaque halte, la foule accourait, armée de fusils, de fourches et de faux, insultait, hurlait, menaçait le « gros » et sa « garce » ; près de Bondy, une « foule de forcenés » attaqua le cortège et ce fut au milieu d'une forêt de piques, de baïonnettes, de cris et de coups donnés contre la voiture que le couple royal rentra aux Tuileries. Les autorités locales montraient plus de retenue, mais guère plus d'indulgence : « Vous devez savoir gré à la ville de présenter ses clés à un roi en fuite », lui dit durement le président du district d'Épernay. Un an plus tard, le 20 juin 1792, Louis XVI ne fut pas seulement menacé par les émeutiers qui, ce jour-là, forcèrent les portes des Tuileries ; il fut humilié. Debout sur une banquette, il dut accepter la cocarde qu'on lui présentait, boire du vin au goulot d'une bouteille, essuyer sarcasmes et injures et, pour finir, remercier le maire de Paris, Pétion, qui lui dit hypocritement : « Le peuple s'est présenté avec dignité ; le peuple sortira de même ; que Votre Majesté soit tranquille. »

Si Louis XVI ne l'était pas, il n'en laissait rien paraître. Il y avait du courage, peut-être de la force d'âme, chez cet homme dont l'impassibilité, parfois prise pour de l'indifférence, a frappé tous les témoins. Rien, ou presque, ne pouvait l'amener à se départir de son calme. Quand on lui cracha au visage sur la route de Paris, il s'essuya, ne dit rien et retourna aux cartes de Cassini où, suivant du doigt le chemin parcouru, il expliquait à son fils la géographie d'un royaume qu'il savait peut-être déjà ne jamais lui transmettre. Il est vrai que, dans la plupart des occasions, il faisait montre d'une placidité qui faisait soupçonner en lui une absence totale d'intérêt ou de sensibilité pour tout ce qui n'était pas les siens ou la satisfaction de ses besoins les plus élémentaires : dormir, manger, se donner de l'exercice en allant à la chasse… N'avait-il pas abandonné ses ministres successifs sans jamais manifester le moindre regret ? Ne s'assoupissait-il pas lors des conseils ? On ne sait ce qu'il éprouvait, pensait, voulait. On connaît le fameux « Rien » qu'il écrivit dans son journal à la date du 14 juillet 1789. Il voulait seulement dire, c'est vrai, que ce jour-là il n'avait fait aucune prise à la chasse, mais la manière dont il rapporte le terrible retour de Varennes n'est pas moins laconique : « 21. Mardi, départ à minuit de Paris, arrivé et arrêté à Varennes-en-Argonne à 11 heures du soir. » Le lendemain de son retour à Paris : « Rien du tout. La messe dans la galerie. » Le surlendemain : « Pris du petit-lait. » Il ne s'animait qu'en de rares occasions, notamment lorsque la sûreté des siens était menacée ; mais « lorsqu'il n'était question que de lui-même et de ses malheurs, dira l'abbé Edgeworth de Firmont, son dernier confesseur, il n'en paraissait pas plus ému que ne le sont communément les autres hommes lorsqu'ils entendent le récit des maux d'autrui ».

La personnalité de Louis XVI se laisse difficilement déchiffrer. La nature l'avait doté d'une « volonté incertaine », dit Mona Ozouf, tandis que son éducation lui avait inculqué des « principes immuables » dont rien ne pouvait le détourner. C'est grâce à eux qu'il se montrait bonhomme sous les vivats, stoïque sous les outrages, si pénétré de l'idée de sa propre légitimité, si convaincu que son destin ne lui appartenait pas qu'il attendait que la Providence lui signifiât ses décrets. À défaut d'avoir l'usage du métier de roi, il avait la religion de la royauté. Il se résignait à tout, il ne consentait à rien. Il manifestait son opposition aux changements qu'on voulait lui imposer de façon détournée : tantôt il renonçait ostensiblement au plaisir de la chasse qui lui était si cher, et dans lequel il ne voyait pas le moindre des attributs de la Couronne ; tantôt, ayant signé en automate les lois votées par l'Assemblée, il rétractait sa signature dans une lettre secrète adressée au roi d'Espagne au lendemain des journées d'octobre 1789.

Avait-il plus ou moins le pressentiment de son destin ? Impossible, bien sûr, de répondre à cette question, mais il était, dit-on, obsédé par le sort tragique du roi d'Angleterre Charles Ier, décapité en 1649, dont le portrait par Van Dyck le suivit de Versailles aux Tuileries. Il lisait et relisait dans Hume le récit de la fin du souverain, et n'oubliait pas la mise en garde du vieux Malesherbes : s'il se refusait aux nécessaires réformes, lui avait dit le ministre-philosophe en 1788, il lui faudrait peut-être se préparer à subir le sort de Charles.

On ne sait à quel moment il comprit que son règne allait connaître la même fin. Y pensait-il lorsque, le matin du 10 août, il quitta les Tuileries pour aller demander la protection de l'Assemblée législative ? Les insurgés approchaient du palais, roulant des canons sur le pavé. Regardant son fils qui chassait du pied les feuilles mortes, il était, comme à son ordinaire, indifférent aux cris, aux menaces, aux piques, aux fusils braqués sur lui. La salle du Manège, où siégeait l'Assemblée, n'était pas loin. C'est de l'étroite loge du « logographe[1] », située derrière le fauteuil du président, que la famille royale vécut les heures sombres du 10 août. Louis avait emprunté une lorgnette et, au milieu du fracas des détonations et des discours enfiévrés, observait la séance comme s'il assistait au

1. Celui-ci était chargé de prendre note des débats.

théâtre à une représentation si longue – la séance dura trois jours – qu'elle en devenait ennuyeuse. Il écouta lire le décret qui le suspendait une nouvelle fois de ses fonctions et convoquait une Convention nationale. Il vit aussi se succéder les députations de la commune insurrectionnelle qui exigeaient qu'on leur livrât « Capet » et sa famille. Il s'inquiéta sûrement pour sa femme et ses enfants, mais lorsqu'on lui dit que, les Tuileries étant désormais inhabitables, il avait été décidé de l'installer au Temple, il parut rasséréné.

Le captif

Nous avons conservé le souvenir de la sinistre tour où le roi vécut ses dernières heures, mais l'enclos du Temple était alors comme un village au milieu de Paris. Quatre mille personnes y vivaient et, près du vieux donjon médiéval, lui-même flanqué d'une seconde tour, plus petite, se trouvait le grand et confortable palais du grand prieur. C'est là que les officiers municipaux attendaient le roi, le 13 août. Des Tuileries au Temple, le trajet n'était pas très long. Deux heures pourtant furent nécessaires. La voiture avançait au pas, sur ordre de la Commune : la Révolution offrait aux Parisiens le spectacle de la famille royale déchue et prisonnière. Mais Louis était confiant. Après tout, ce n'était qu'un déménagement de plus. À peine arrivé, il arpenta le palais, désignant les pièces que lui et les siens occuperaient. Ce ne fut que lorsqu'il eut achevé sa visite qu'on l'informa que son logement avait été préparé dans la « petite tour » du Temple, jusqu'à ce que le donjon fût prêt à l'accueillir. La vengeance était mesquine, l'humiliation, gratuite.

Marie-Antoinette, sa fille, la sœur du roi, la princesse de Lamballe, Mme de Tourzel, la fille de celle-ci et quatre femmes de chambre se serrèrent au premier étage. Les pièces étaient petites, pas très propres ; le roi, son fils et les deux valets Hüe et Chamilly emménagèrent au-dessus. Louis-Charles dormait sur un petit lit placé auprès de celui de son père. Cette fois, impossible de se faire illusion, d'autant que la Commune semblait avoir choisi à dessein, en la personne des époux Tison, les plus odieux gardiens qu'on pût imaginer. L'arrestation, dans la nuit du 24 août, de la princesse de Lamballe et de Mme de Tourzel, conduites à la prison de la Force et bientôt suivies par Hüe, renforça encore le sentiment d'isolement. Un à un, les visages familiers s'en allaient. Sans doute le sort de la famille royale émut quelques-uns de ceux qu'on avait chargés de la surveiller, comme le valet Cléry qui remplaça Hüe auprès du roi, ou l'officier municipal Toulan qui, à l'instar des autres membres de la municipalité, prenait régulièrement son tour de garde.

Louis XVI et Marie-Antoinette ne nourrissaient certainement plus aucun espoir. Ignorant toutefois ce que l'avenir leur réservait, ils vivaient au jour le jour. On aurait pu qualifier leur existence de bourgeoise si ce n'avait été celle de captifs qui, tous les après-midi, avaient droit à une promenade de deux heures sous les marronniers du parc. Le reste de la journée, ils le passaient cloîtrés, consacrant beaucoup de temps à leurs dévotions et à l'éducation des enfants. Louis XVI leur faisait la lecture et étudiait avec eux leur géographie, Marie-Antoinette se chargeait de donner quelques leçons d'histoire, Mme Élisabeth surveillait leurs exercices de mathématiques ; quand les enfants étaient couchés, le roi et sa femme faisaient une partie de trictrac. Ils n'avaient peut-être jamais été aussi proches. Seule consolation, la table était bonne. Louis y était sensible. Les jours s'écoulaient, non pas sereinement, mais paisiblement. On se faisait aux gardiens ; tous n'étaient pas odieux, et les geôliers s'habituaient à leurs pensionnaires. Les bruits du dehors arrivaient ici comme assourdis. On n'entendait pas le vieil édifice de la monarchie s'écrouler. Les prisons se remplissaient, tous les symboles du passé – statues, enseignes, écussons – étaient abattus, martelés, arrachés, des bataillons de volontaires partaient pour le front, un tribunal d'exception s'apprêtait à juger les vaincus du 10 Août… Soudain, le monde extérieur se rappela à l'attention des prisonniers. Le 3 septembre, tandis que faisaient rage les massacres dans les prisons parisiennes, un sinistre cortège se présenta aux portes du Temple, exigeant de voir la reine. Des excités traînaient le cadavre décapité et éviscéré de la princesse de Lamballe et voulaient donner à baiser à Marie-Antoinette « la tête de sa putain ». Cette scène, dont on ne sait comme elle eût fini sans l'intervention courageuse de l'officier municipal Daujon, marqua un tournant.

L'accusé

Quelques jours plus tard, la royauté était abolie et, de prisonnier, Louis devenait accusé. Il fut transféré de la petite tour au donjon. Les fenêtres étaient fermées par des barreaux, les portes par de lourdes serrures ; plusieurs dizaines de gardes occupaient le premier étage ; Louis et le dauphin étaient au deuxième, la reine et sa fille au troisième. Louis s'efforçait de rester d'humeur égale, de répondre courtoisement même à ceux de ses geôliers qui lui parlaient grossièrement ; pourtant, quand l'un d'eux l'appela pour la première fois « Louis Capet », il ne put étouffer un mouvement de révolte : « Je ne m'appelle point Capet, s'écria-t-il ; seuls mes ancêtres ont porté ce nom ! » Il lisait beaucoup, puisant parmi les mille quatre cents volumes de la bibliothèque du grand prieur mais revenant toujours à Hume et aux ouvrages de dévotion.

Son procès avait commencé par une longue discussion sur l'inviolabilité royale et l'opportunité de le juger. Le débat était rude. Louis en attendait l'issue sans illusion. La Convention ayant finalement décidé de le juger, il comparut une première fois le 11 décembre. C'était assurément un spectacle impressionnant que celui du roi déchu. Il avait l'air fatigué ; une barbe de trois jours lui mangeait les joues. C'est assis dans le même fauteuil où il avait prêté serment à la Constitution, l'année précédente, qu'il fut interrogé. Les témoins de la scène remarquèrent tous que le roi n'avait montré ni humeur ni impatience, Marat allant jusqu'à dire qu'il l'avait presque trouvé « grand » dans cette épreuve. Les historiens sont moins indulgents : « privé de majesté royale, dit François Furet, terne, tragique à force d'être ailleurs », rejetant sur ses ministres la responsabilité des « crimes », plaidant l'oubli, niant la réalité des pièces trouvées dans « l'armoire de fer »... Jaurès en était si excédé que, dans son *Histoire socialiste de la Révolution*, il réécrivit la plaidoirie que Louis XVI aurait dû présenter, non pour sauver sa vie, mais tout simplement pour être à la hauteur de ce moment exceptionnel. Ce morceau d'éloquence témoigne assurément du talent de l'avocat Jaurès, beaucoup moins de la sagacité de l'historien. Que pouvait répondre Louis XVI à ses juges ? Devait-il imiter Charles Ier et refuser de répondre aux questions qu'on lui posait? « Le roi [d'Angleterre] soutint, par son courage magnanime, la majesté d'un monarque, écrit David Hume. Il déclara, avec beaucoup de modération et de dignité, que, ne reconnaissant point l'autorité de la cour, il ne pouvait se soumettre à sa juridiction, [...] que pour lui il était roi héréditaire par le droit de sa naissance, et que toute l'autorité de l'État [...] n'avait pas le droit de lui faire son procès, à lui qui n'était redevable de sa dignité qu'à la suprême majesté du ciel. »

Louis XVI n'avait pas le caractère de Charles Ier; il se trouvait aussi en moins bonne posture. Il ne pouvait opposer son droit à ses juges, car, s'il n'avait jamais sincèrement accepté de tenir ses pouvoirs d'une Constitution qui dénouait la vieille identification de la nation avec le roi et mettait la nation plus haut que le souverain, il n'en avait pas moins prêté serment à la Constitution de 1791 et même abdiqué, dès juillet 1789, sa souveraineté absolue.

Une mauvaise nouvelle l'attendait au Temple : on le sépara de sa famille; il était seul désormais, si l'on excepte Cléry et la visite de ses avocats – Malesherbes et Tronchet, que Desèze vint bientôt renforcer –, avec lesquels il examinait les pièces de l'accusation. Il savait pourtant qu'il allait mourir. Il l'écrivit le 17 décembre dans une lettre destinée à Malesherbes : « Je ne me fais pas d'illusions sur mon sort [...]. Je subirai le sort de Charles Ier, et mon sang coulera pour me punir de n'en avoir jamais versé. » Dans le testament qu'il rédigea le jour de Noël, il protestait une nouvelle fois de son innocence et dénonçait l'illégalité de son procès. Ni son sort personnel ni la politique n'étaient pourtant au cœur de cette ultime profession de foi, si ce n'est l'expression de regrets pour avoir signé la Constitution civile du clergé, contraire « à la discipline et à la croyance de l'Église catholique ». À l'heure de mourir, c'était aux siens qu'il pensait :

« Je recommande mes enfants à ma femme, je n'ai jamais douté de sa tendresse maternelle pour eux ; je lui recommande surtout d'en faire de bons chrétiens et d'honnêtes hommes, de leur faire regarder les grandeurs de ce monde-ci (s'ils sont condamnés à les éprouver) comme des biens dangereux et périssables et de tourner leurs regards vers la seule gloire solide et durable de l'Éternité. Je prie ma sœur de vouloir bien continuer sa tendresse à mes enfants et de leur tenir lieu de mère, s'ils avaient le malheur de perdre la leur. Je prie ma femme de me pardonner tous les maux qu'elle souffre pour moi, et les chagrins que je pourrais lui avoir donnés dans le cours de notre union, comme elle peut être sûre que je ne garde rien contre elle, si elle avait quelque chose à se reprocher. »

C'était là le testament d'un mari et d'un père plus que celui d'un roi. Nulle part il n'était question de la reine, seulement de sa femme, et la seule allusion à la royauté était pour souhaiter que son fils n'ait pas le malheur d'en hériter. On devine bien des regrets dans ce testament, quelques soupçons aussi ; quant au bilan du règne, on le chercherait en vain : comme devant ses juges, Louis se bornait à protester de la pureté de ses intentions. Le lendemain, il retourna à la Convention, où il prit brièvement la parole après que l'avocat Desèze eut présenté sa plaidoirie. C'était sa dernière apparition publique, il le savait. Quand il quitterait à nouveau la prison du Temple, ce serait pour monter à l'échafaud.

À la Convention, le procès s'éternisait. Les Girondins s'efforçaient de sauver la vie du roi en proposant un référendum sur la peine qui serait prononcée. Dehors, quelques bonnes volontés s'activaient, les unes pour acheter la liberté de Louis, les autres pour le faire évader. Rien de tout cela ne le concernait plus vraiment. Il eut pourtant un mouvement de douleur et ne put cacher son émotion lorsque, le 17 janvier 1793, à 9 heures du soir, Malesherbes vint lui annoncer le résultat du vote : la Convention l'avait condamné à mort[1]. Mais il pleurait moins parce qu'il allait mourir – il le savait – que parce que Malesherbes était lui aussi en pleurs. Il y avait également autre chose : il était abandonné de tous, puisque même son cousin le duc d'Orléans avait voté la mort.

L'heure approchait. On avait dressé l'inventaire de ses maigres biens. Le 20 janvier, il reçut la visite du maire de Paris venu lui signifier sa condamnation. Il réclama un sursis de trois jours pour se préparer à paraître devant Dieu. On le lui refusa, mais en revanche on lui permit de se confesser. Il demanda à voir l'ancien

1. Le décompte des votes fut compliqué. Le résultat proclamé le soir du 17 janvier donnait 366 voix pour la mort, 34 pour la mort assortie du sursis, 2 pour les travaux forcés et 319 pour la détention ou le bannissement. Le lendemain, un nouveau recensement donna un résultat très différent : 361 voix pour la mort, 46 pour la mort avec sursis, 2 pour les travaux forcés, 286 pour la détention ou le bannissement, et 26 suffrages qui, sans se prononcer en faveur du sursis, demandaient à ce que la question fût examinée, au nom du salut public. Ces 26 votes ayant été paradoxalement ajoutés à ceux en faveur de la mort, celle-ci l'emportait par 387 suffrages. Le lendemain 18 janvier, le sursis fut repoussé à la majorité, cette fois sans ambiguïté, de 370 voix contre 310.

directeur spirituel de Mme Élisabeth, l'abbé Edgeworth de Firmont. Le roi s'apprêtait à recevoir la visite de sa famille quand Edgeworth se présenta au Temple : « Nous trouvâmes [mon père] bien changé, dira sa fille dans ses Mémoires. Il pleura de douleur sur nous, et non de la crainte de la mort ; il raconta son procès à ma mère, en excusant les scélérats qui le faisaient mourir [...]. Il donna ensuite des instructions religieuses à mon frère [...] et lui donna sa bénédiction, ainsi qu'à moi. Ma mère désirait ardemment que nous passassions la nuit auprès de mon père ; il le refusa, en lui faisant sentir qu'il avait besoin de tranquillité. » Louis avait promis de leur dire adieu le lendemain matin. Il eut l'air soulagé quand il se retrouva seul avec son confesseur. Ce soir-là, il se coucha plus tard qu'à l'ordinaire, mais aussi tranquillement que si le lendemain rien ne devait se passer, et Cléry, après avoir tiré le rideau, l'entendit bientôt ronfler.

L'abbé Edgeworth avait âprement négocié avec la Commune la possibilité de célébrer une messe le lendemain matin ; aucune loi ne s'y opposant, il avait obtenu gain de cause. Il était 6 heures. Louis s'était levé une heure plus tôt pour faire sa toilette et s'habiller. Il avait soigneusement vidé ses poches, posé sa montre sur le manteau de la cheminée et ôté son anneau nuptial en recommandant qu'on le remette à la reine. Il entendit la messe à genoux et communia. Il était prêt. Déjà, officiers municipaux et gardes apparaissaient à la porte. Suivi par Edgeworth, il descendit dans la cour. Il avait plu, le sol était boueux, avec des traces de neige ; il faisait froid, il y avait du brouillard. Il regarda longuement la tour où se trouvaient les siens, qu'au dernier moment il avait renoncé à revoir, de crainte de leur « donner le coup de la mort », comme l'écrivit Edgeworth dans son récit des dernières heures du roi. Il tendit une copie de son testament à un officier municipal – il s'agissait du curé Jacques Roux – qui lui répondit durement, dit-on : « Nous ne sommes pas venus pour prendre tes commissions, mais pour te conduire à l'échafaud. » Une voiture verte l'attendait. Toutes fenêtres closes, elle allait lentement par les rues désertes – toute circulation avait été interdite –, précédée et suivie de gendarmes à cheval, le cortège passant entre deux haies de gardes nationaux en armes. Louis lisait les prières des agonisants avec son confesseur. Une heure et demie fut nécessaire pour aller du Temple à la place de la Révolution où l'échafaud, ordinairement dressé place du Carrousel, avait été exceptionnellement installé, entre le socle de l'ancienne statue de Louis XV et l'axe des Champs-Élysées. Des milliers d'hommes en armes couvraient la place.

La voiture s'était arrêtée derrière l'échafaud, du côté du jardin des Tuileries. Louis descendit, ôta son habit et ouvrit sa chemise, mais lorsqu'un des aides du bourreau Sanson s'approcha pour lui couper les cheveux il se rebiffa. Il fallut l'intervention d'Edgeworth pour qu'il accepte, avec un air de douleur que l'abbé dit impossible à peindre, de « boire le calice jusqu'à la lie ». On lui avait lié les poignets. Edgeworth le soutint tandis qu'il gravissait les marches de l'échafaud. Il avait le visage très rouge. Il regardait la foule. Des mains s'étaient saisies de lui, le poussaient sur la planche. On serrait des courroies pour l'immobiliser. « Peuple, je meurs innocent, parvint-il à crier pendant qu'on l'attachait. Je pardonne à mes ennemis et je désire que mon sang soit utile aux Français et qu'il apaise la colère de Dieu. » Un officier à cheval avait levé son épée. Un roulement de tambour couvrit sa voix. Le couperet tomba. Il était 10 h 25. L'un des aides de Sanson ramassa la tête et fit deux fois le tour de l'échafaud pour la montrer au peuple.

Est-il vrai que les plus proches des spectateurs se précipitèrent pour recueillir un peu du sang qui gouttait de l'échafaud ? Un quidam monté sur l'échafaud en aspergea-t-il les premiers rangs comme s'il les bénissait ? Et vit-on courir dans les rues un homme aux joues barbouillées du sang du roi ? D'emblée la mort de Louis XVI échappe à l'Histoire.

Un tombereau avait emporté le corps vers le cimetière de la Madeleine tout proche. Louis fut inhumé les mains attachées, la tête placée entre les jambes. L'un des fossoyeurs versa un seau de chaux vive dans la fosse, puis, munis de pelles, des hommes la comblèrent de terre.

La mort de la royauté

Quand on dit que le 21 janvier a détruit le mystère de l'incarnation royale, investi la nation de la souveraineté et rendu la Révolution irréversible en creusant un fleuve de sang entre le nouveau et l'ancien régime, on dit vrai. Mais la portée de cette exécution n'est-elle pas, en définitive, plus morale que politique ? Tout cela n'était-il pas plus ou moins acquis bien avant la décapitation de Louis XVI ? La royauté traditionnelle vivait encore dans la tête du roi et de quelques fidèles ; mais ailleurs ? Sans aller jusqu'à dire avec les plus intransigeants que le monarque avait abdiqué le jour où, avouant son impuissance, il s'en était remis aux états généraux pour trouver la solution de la crise, voire que la monarchie avait cessé d'exister avant même qu'il accédât au trône[1], Varennes avait marqué un tournant. La fuite manquée du roi avait rompu le lien presque millénaire qui existait entre la France et ses souverains. Louis XVI était apparu comme « un vulgaire émigré » arrêté et ramené de force au bercail par la nation, laquelle avait, du même coup, défait son ancienne « identification au corps du roi » (Mona Ozouf). Cette fois, c'en était fini, non seulement de l'histoire de la monarchie absolue, mais de celle même de la royauté. La réalité n'a bien sûr pas cette simplicité d'épure. On avait encore vu après le 20 juin 1792 une partie de l'opinion protester contre cette « journée ». Mais ce n'était plus vraiment vers le roi que montaient les protestations de fidélité. Les modérés exprimaient moins leur ferveur royaliste que leur peur d'une dissolution générale. Ils protestaient surtout contre l'atteinte portée à une Constitution dont ils savaient que Louis XVI n'était pas le serviteur sincère, mais qui leur apparaissait comme l'ultime rempart de la légalité. Et si le malheur du roi n'était pas étranger à leurs protestations, c'était moins l'affront fait au successeur des Capétiens qui les choquait que les humiliations infligées à un homme que les outrages grandissaient. C'est toute la différence avec le procès de Charles Ier, tombé pour ainsi dire les armes à la main. Le roi d'Angleterre avait succombé, pas la royauté. Cromwell qui, la veille de l'exécution, avait dit à Algernon Sydney : « Nous lui couperons la tête avec la couronne dessus », avait échoué. La décapitation

1. L'abbé Barruel et Rivarol, plus tard Chateaubriand, soutenaient la première hypothèse, un autre abbé contre-révolutionnaire, Proyart, la seconde (*Louis XVI détrôné avant d'être roi, ou Tableau des causes nécessitantes de la Révolution française*, Londres, 1800).

du roi n'avait pas compromis l'avenir de la Couronne, comme le montrèrent les manifestations d'affliction qui suivirent le supplice du 30 janvier 1649. En France, les Conventionnels coupèrent une tête d'où la couronne avait déjà glissé. Ne restait-il donc vraiment rien de l'ancienne religion royale ? Sans doute un peu. Quand la très républicaine Mary Wollstonecraft vit passer Louis XVI entre deux haies de gardes nationaux, elle sentit les larmes lui monter aux yeux. Qui, du roi vaincu ou de l'homme humilié, l'empêcha cette nuit-là de trouver le sommeil ? Si Varennes avait effacé jusqu'aux dernières traces du prestige royal, le 10 Août eût été inutile, et le procès, et l'échafaud du 21 janvier. On n'en finit pas si facilement avec une royauté millénaire.

Bibliographie sélective

Arasse, Daniel, *La Guillotine et l'Imaginaire de la Terreur*, Paris, Flammarion, coll. « Champs », 1987.

Bertière, Simone, *Marie-Antoinette l'insoumise*, Paris, de Fallois, 2002.

Cléry, Jean-Baptiste, *Journal de ce qui s'est passé à la tour du Temple, suivi de Dernières heures de Louis XVI, par l'abbé Edgeworth de Firmont, et Mémoire écrit par Marie-Thérèse-Charlotte de France*, éd. J. Bosse, Paris, Mercure de France, coll. « Le temps retrouvé », 2006.

Furet, François, *La Révolution, de Turgot à Jules Ferry (1770-1880)*, Paris, Hachette, 1988.

—, « Louis XVI », *in* François Furet et Mona Ozouf, *Dictionnaire critique de la Révolution française*, Paris, Flammarion, 1988, p. 268-277.

Lever, Évelyne, *Louis XVI*, Paris, Fayard, 1997.

Ozouf, Mona, *Varennes, la mort de la royauté*, Paris,

Gallimard, coll. « Les journées qui ont fait la France », 2005.
Petitfils, Jean-Christian, *Louis XVI*, 2 vol., Paris, Perrin ; coll. « Tempus », 2010.
Walzer, Michael, *Régicide et Révolution. Le procès de Louis XVI, discours et controverses*, Paris, Payot, 1989.
Zweig, Stefan, *Marie-Antoinette*, Paris, Grasset, 2002.

15

Sainte-Hélène, 5 mai 1821, 17 h 49

par Thierry LENTZ

Les grands conquérants, loin s'en faut, ne meurent pas tous au combat. Napoléon l'aurait probablement souhaité. De son propre aveu, il chercha au moins deux fois la mort sur le champ de bataille à la fin de sa carrière : à Arcis-sur-Aube, pendant la campagne de France de 1814 (« J'ai tout fait pour mourir à Arcis », dit-il un jour), et à Waterloo, le 18 juin 1815, où ses officiers durent quasiment l'évacuer de force alors qu'il souhaitait se jeter dans l'« ardente et noire » mêlée (V. Hugo). Il avait dit un jour à son grand maréchal du palais Duroc qu'il aimerait connaître la fin de Bayard ou de Turenne, ajoutant toutefois craindre de mourir dans son lit, « comme un sacré couillon ». Il rendit effectivement l'âme dans l'un de ses lits de camp. Mais son agonie et sa fin sont entrées dans la légende. Sa mort est presque à elle seule *la* légende, sans même évoquer ici les pseudo-mystères qui l'entourent.

C'est à Sainte-Hélène, entre Afrique et Amérique,

sur cette île dont Fanny Bertrand disait qu'elle avait été « chiée par le diable entre deux mondes », qu'il rendit, non pas son dernier soupir, mais « le plus puissant souffle de vie qui, jamais, anima l'argile humaine » (Chateaubriand). Dans cette petite maison du martyre, dérisoire bicoque qu'il avait fait vivre pendant cinq ans comme un palais impérial, il s'éteignit dans la douleur, entouré de ses derniers compagnons, les généraux Montholon et Bertrand, l'épouse de ce dernier, leurs enfants, son valet de chambre Marchand, son bibliothécaire et (faux) mamelouk, Ali, quelques domestiques. Cette mort misérable fut en réalité un coup de tonnerre et le signal de l'envol de la légende dorée d'un Prométhée moderne enchaîné à son rocher. « Et dire que les Anglais ont placé Napoléon à Sainte-Hélène pour qu'on n'en entende plus parler », plaisantait un jour (à moitié) l'historien Jacques Jourquin.

Le calvaire

Sans être tout à fait un homme malade, Napoléon n'était pas en parfaite santé lorsqu'il arriva à Sainte-Hélène, à la mi-octobre 1815, ne serait-ce qu'en raison du long séjour de trois mois à bord des vaisseaux anglais *Bellerophon* et *Northumberland* qu'il venait d'endurer. Trois mois à ruminer sa défaite et à s'inquiéter sur son sort, à rejouer Waterloo sur le papier et à soupirer sur sa destinée. Pour un homme sans cesse au travail et en mouvement, qui avait vécu au grand air et passé ses journées à cheval, cette inactivité et celle qui l'attendait à Sainte-Hélène n'améliorèrent ni son moral ni sa santé. L'exil hélénien ne fut au fond qu'une lente dégradation, presque un calvaire. Il avait fini par l'accepter après que le congrès d'Aix-la-Chapelle (1818) eut décrété qu'on ne le laisserait pas revenir vivre bourgeoisement en Europe, confiant à un de ses compagnons : « Si le Christ n'était pas mort en croix, il ne serait pas Dieu. »

L'histoire de ses maladies antérieures est assez bien connue… par les historiens, alors qu'on la cacha – comme d'habitude – à ses contemporains. Ils le voyaient galoper, sautiller, travailler jour et nuit, tout en ignorant qu'il souffrait de nombreuses pathologies, dont certaines n'étaient pas mineures. On est à peu près sûr qu'il fut atteint de paludisme, d'une tenace dermatose localisée sur une cuisse et qui le faisait se gratter jusqu'au sang, que, comme tout cavalier, il gagna dans ses incessantes chevauchées de douloureuses hémorroïdes. Deux témoins, Talleyrand et l'actrice Mlle George, affirment même avoir assisté à ce qui pourrait ressembler à des crises d'épilepsie. Plus inquiétant encore, on diagnostiqua une dysurie qui provoquait inconfort et douleurs urinaires, le laissant comme hébété, parfois jusqu'au cœur des batailles. De nombreux témoins attestent qu'au tournant de l'Empire, après 1810, son aspect physique se modifia tant qu'un visiteur, qui s'attendait peut-être à rencontrer une version mûrie du général Bonaparte, le décrivit « jaune, obèse, boursouflé », ajoutant : « J'attendais un Dieu, je ne vis qu'un gros homme. » Ses valets de chambre ne cessèrent plus dès lors de faire ajuster ses vêtements.

La dégradation de son état général fut encore plus marquée au moment de la campagne de Russie. À la bataille de la Moskova, il était presque hagard et sans réaction pendant que 200 000 hommes s'entre-tuaient à ses pieds. Par la suite, les mémorialistes le décrivirent fébrile, anxieux, dérangé par une toux continuelle et sèche, une respiration difficile, un pouls irrégulier, des œdèmes aux pieds et aux chevilles. Quant à la sphère abdominale, par où la maladie fatale arriverait, elle fut toujours sensible, avec une douleur au côté droit, accompagnée parfois de ce qu'on appelait alors des « convulsions d'estomac ».

Il avait quarante-six ans lorsqu'il débarqua à Sainte-Hélène.

Les conditions climatiques à Longwood, le plateau venteux où les Anglais avaient fixé sa résidence, étant caractérisées par une humidité persistante et des changements rapides de température, Napoléon ne souffrit au début de sa captivité que de rhumes et de dérangements intestinaux. Mais celui que Barrès appelait le « professeur d'énergie » préférait désormais sa chambre ou sa salle de bains (il passait des heures dans des bains chauds) à son cabinet de travail. Il déprimait, et déprima plus encore après que son compagnon du quotidien, Emmanuel de Las Cases, eut été expulsé de l'île par l'impitoyable gouverneur-geôlier, sir Hudson Lowe.

La suite se déroula implacablement. Les chroniqueurs signalent une dégradation de sa santé à partir de l'été 1816, avec des douleurs au flanc droit, un gonflement des jambes et des chevilles, des coliques. Le médecin d'origine irlandaise qui lui avait été affecté, Barry O'Meara, commença à s'inquiéter et en informa le gouverneur. Il diagnostiqua une hépatite en octobre 1817. Persuadé que son prisonnier jouait la comédie pour être rapatrié en Europe, Lowe refusa d'y croire et continua à appliquer de façon bornée les consignes de sévérité que lui donnait de Londres son ministre de tutelle, lord Bathurst. Il exigea une contre-expertise que Napoléon refusa. Ces débats « politiques » autour du foie du captif retardèrent incontestablement une prise en charge sérieuse. Pis, excédé par l'attitude trop profrançaise de son compatriote, Lowe décida d'expulser O'Meara de Sainte-Hélène, en juillet 1818. L'Empereur resta alors plus d'un an sans médecin. Il est vrai qu'il refusait d'être soigné par des Anglais et préféra attendre l'arrivée d'un praticien choisi par sa famille réfugiée à Rome.

Le 21 septembre 1819, enfin, on annonça l'arrivée de François Antommarchi, un docteur en médecine dont l'Empereur et plus tard ses historiens ont mis en doute les compétences. Il se livra sans attendre à un examen approfondi de son patient. Il confirma l'hépatite et prescrivit un changement de mode de vie, avec reprise d'un minimum d'activité physique. Le conseil fut suivi, le patient se livrant au jardinage et menant une vie plus régulière, jusqu'à en oublier provisoirement ses douleurs. Il y eut même des promenades à cheval entre avril et mai 1820. Cette rémission prit brutalement fin en juillet suivant. L'état de santé de Napoléon redevint préoccupant. Il ne sortit quasiment plus de chez lui et sombra de longs moments en léthargie. Ses compagnons d'exil le décrivent alors les yeux cernés et le teint verdâtre. Le 4 octobre 1820, il effectua sa dernière grande promenade à cheval, mais, épuisé, il dut terminer le trajet de retour en voiture. À partir de novembre, il souffrit violemment « des intestins ». Il sommeillait douze à quinze heures par jour.

La dernière phase

Malgré une légère amélioration au début du mois de janvier 1821, les choses ne firent qu'empirer, avec une alternance de malaises, de vomissements, de douleurs et de mieux passagers. Semi-conscient, avec parfois quelques heures de lucidité dans les derniers temps, Napoléon supporta son mal avec courage, sinon toujours avec patience à l'égard de son entourage. Il accepta cependant d'être examiné par le médecin anglais Arnott, qui prescrivit un nouveau traitement. La passagère amélioration qui s'ensuivit entraîna la disgrâce d'Antommarchi, qui ne fut plus reçu qu'avec réticence. L'inévitable rechute rapprocha timidement les deux hommes. Se rappelant que le médecin français était un spécialiste en dissection, Napoléon lui prescrivit de l'autopsier : s'il venait alors à constater qu'il était mort de la même maladie que son père (un cancer de l'estomac), il devrait en alerter son fils.

À partir du 11 avril, l'Empereur trouva la force de dicter à Montholon puis de recopier son testament : « Je meurs dans la religion catholique, apostolique et romaine, dans laquelle je suis né il y a plus de cinquante ans [...]. Je désire que mes cendres reposent sur les bords de la Seine, au milieu de ce peuple français que j'ai tant aimé [...]. Je meurs prématurément, assassiné par l'oligarchie anglaise et son sicaire [...]. » Il répartit un legs important entre ses derniers et ses anciens compagnons et confia à ses exécuteurs testamentaires le soin de remettre ses armes et principaux souvenirs à son fils, « lorsqu'il [aurait] seize ans ». Il signa le document le 15, après une nuit au cours de laquelle il était si faible qu'Antommarchi crut qu'il allait expirer dans ses bras. L'alerte avait été sérieuse mais, jusqu'au 27, profitant de quelques brefs moments de répit, Napoléon écrivit ou dicta une série de codicilles. Il trouva enfin la force de plaisanter devant Montholon : « Eh bien ! mon fils, ne serait-ce pas dommage de ne pas mourir après avoir mis si bien en ordre ses affaires ? »

Le malade était baigné de sueur, ce qui nécessita certains jours de le changer jusqu'à sept fois. L'instant d'après, il grelottait. Un hoquet persistant l'épuisait. Des signes de confusion mentale apparurent et allèrent crescendo. Il reçut longuement l'abbé Vignali – arrivé en même temps qu'Antommarchi – pour organiser avec lui sa chambre ardente et lui donner ses instructions pour la pompe funèbre. Il informa le grand maréchal Bertrand qu'il souhaitait être enterré de préférence à Paris et, si cela n'était pas possible, sur une île au confluent du Rhône et de la Saône, ou encore dans la cathédrale d'Ajaccio. Il ajouta que si les ordres de Lowe étaient de l'ensevelir à Sainte-Hélène, il souhaitait l'être au fond d'un ravin appelé « le bol à punch du diable », au fond de la vallée dite « du Géranium », près de la petite source où l'on allait chaque jour chercher deux bouteilles d'eau pour lui.

L'agonie

Dans l'après-midi du 3 mai, Vignali administra l'extrême-onction au mourant. L'agonie débuta dans la nuit du 4 au 5, en présence de tous les compagnons, officiers, abbé, médecin et domestiques. Le mieux est ici de laisser la parole à Bertrand, qui notait au jour le jour dans ses cahiers le déroulement de l'exil :

« De minuit à 1 heure [le 5 mai], toujours le hoquet, mais plus fort. De 1 heure à 3 heures, il a bu souvent. Il a d'abord soulevé sa main, a tourné ensuite la tête pour ne plus boire. À 3 heures, hoquet assez fort ; gémissements qui paraissaient sortir de loin.

« De 3 à 4 h 30, quelques hoquets, plaintes sourdes après des gémissements, il bâille ; a l'apparence de beaucoup souffrir; a dit quelques mots qu'on a pu entendre, et "qui recule" ou certainement : "à la tête de l'armée". »

« De 4 h 30 à 5 heures, grande faiblesse, plaintes. Le docteur a fait un peu élever son oreiller.

« L'Empereur n'ouvre plus les yeux.

« Il paraît plus faible que la veille. Ce n'est plus qu'un cadavre. Son gilet couvert de crachats rougeâtres qui n'ont pas la force d'aller plus loin. On ouvre les rideaux [...].

« Jusqu'à 10 h 30-11 heures, généralement calme; respiration douce; parfaite immobilité de tout le corps; quelques mouvements seulement de la prunelle, mais rares; les yeux fixes, voilés, se sont fermés jusqu'aux trois quarts. De demi-heure en demi-heure, quelques soupirs ou sons [...]. La main droite sous la couverture du lit; la main gauche sous la fesse. Depuis 6 heures du matin, très calme, immobile.

« Seize personnes présentes, dont douze Français [...]. À 7 h 30, il s'est trouvé mal. De 11 heures à midi, Arnott a placé deux sinapismes aux pieds, et Antommarchi deux vésicatoires, un sur la poitrine, le second au mollet. L'Empereur a poussé quelques soupirs. Plusieurs fois, le docteur est allé chercher le pouls au col.

« À 2 h 30, le Dr Arnott a fait placer une bouteille remplie d'eau bouillante sur l'estomac.

« À 5 h 30, l'Empereur a rendu son dernier soupir. Les trois dernières minutes, il a rendu trois soupirs...

« Au moment de la crise, léger mouvement dans les prunelles; mouvement régulier de la bouche et du menton au front; même régularité que dans une pendule. La nuit, l'Empereur avait prononcé le nom de son fils avant celui de : "à la tête de l'armée". La veille, il avait demandé deux fois : “Comment s’appelle mon fils.” Marchand avait répondu : “Napoléon.” »

Le Dr Arnott envoya sans attendre un billet au gouverneur qui attendait le dénouement non loin de là : *« He has this moment expired. »* Au moment du décès, comme on le faisait à l’époque, Bertrand s’était levé et avait arrêté la pendule. Il était 5 h 49 du soir. Conservé aujourd’hui dans les collections de Malmaison, le cadran indique encore l’heure fatale.

Les causes de la mort

Le dimanche 6 mai, en début d’après-midi, Antommarchi procéda à l’autopsie en présence de dix-sept personnes, dont Bertrand, Montholon, Vignali, Marchand, Ali, l’adjoint du gouverneur Reade, les docteurs anglais Shortt, Mitchell, Arnott, Burton, Henry, Rutledge et Livingstone. Le praticien, qui était (enfin !) dans son élément, effectua cet acte important avec dextérité. Les opérations concernèrent le thorax et l’abdomen, à l’exclusion de toute autre partie du corps. Antommarchi aurait voulu poursuivre ses investigations, notamment en examinant le crâne, mais Bertrand s’y opposa. Faute de contenants plus prestigieux, le cœur et l’estomac furent placés dans une soupière d’argent et une boîte à éponge du nécessaire de toilette de l’Empereur. Elles furent placées dans le cercueil, Lowe ayant refusé qu’elles soient remises à Marie-Louise. Le corps fut recousu sans être embaumé : l’intérieur fut simplement aspergé d’eau de Cologne.

Un rapport d’autopsie fut établi par Antommarchi, un compte rendu rédigé par l’Anglais Shortt à la demande de Lowe et un autre, de son propre chef, par le Dr Henry.

Ces textes, avec leurs légères variantes entre les versions manuscrites et imprimées, ont suscité et suscitent encore de longs et fastidieux débats. Quelques éléments sont cependant établis :

1°) L'Empereur souffrait *indubitablement* d'un ulcère gastrique chronique, perforé et bouché par le foie. Ce phénomène peut être la cause de la mort puisqu'il s'accompagne toujours d'une hémorragie dévastatrice. On ignore toutefois la date de la perforation. Une possibilité subsiste donc que la perforation ait été ancienne et que le foie, venu boucher le trou dans l'estomac, ait empêché une issue rapide.

2°) L'Empereur était *très vraisemblablement* atteint d'un cancer gastrique. On ne peut être plus catégorique, en l'absence d'examen microscopique des cellules, mais la description d'Antommarchi correspond bien à ce que l'on sait des ravages observables à l'œil nu dans ce cas.

3°) Certains lecteurs du rapport décèlent d'autres pathologies qui n'ont pu être la cause directe de la mort mais ont sans doute contribué à affaiblir le malade : angiocholite, colite chronique (constipation), cystite chronique, lésions pleuro-pulmonaires notamment.

C'est sur le rapport d'autopsie que se fonde la dernière analyse en date des causes de la mort de Napoléon. Très convaincante, elle est due au Dr Alain Goldcher. Ce praticien estime que l'ulcère perforé-bouché et le cancer n'ont pas directement provoqué la mort, mais considérablement affaibli le malade. Le décès s'explique par cet affaiblissement, aggravé dans la dernière phase par des hémorragies internes. En termes médicaux, selon Alain Goldcher, la cause immédiate de la mort serait « une anémie par saignements répétés, ayant conduit à une exsanguination progressive et à un arrêt cardio-respiratoire, consécutive à une maladie ulcéreuse [...] ».

Le malade est donc mort… de maladie, en dépit de la « fameuse » rumeur d'empoisonnement qui court depuis plusieurs années. On doit ici en faire état, sans pouvoir entrer dans les détails.

L'affaire prend sa source dans les théories du Suédois Sten Forshufvud qui prétendit déceler, dans la description de la maladie finale de l'Empereur tirée des Mémoires du valet de chambre Marchand (publiés seulement en 1955), les symptômes d'une intoxication à l'arsenic. Elle fut développée plus tard par un passionné canadien, Ben Weider, suffisamment fortuné pour faire réaliser des analyses et les médiatiser. Comme, selon celles-ci, les cheveux de Napoléon contiendraient de l'arsenic à dose létale, c'était donc qu'on l'avait assassiné. Poussant plus loin ce qu'ils appellent leur « enquête », Forshufvud et Weider désignent même un coupable : le général de Montholon, qui aurait accompagné Napoléon à Sainte-Hélène sur ordre du comte d'Artois (futur Charles X), avec pour mission de le supprimer discrètement, à petit feu, en lui faisant ingérer régulièrement de l'arsenic.

Disons-le tout net, cette thèse ne tient pas. Les symptômes d'empoisonnement avancés par Forshufvud et Weider sont pour la plupart communs à d'autres maladies (maux de tête, vomissements, fièvre, etc.), tandis que sont absents les plus caractéristiques de l'intoxication arsenicale (mélanodermie, kératinisation des extrémités, bandes sombres sur les ongles). Si la présence d'arsenic dans les échantillons de cheveux de Napoléon dépasse, dans certaines analyses – mais non dans toutes, il faut le souligner –, la teneur « normale » d'aujourd'hui, on ignore quelle était celle admise par les organismes du début du XIXe siècle, singulièrement à Sainte-Hélène. De prestigieux laboratoires contestent d'ailleurs la méthode utilisée et, partant, les résultats obtenus par les équipes commanditées par Ben Weider. La présence de poison peut d'ailleurs s'expliquer par le fait qu'on le trouvait alors dans nombre de produits de la vie quotidienne. On doit encore remarquer que la conservation des cheveux coupés (qui servaient souvent de présents) était obtenue par des produits à base d'arsenic, ce qui expliquerait que l'on retrouve ce poison dans des cheveux de l'Empereur coupés en 1805 et 1812, mais aussi dans ceux de sa mère, de ses sœurs et de son fils. La prétendue « culpabilité » de Montholon ne résiste pas non plus à l'analyse : ce général, certes peu reluisant, ne fut jamais royaliste et dut même fuir la France après son retour de Sainte-Hélène. On le retrouve plus tard au cœur de conspirations bonapartistes.

La mise au tombeau

L'autopsie terminée, on lava le corps de Napoléon qui fut revêtu de son uniforme de colonel des chasseurs à cheval de la garde impériale. Il portait le grand cordon de la Légion d'honneur, une croix de chevalier du même ordre et une croix de la Couronne de fer, décoration qu'il avait créée pour le royaume d'Italie. On le déposa dans sa chambre pour qu'il soit exposé sur son lit, coiffé de son chapeau et l'épée au côté, un crucifix posé sur la poitrine. La population et les soldats britanniques défilèrent devant lui. Son masque mortuaire fut pris, dans des conditions et avec un résultat peu satisfaisants. On procéda ensuite à la mise en bière dans quatre cercueils emboîtés. Tout était prêt pour les obsèques et la mise au tombeau à Sainte-Hélène, car le gouvernement britannique avait d'avance interdit tout rapatriement en Europe.

Le 9 mai 1821, à 10 heures, l'office des morts fut célébré à Longwood. Puis le cercueil fut posé sur un châssis de berline transformé en corbillard. Les soldats de la garnison rendant les honneurs sur le parcours, le cortège descendit jusqu'au val du Géranium. L'abbé Vignali précédait le char funèbre. Bertrand, son fils aîné, Marchand et Montholon tenaient les cordons du poêle. Au son des roulements de tambours, des coups de canon tirés par les navires anglais stationnés dans la rade de Jamestown, mais sans éloge funèbre ni discours, Napoléon fut conduit à ce qu'on croyait être alors sa dernière demeure.

Douze grenadiers portèrent le cercueil jusqu'à la tombe. Vignali prononça les dernières prières, puis le cercueil fut descendu dans un profond caveau, immédiatement scellé par la pose d'une lourde dalle, « scène imposante de tristesse et de douleur » (Marchand). Les jours suivants, la fosse fut comblée par trois mètres de ciment et de terre, fermée de trois dalles et enclose d'une grille en fers de lance. « On semblait craindre qu'il ne fût jamais assez emprisonné », écrit Chateaubriand.

Les Français voulaient qu'on inscrive « Napoléon » sur la dalle fermant le tombeau. Lowe voulait « Napoléon Bonaparte ». Les premiers décidèrent que la dalle resterait anonyme. Lamartine en tira un vers fameux : *Ici gît... Point de nom ! Demandez à la terre !*

Les cendres de l'Empereur allaient rester encore dix-neuf années prisonnières de la terre de Sainte-Hélène avant de rejoindre le dôme des Invalides, le 15 décembre 1840.

Bibliographie sélective

Mémoires

Antommarchi, docteur François, *Mémoires ou Des derniers moments de Napoléon*, vol. II, Paris, éd. Barrois l'aîné, 1825.

Bertrand, général Henri Gatien, *Cahiers de Sainte-Hélène*, t. I : *janvier 1821-mai 1821*, éd. Sulliver, 1949.

Mamelouk Ali (Louis-Étienne Saint-Denis), *Souvenirs sur l'empereur Napoléon*, Paris, Arléa, rééd. 2000.

Marchand, Louis, *Mémoires de Marchand, premier valet de chambre et exécuteur testamentaire de l'Empereur*, vol. II, Paris, Plon, 1955 ; nouvelle édition en un volume, Paris, Tallandier, 2003.

Montholon, général Charles Tristan de, *Récits de la captivité de l'empereur Napoléon à Sainte-Hélène*, Paris, Paulin, 1847.

Études

Chevallier, Bernard, Dancoisne-Martineau, Michel, et Lentz, Thierry (dir.), *Sainte-Hélène, île de mémoire*, Paris, Fayard, 2005.

Goldcher, Alain, *Napoléon Ier. L'ultime autopsie*, Paris, éd. SPM, 2012.

Lentz, Thierry, et Macé, Jacques, *La Mort de Napoléon. Mythes, légendes et mystères*, Paris, Perrin ; coll. « Tempus », 2010.

Macé, Jacques, *Dictionnaire historique de Sainte-Hélène*, Paris, Tallandier, 2004.

16

On l'appelait « Louis des Huîtres »
17 septembre 1824

par Daniel de MONTPLAISIR

Lors de son avènement tardif, en avril 1814, à près de cinquante-neuf ans, Louis XVIII fut surnommé « le Désiré », apparemment contre le sens de l'Histoire car, après la chute de Napoléon et l'invasion de leur territoire par les armées coalisées de presque toute l'Europe, assez peu de Français attendaient ce Bourbon plutôt méconnu, sinon pour son appétit, et bien peu séduisant. Mais, sitôt qu'il en revêtit le costume, le nouveau roi de France et de Navarre surprit tout le monde, souvent pour le meilleur, quelquefois pour le moins bon.

Malgré la maladie qui déjà le diminuait, il travailla sans relâche à réconcilier la nation et le royaume. Il jeta ses dernières forces dans cette tâche et, s'il mourut, dix ans plus tard, dans des conditions pathétiques, ce fut au moins avec le sentiment du devoir (presque) accompli.

À Gand, la façade de l'hôtel de Hane-Steenhuyse, inchangée depuis deux siècles, donne directement sur l'une des principales rues commerçantes. Le regard d'un bourgeois de la ville qui y faisait ses emplettes par un bel après-midi de mai 1815 fut attiré, à travers une fenêtre, par un gros visage blafard, à la joue collée contre la vitre, et exprimant, de ses yeux clos comme de la lourde respiration qu'on devinait, toute la fatigue du monde. Un passant renseigna le curieux : « Vous ne savez donc pas qui est cet homme ? Mais c'est le roi de France en exil. Ici on l'appelle Louis des Huîtres. Depuis qu'il réside chez nous, nos mareyeurs font fortune... » Le jour de son arrivée, il aurait, dit-on, ingurgité une bonne centaine de coquillages, sans doute pour se consoler un peu de sa nouvelle infortune due à l'inattendu retour de « l'Aigle ».

Louis XVIII avait hérité du légendaire appétit de son trois fois arrière-grand-père Louis XIV, dont Alexandre Dumas offrit un tableau mémorable dans un passage du *Vicomte de Bragelonne*. Or, c'est seulement au début du XXe siècle que la recherche médicale permit d'inscrire au premier rang des causes de la goutte, maladie traditionnelle des bons vivants, l'ingestion de crustacés et de fruits de mer, particulièrement des huîtres, riches en iode.

En dépit des nombreuses vicissitudes de son existence, notamment d'un exil qui dura près de vingt-trois ans (précisément du 20 juin 1791 au 24 avril 1814), l'héritier du trône, devenu le roi empêché, ne renonça jamais à deux choses : sa table et la légitimité. Si la première ne fut pas toujours – surtout dans les contrées éloignées de la France de Brillat-Savarin – aussi bien garnie qu'il l'eût souhaité, jamais il ne douta de la seconde ni ne transigea sur son principe.

Au lendemain de la mort de Louis XVI, le 21 janvier 1793, il se proclama aussitôt régent du royaume de France durant la minorité du nouveau roi, Louis XVII, alors âgé de huit ans. Le décès de celui-ci ayant été officialisé le 8 juin 1795, il déclara le jour même qu'il prenait le nom de Louis XVIII, trente et unième roi de France et de Navarre[1], comme tous les Bourbons à leur avènement. Le 2 décembre 1804, jour même du couronnement de Napoléon à Notre-Dame de Paris, il adressa aux différentes cours d'Europe la protestation dite de Kalmar, mais faite « du sein même de la mer » afin de n'embarrasser aucun de ses cousins, contre le titre d'empereur des Français que l'usurpateur venait de s'attribuer : « Jamais on n'opposa le successeur de trente rois à des tyrans éphémères et la légitimité à la Révolution. »

Octroyant la charte constitutionnelle du 4 juin 1814, il prit grand soin de préciser d'emblée que, « la divine Providence » l'ayant rappelé dans ses États « après une longue absence », il renouait « la chaîne des temps, que de funestes écarts avaient interrompue » et signait l'acte en le datant de la dix-neuvième année de son règne. Cinq semaines auparavant, à Compiègne, il avait traité le tsar Alexandre Ier comme un vassal qui n'avait fait qu'accomplir son devoir en se portant au

1. Le décompte et la « numérotation » des rois de France n'est pas chose aisée : si l'on part de Clovis, Louis XVIII est le 64e roi des Francs, le 34e si l'on part de Hugues Capet, le 30e si l'on part de Louis VI le Gros, premier à porter le titre de « roi de France » et non plus de « roi des Francs », le 24e si l'on part de Philippe IV le Bel, premier à porter le titre de « roi de France et de Navarre ». Il semble donc que Louis XVIII se soit trompé sur ce point ...

secours de son suzerain, du moins selon l'image laissée par Chateaubriand. Car il ne revenait évidemment pas, ajoute son biographe le duc de Castries, à « un simple cadet de la maison de Holstein de donner des leçons de droit royal à un descendant de Saint Louis ».

Le roi podagre

Louis XVIII était rentré en France déjà malade. Non pas atteint d'une affection fatale qui l'emporterait plus ou moins rapidement, mais endurant une accumulation de symptômes traduisant un corps lentement dégradé par une mauvaise hygiène de vie, surtout alimentaire, un manque de soins, les épreuves et les angoisses d'une existence chaotique. En 1807, chassé brutalement de Mitau[1] par le tsar Alexandre Ier qui venait de conclure une paix éphémère avec Napoléon, il aurait été contraint de marcher dans la neige et aurait eu les pieds gelés, d'où une faiblesse à cet endroit l'empêchant de porter des chaussures autres que des bottes de velours, ou des pantoufles, et favorisant le développement ultérieur de la gangrène. Il souffrait de plusieurs maladies de peau, de varices, de troubles gastriques, d'ulcères et, surtout, de goutte chronique. Une longue crise subie au début de 1814 le bloqua à Hartwell, en Angleterre – sa dernière résidence d'exil –, l'empêchant ainsi de se

1. Mitau, alors capitale du duché de Courlande, région occupant aujourd'hui le nord de la Lettonie, servit de séjour, dans son château ducal, à Louis XVIII. Malgré la relative splendeur des lieux, le roi de France y connut les pires moments de son exil, à telle enseigne que certains auteurs, comme Jean-Paul Kaufmann, n'hésitent pas à comparer cet épisode à la réclusion de Napoléon sur le rocher de Sainte-Hélène : *Courlande* (Fayard, 2009).

rendre à Bordeaux, première ville de France qui s'était soulevée en sa faveur le 12 mars précédent, et l'obligeant à déléguer à son frère, le comte d'Artois, les premiers pas de la Restauration sur le territoire français.

À l'approche de ses dix ans de règne, dont un nouvel exil durant les Cent-Jours (du 20 mars au 24 juin 1815, bien que personne ne s'accorde sur les bornes exactes de l'intermède), il était, à un peu plus de soixante-sept ans, un homme usé. Négligent de son embonpoint comme des conseils de modération de sa nièce, la duchesse d'Angoulême, il continuait de goûter les repas plantureux que lui faisait servir son premier maître d'hôtel, Jean-François de Peyrus, duc d'Escars, inventeur de recettes aussi roboratives que l'ortolan en cercueil de perdreau, les côtelettes d'agneau à la martyre ou les truffes brûlantes sous la serviette... Combiné à cela l'absence de tout exercice physique, le « roi podagre », ne pouvant plus marcher ni presque tenir debout, ne se déplaçait plus que dans un fauteuil roulant conçu et fabriqué à ses mesures, dans lequel il lovait son corps comme dans une seconde enveloppe. Il fallait au moins deux hommes solides pour l'y installer et l'en extraire. Quand il leur arrivait de le laisser retomber sans avoir pu le déplacer, la Cour appelait cela « manquer le roi ». « Roulez-moi ! » ordonnait-il à son valet de pied. Un pan incliné spécialement aménagé dans le pavillon de Flore des Tuileries lui permettait de descendre ainsi jusque dans le jardin ou sur le quai. Mais l'exercice se révélait périlleux, plusieurs serviteurs étant requis – se marchant inévitablement sur les pieds – pour empêcher le lourd attelage de dévaler trop vivement la pente et d'envoyer le royal colis s'écraser contre une paroi de l'escalier. Au retour, des forts des Halles eussent été nécessaires pour hisser le fardeau.

Non pedes sed caput faciunt regem (« Ce ne sont pas les pieds mais la tête qui fait un roi »), aimait à répéter, s'inspirant d'Horace, le « roi fauteuil ».

Bilan d'un règne

En dépit de sa faiblesse physique, à laquelle il opposait un visage toujours impassible, Louis XVIII pouvait dresser de son action politique un bilan impressionnant. Il lui avait d'abord fallu, à deux reprises, s'imposer aux alliés et au peuple français comme la meilleure formule institutionnelle postnapoléonienne. Et pour cela promulguer – contre l'avis de ses partisans les plus affirmés – une Constitution presque visionnaire, introduisant le régime parlementaire sous lequel nous vivons toujours. Il avait ensuite dû s'efforcer de concilier deux France antagonistes, notamment en freinant le déchaînement de la Terreur blanche et en s'acquérant la fidélité de l'armée. Il avait su, grâce au concours d'un homme d'État exceptionnel, le duc de Richelieu, négocier avec les vainqueurs de Napoléon un laborieux traité de paix, puis obtenir le départ des troupes d'occupation, relancer l'économie et assainir les finances publiques dévastées par plus de vingt années de guerres et de dettes laissées dans toute l'Europe. Il avait enfin réussi à ancrer sa dynastie avec la venue au monde, en 1820, d'un héritier du trône, Henri, duc de Bordeaux, surnommé par Lamartine « l'enfant du miracle » car son père, le duc de Berry, seul membre de la famille royale en capacité de procréer, avait été assassiné plus de sept mois auparavant.

En 1823, la monarchie restaurée et consolidée s'offrit le luxe d'une expédition militaire dont le succès aurait fait pâlir de jalousie Napoléon, disparu à Sainte-Hélène deux ans plus tôt, et qui remettait la France à son pupitre dans le concert des grandes puissances. Un an avant la mort qu'il sentait approcher, Louis XVIII jouissait ainsi du seul véritable moment de gloire de son existence, dernier clin d'œil de la Providence rétablissant la légitimité des Bourbons dans sa pleine acception.

Depuis 1821, les royaumes d'Espagne et des Deux-Siciles, restaurés en même temps que celui de France mais ayant à leur tête des monarques réactionnaires, se trouvaient en butte à des montées révolutionnaires et républicaines ou, plus modérément, à des libéraux réclamant une Constitution. Or l'Europe issue du congrès de Vienne reposait sur deux principes : une garantie multilatérale de paix et l'intangibilité des couronnes légitimes. Réunis en congrès annuels, les représentants des grandes monarchies se mettaient, plus ou moins facilement, d'accord pour veiller à la stabilité du continent. C'est ainsi que le congrès de Vérone, en novembre 1822, entérina l'idée d'une intervention militaire en Espagne afin de libérer Ferdinand VII de l'emprise d'un gouvernement qui lui avait imposé une Constitution. Pour la première fois depuis la fin des guerres napoléoniennes, les puissances réunies dans la Sainte-Alliance[1], ainsi que l'Angleterre, non sans mal, acceptèrent l'idée de revoir l'armée française en marche. La victoire diplomatique était immense. La victoire militaire le serait plus encore.

1. Formée à Paris le 26 septembre 1815, à l'initiative du tsar Alexandre Ier, la Sainte Alliance regroupait l'Autriche, la Prusse et la Russie, avec pour mission implicite de surveiller l'évolution de la situation en France.

Louis XVIII avait confié le commandement des troupes, fortes de 100 000 hommes, à son neveu le duc d'Angoulême, fils aîné du comte d'Artois, et les avait, avec la grandiloquence un peu surannée dont il aimait orner ses propos, qualifiées de « fils de Saint Louis ». Sans ressembler à une promenade de santé – l'armée essuya quelques résistances en Catalogne –, la campagne d'Espagne, du 7 avril au 23 septembre 1823, ne rencontra guère d'obstacles sur sa route, qui la conduisit jusqu'à Cadix, les gouvernementaux ayant séquestré Ferdinand VII dans la forteresse de la ville. Quoique réputée imprenable, les voltigeurs français, avec le soutien des bombardements de la marine, l'investirent sans grande difficulté. Chateaubriand, ministre des Affaires étrangères, qui avait fortement pesé dans la décision d'intervenir en Espagne, exultait : « Faire en six mois ce que [Napoléon] n'avait pu faire en sept ans, qui aurait pu prétendre à ce prodige ? » On comptait moins de cent cinquante morts ; le coût de la guerre, financée par un emprunt promptement souscrit et rapidement remboursé, n'avait même pas déséquilibré le budget annuel ; presque partout les populations espagnoles avaient acclamé ces troupes venues rétablir la légitimité sur leur sol et non les envahir. Le retour du général victorieux à la tête de ses hommes, défilant le 2 décembre 1823 – date hautement symbolique – depuis l'Arc de triomphe jusqu'au pavillon central des Tuileries où l'attendait, avec toute la solennité voulue, Louis XVIII, encadré de la famille royale au complet, signa l'apogée de la Restauration. Il nous en reste pour principale trace la place du Trocadéro, du nom du fort le plus redoutable des fortifications de Cadix. Sur le tableau allégorique de la scène par Louis Ducis, le peintre a placé tous les personnages de dos, contemplant d'un balcon le triomphe empanaché des armes françaises. On remarque plus particulièrement le pied droit du comte d'Artois, négligemment posé sur le socle du fauteuil de son frère. Pour y voir le signe avant-coureur de sa prochaine montée sur le trône.

Un triste spectacle

Après cet éclair glorieux, la santé du roi déclina rapidement. Il avait achevé sa tâche, donné « ses fleurs, ses moissons, ses fruits ». Il ne détenait plus rien en réserve. Est-ce en pensant à lui que le poète anglais Alfred Tennyson écrivit, en 1835, dans *La Mort du roi Arthur*, « L'autorité oublie un roi qui se meurt » ? Dans les derniers temps de son règne, bien qu'accomplissant scrupuleusement tous les gestes officiels du monarque, Louis XVIII laissa largement l'initiative à son frère, par le truchement de Joseph de Villèle, qui resterait président du Conseil sous Charles X : cas unique depuis la Révolution, et jusqu'à nos jours, d'un Premier ministre maintenu en fonction par deux chefs d'État successifs. Celui-ci entendit profiter du succès de l'expédition d'Espagne en dissolvant, « à l'anglaise », la Chambre des députés tout en modifiant aussi la loi électorale – procédé plus contestable. Opération réussie, mais portant en germe une remontée des oppositions au régime qu'il eût été facile d'éviter, comme Louis XVIII avait su le faire par sa politique de tolérance, d'équilibre et de modération. Tout montrait qu'on entendait y renoncer et que les sirènes du pavillon de Marsan, résidence de Monsieur, donnaient désormais le ton.

Les Conseils des ministres, qui se tenaient alors trois fois par semaine, réjouissaient toutefois le « roi fauteuil ». Entendant, lors d'une de ces réunions, un membre du gouvernement expliquer que tout allait bien dans son domaine, le roi murmura « mais qu'est-ce qui ne va pas bien aujourd'hui ? ». Et c'était globalement vrai. Avec l'expansion économique et les progrès des sciences, la France rattrapait peu à peu le retard qu'elle avait pris sur l'Angleterre pendant vingt ans. Sur le plan artistique, philosophique et littéraire, le romantisme battait son plein.

Le 24 mars 1824, Louis XVIII voulut, selon l'usage qu'il avait toujours observé, présider lui-même l'ouverture de la session des Chambres aux Tuileries. Selon tous les observateurs, ce fut un triste spectacle. N'y voyant presque plus, il ânonna puis bredouilla son discours, bien qu'on l'eût tracé en lettres énormes. Le duc de Blacas, ministre de la Maison du roi, dut lui souffler le reste à l'oreille mais, comme il entendait également très mal, on percevait du fond de la salle les paroles fortement prononcées par le souffleur et, au premier rang, à peine celles que répétait le roi. Le pesant silence de l'assemblée ne prit fin qu'avec le soupir de soulagement qu'elle ne put réprimer à la fin de cette pathétique intervention.

Le vieux roi n'ignorait rien de son état. Il en admettait volontiers la gravité dans son entourage mais refusait absolument qu'il perturbât sa fonction, aimant à répéter que « s'il est permis à un roi de mourir, il ne lui est pas permis d'être malade ».

À partir de 1797 et pendant vingt ans, Marie-Vincent Talochon, dit le père Élisée, lui servit de médecin. Cet ancien moine qui avait rejoint les émigrés en 1791 rentra en France avec son roi en 1814. Habile chirurgien selon les uns, personnage truculent mais sans scrupules selon les autres, gros mangeur et buveur, il aurait encouragé, dans un climat rabelaisien, les excès de table de son maître, lui racontant aussi des histoires grivoises que, selon quelques mauvaises langues, il aurait lui-même alimentées de ses propres expériences dans quelques recoins des Tuileries où il faisait venir des prostituées. Mais rien n'est certain. Toujours est-il que les soins légers et les remèdes de bonne femme qu'il prodiguait au roi soulageaient celui-ci. À sa mort, en 1817, il fut remplacé par Antoine Portal, médecin plus classique, c'est-à-dire plus soucieux de diagnostic et de médication que de prévention. Savant incontestable, ancien élève de Buffon, on lui doit de très nombreuses recherches médicales et, pour une grande partie, la création de l'Académie de médecine en 1810. Il mit un nom scientifique sur chacune des maladies du roi mais rejeta avec mépris les anciens traitements du père Élisée qui n'entraient pas dans les canons de la Faculté. Dès lors, le mal empira. Louis XVIII souffrait aussi d'érysipèle, une maladie de peau touchant surtout les membres inférieurs chez les plus de soixante ans, presque totalement éradiquée de nos jours, mais dont, comme pour la goutte, on ne connut l'étiologie que tardivement, à la fin du XIXe siècle. Quoiqu'il en soit, soigner le royal patient restait du domaine de la gageure. Il supportait mal qu'on le touche et qu'on lui parle de maladie, de repos ou de thérapeutique, surtout si l'on glissait quelque mot savant à la clé. Pas question *a fortiori* d'envisager la moindre opération chirurgicale : aucune tumeur apparente ne semblait nécessiter une intervention de ce type ; c'était le corps entier qu'il aurait fallu pouvoir changer. Tout au plus la médecine conventionnelle de Portal, qu'assistaient cinq autres praticiens, dont le déjà célèbre baron Guillaume Dupuytren[1], put-elle un peu ralentir la dégradation générale de l'organisme et lutter contre les menaces croissantes de gangrène.

La décrépitude royale

Ne pouvant plus soutenir sa tête qu'entre deux oreillers, le roi somnolait en Conseil des ministres, perdait le fil de la discussion et approuvait tout ce qu'on lui soumettait. On ne sait pas exactement s'il laissait aller les choses ou si, au fond de lui-même, la tendance au retour d'un régime plus conservateur ne lui donnait pas la satisfaction, pour les quelques mois qui lui restaient à vivre, de prendre une revanche passive sur toutes les concessions auxquelles il avait dû se résoudre depuis dix ans, contre ses convictions profondes. Il acquiesça ainsi au projet de conversion des rentes de Villèle, destiné à financer le dédommagement des émigrés spoliés de leurs biens par la Révolution. Provoquant des remous chez les épargnants, l'affaire capota à la Chambre des pairs – notamment du fait de l'opposition de Chateaubriand, qui du coup perdit sa carrière politique – et ouvrit une fêlure au sein du camp royaliste. Dans ses *Mémoires*, Villèle estimerait que cet échec avait ouvert la porte à des années de troubles et, finalement, à la chute de la monarchie légitime.

L'été venu, le roi se mit à beaucoup souffrir de la chaleur et à éprouver de plus en plus de difficultés à respirer. Le traditionnel séjour au château de Saint-Cloud ne le soulagea guère. Il fut atteint de plusieurs malaises,

1. Guillaume Dupuytren, chirurgien de la Cour, assista le duc de Berry lors de ses derniers instants à l'Opéra de Paris le 14 février 1820.

aussi bien dans son cabinet qu'au cours de promenades en voiture, et décida de regagner les Tuileries afin de ne pas risquer de mourir hors de Paris. Il entendait aussi célébrer la Saint-Louis, comme chaque 25 août, avec la même solennité. La cérémonie se déroula dans une atmosphère encore plus pénible que celle de l'ouverture de la session parlementaire cinq mois plus tôt. Le roi ne pouvait plus du tout tenir sa tête, qui ployait presque sur ses genoux. Ayant le plus grand mal à reconnaître les personnes venues lui présenter leurs compliments, notamment les ambassadeurs étrangers, il ne put que bredouiller à leur intention des paroles inintelligibles. Malgré tout, le soir même, il tint à travailler encore avec son garde des Sceaux, le comte Pierre Denis de Peyronnet, afin de signer les grâces qu'il accordait toujours à l'occasion de sa fête. Après quoi, il s'écroula sur son bureau.

Malgré l'avis de Portal et des autres médecins, il s'obstinait à observer le rituel de ses promenades en carrosse, dans Paris et aux alentours, afin de montrer au peuple qu'il était bien toujours là. Mais la découverte de son visage épuisé à travers un rideau écarté produisait l'effet inverse. Stendhal, qui, il est vrai, détestait les Bourbons, a rapporté dans ses *Souvenirs d'égotisme* « l'horreur » provoquée par la vision du « gros Louis XVIII, avec ses yeux de bœuf, traîné lentement par six gros chevaux ». Aucune information publique n'avait été encore diffusée sur son état de santé et les rumeurs se mirent à enfler autant que ses jambes variqueuses.

L'impuissance de ses médecins trouvait cependant une compensation dans la présence à ses côtés de Zoé Talon, comtesse Du Cayla, le meilleur remède à tous ses maux. Au milieu de la trentaine, aussi charmante que séduisante, femme d'esprit et de bon conseil pour les uns, intrigante cupide pour les autres, la dernière favorite royale de notre histoire s'était rendue indispensable à Louis XVIII.

Fille d'un magistrat royaliste et émigré, puis épouse d'un autre royaliste avec qui elle eut deux enfants mais ne s'entendait pas, elle recourut à sa tante, ancienne dame d'honneur de l'épouse de Louis XVIII morte en 1810 en Angleterre, pour obtenir une audience, en 1817, afin que le roi tranchât ses différends familiaux. Victime d'un coup de foudre comme seuls les vieillards revenus de tout peuvent encore en avoir, le roi s'amouracha d'elle presque instantanément et ne put bientôt plus se passer de ses visites régulières, à raison de trois par semaine, dont l'intangible mercredi après-midi. Zoé l'amusait, le distrayait, le flattait, le caressait, agrémentant ses vieux jours de prudentes voluptés et d'un air embaumé dont le privaient les mines compassées de son entourage familial et protocolaire. Jusqu'à son dernier souffle elle resta auprès de lui, aussi indifférente au qu'en-dira-t-on qu'à son propre sort lorsque Louis ne serait plus.

Il est vrai que celui-ci l'avait – largement – récompensée par avance de ses bontés, aussi bien en capital qu'en numéraire. Ayant fait démolir le château de Saint-Ouen, d'où il avait, le 2 mai 1814, lancé la proclamation du même nom par laquelle il admettait le principe constitutionnel et l'appel au roi par des représentants du peuple étrangers au droit divin, il en avait offert à son amie la reconstruction dans le style d'une villa palladienne, que l'on peut toujours visiter. S'excusant auprès d'elle, tel un gentilhomme d'Ancien Régime, de la référence politique, il lui expliquait que, Saint-Ouen voisinant avec Saint-Denis, ils ne seraient pas trop séparés par la mort. Comme il fallait aussi qu'elle pût en assumer les charges tout en maintenant son train de vie, il lui avait alloué une rente annuelle de 85 000 livres (environ 650 000 de nos euros). Sans compter les nombreux cadeaux, dans le registre des bijoux et des œuvres d'art, dont il l'avait également comblée.

Savoir mourir

La sépulture de Saint-Denis obsédait celui qui se sentait guetté par la mort. Dans cette nécropole sinistre et profanée par les révolutionnaires pendant plusieurs journées d'octobre 1793, où il avait présidé, le 21 janvier 1815, au transfert des cendres, plus ou moins identifiées, de son frère et de sa belle-sœur, il se voyait mal attendre un Jugement dernier auquel il ne croyait que modérément. Il en conjurait l'image par un de ces calembours qu'il aimait tant, ayant déjà annoncé que le dernier mot d'ordre du jour qu'il donnerait pour la garde royale, toujours composé du nom de deux villes de France, serait « Saint-Denis Givet ». On rapporte aussi que, dans le même registre, il s'amusait à dire à ses médecins : « Dépêchez-vous, Charles attend ! » En revanche, contrairement à une idée reçue très répandue, il ne fit jamais de remarque désobligeante en prévision du règne de son frère : on ne consacre pas toute sa vie à la légitimité pour remettre en cause ses implications avant de mourir. Et Mme Du Cayla partageait les idées du comte d'Artois…

La famille royale, en vertu d'une tradition remontant à Mme Du Barry, méprisait ouvertement la favorite. On s'adressa néanmoins à elle pour essayer de convaincre le roi d'accepter les secours de la religion.

Mgr Frayssinous, ministre des Affaires ecclésiastiques nommé le 26 août 1824, s'y était essayé avec la naïveté du nouveau promu et s'était fait sèchement rembarrer : « Eh bien, bonsoir monsieur l'abbé ! » Chaque fois qu'un prêtre tentait la même démarche pateline, Louis XVIII lui rétorquait qu'il était encore trop tôt. Mais, à partir des premiers jours de septembre 1824, cette position cessa d'être tenable en raison de la brutale aggravation de son état. Le 7 il perdit complètement l'usage de l'œil droit. Le 10, les médecins constatèrent que la gangrène le rongeait au point de provoquer des pertes de substance, son valet Baptiste ayant trouvé dans son bas gauche des fragments d'orteils. Le lendemain, il sembla avoir perdu la mémoire et ne reconnaissait presque plus personne. Le 12, l'intervention de Mme Du Cayla le persuada enfin de faire venir son confesseur, le père Pierre Jérôme Rocher, prêtre atypique dans l'environnement curial. Connaissant la méfiance du roi à l'égard des gens d'Église et sa réticence à les voir occuper sans relâche les allées du pouvoir, mais aussi pasteur dans l'âme, il menait une existence discrète, occupant une modeste chambre sous les combles et tenant plus souvent compagnie aux pauvres qui gravitaient autour du palais qu'aux importances qui se pressaient dans les salons.

Contrairement à une autre idée reçue, Louis XVIII n'était ni athée ni agnostique à la mode de Voltaire. Mais sa foi chrétienne se mâtinait d'un esprit critique et d'un penchant au libre arbitre qui en aurait fait, sans que probablement il s'en doutât ou l'avouât – le sang d'Henri IV peut-être ? –, un bon protestant. Certes, il ne manquait jamais sa messe quotidienne, mais il n'aurait pas supporté que les autorités ecclésiastiques vinssent peser sur sa politique.

Après son entretien avec le père Rocher, dont rien ne filtra, le roi se coucha pour ne plus se relever, accepta qu'on ordonnât des prières publiques et que fût publié un bulletin de santé. Affiché le soir même dans la cour des Tuileries, le premier, signé par Portal et les cinq autres médecins royaux (Alibert, Montaigu, Distel, Dupuytren et Thévenot), était ainsi rédigé :

« Les infirmités anciennes et permanentes du roi ayant augmenté sensiblement dans ces derniers temps, sa santé a paru plus profondément altérée et est devenue l'objet de consultations plus fréquentes. La constitution de Sa Majesté et les soins qui lui sont donnés ont entretenu pendant plusieurs jours l'espérance de voir sa santé se rétablir dans son état habituel ; mais on ne peut se dissimuler aujourd'hui que ses forces n'aient considérablement diminué et que l'espoir qu'on avait conçu ne doive aussi s'affaiblir. »

Une agonie publique

Dès la parution de ce billet, une foule impressionnante vint se masser dans la cour du Carrousel, attendant en permanence de nouvelles informations. Comme toujours dans ce genre de situation, la curiosité se mêlait à la peine, et toutes deux à l'interrogation sur l'avenir. Trois heures plus tard, on affichait un deuxième bulletin, faisant état de forte fièvre et de pouls irrégulier. Maintenant que l'aveu public de la maladie du roi était enfin consenti, plus rien ne semblait retenir le torrent qui annonçait sa mort prochaine. Jusqu'au 17 septembre, treize bulletins furent ainsi publiés, répétant ce que tout le monde avait déjà compris : le roi s'affaiblissait de jour en jour puis d'heure en heure et rien n'arrêterait le processus.

On interdit les spectacles, on ferma les salles des fêtes publiques ainsi que la Bourse. Les cultes protestant et israélite, reconnaissants de sa tolérance religieuse, décidèrent d'unir leurs prières à celles des églises catholiques.

Louis XVIII reçut les derniers sacrements le 13 septembre. Un millier de personnes au moins veillaient maintenant toute la nuit dans la cour du Carrousel et dans le jardin des Tuileries.

Le lendemain, il demanda à voir un à un les membres de sa famille : son frère, le duc d'Angoulême, la duchesse de Berry accompagnée de ses deux enfants, Louise, dite Mademoiselle, et Henri. Ce dernier avait promis d'écrire un poème pour son grand-oncle et pleurait en réalisant que c'était maintenant trop tard : Louis XVIII ne le lirait jamais… La duchesse d'Angoulême n'avait quasiment pas quitté le chevet de son oncle depuis qu'il s'était définitivement alité.

Au matin du 16 septembre, il ne put plus ni parler ni bouger et entra dans la phase finale de son agonie. Après dix-huit heures d'un râle éprouvant, il s'éteignit à 3 heures, le 17 septembre 1824, âgé de soixante-huit ans et dix mois tout juste. On évoqua la mort, survenue à la même date, de Charles V le Sage. Portal prononça la phrase rituelle, qui n'avait pas résonné depuis le 10 mai 1774 à Versailles : « Messieurs, le roi est mort, vive le roi ! » Charles X se jeta alors en sanglots au pied du lit et baisa longuement la main de ce frère dont on avait tant dit qu'il le détestait.

Louis XVIII ne laissait aucun testament politique, ayant depuis longtemps estimé que les dernières volontés d'un roi mort étaient rarement respectées. Il avait, en revanche, testé en faveur de Mme Du Cayla, mais le document disparut mystérieusement. Ce qui, sans doute, accrédita par confusion la rumeur selon laquelle Charles X avait escamoté un autre testament contenant des révélations sur la survie de Louis XVII, vieille fantasmagorie qui connaîtrait encore de multiples prolongements.

L'autopsie de la dépouille, pratiquée le jour même, n'apporta aucune révélation particulière, sinon la présence d'une tumeur à l'estomac « de la grosseur d'un œuf », selon le procès-verbal que les médecins établirent à l'unanimité.

Les funérailles se déroulèrent en suivant un protocole arrêté depuis longtemps. Après avoir été exposé au public pendant une semaine, dans son appartement des Tuileries, ainsi qu'on l'avait fait pour Henri IV, roi modèle de la Restauration, le corps de Louis XVIII fut transféré à Saint-Denis le 23 septembre, seul monarque à reposer dans la nécropole royale selon l'usage ancestral[1].

Du seul chef d'État en exercice mort dans son lit depuis la Révolution et jusqu'à Georges Pompidou – si l'on fait exception du cas un peu spécial de Félix Faure –, l'Histoire a retenu l'image d'un gros bonhomme gourmand, faussement débonnaire, très attaché à son statut, politiquement habile mais un peu lâche devant l'adversité. On oublia souvent qu'il avait, tout en luttant contre une maladie qui le rongeait, dû réparer les dégâts laissés par l'Empire, relever une nation exsangue

1. Les corps des rois ensevelis à Saint-Denis ayant tous été profanés, celui de Louis XVI fut enterré au cimetière de La Madeleine avant d'être transféré et celui de Louis XVII enfoui dans la fosse commune du cimetière Sainte-Marguerite et jamais retrouvé.

et déconsidérée qui, sur tous les plans, avait accumulé les retards, et qu'il sut, notamment à travers la charte du 4 juin 1814 et l'introduction du régime parlementaire avec les premières libertés publiques, jeter les bases de la France moderne.

Bibliographie sélective

Castries, duc de, *Louis XVIII, portrait d'un roi*, Paris, Hachette, 1969.

Chazet, René de, *Louis XVIII à son lit de mort*, Paris, Ponthieu, 1824.

Lafue, Pierre, *Louis XVIII*, Paris, France-Empire, 2012.

Lever, Évelyne, *Louis XVIII*, Paris, Fayard, 1988.

Mansel, Philip, *Louis XVIII*, Paris, Perrin, 2004.

MLBDS, *Revue des journaux depuis la mort de Louis XVIII*, Paris, Le Normant fils, 1826.

Montbel, comte de, « Les derniers moments de Louis XVIII », *Le Correspondant*, 10 septembre 1924, p. 763 *sqq*.

Villèle, comte Joseph de, *Mémoires et correspondances*, 5 t., Paris, Librairie académique Didier Perrin, 1890.

17

Les deux morts de Charles X

par Jean-Paul Bled

Lorsque, chassés du trône par la révolution de juillet 1830, les Bourbons de la branche aînée prennent le chemin de l'exil, leur convoi, quelque majesté qu'ils y mettent, ressemble à un convoi funèbre. Sur la route qui les conduit de Rambouillet à Cherbourg, on pourrait croire que la monarchie, derrière Charles X, le roi déchu, est en passe de sortir de l'Histoire. En écho à ce départ, Victor Hugo dit adieu à sa jeunesse : « Mon ancienne conviction royaliste et catholique de 1820 s'est écroulée pièce à pièce depuis dix ans devant l'âge et l'expérience. Il en reste encore pourtant quelque chose dans mon esprit, mais ce n'est qu'une religieuse et poétique ruine. »

Ce dénouement est l'épilogue de la crise politique ouverte quatre mois plus tôt, quand la majorité de la Chambre des députés avait voté une adresse hostile au nouveau gouvernement du roi, présidé par le prince de Polignac. Celui-ci avait certes riposté en procédant à la dissolution de l'Assemblée, mais les élections de la fin juin avaient eu pour seul résultat de renforcer l'opposition libérale. Charles X aurait pu chercher à composer avec les députés, dont beaucoup n'avaient pas encore rompu avec la dynastie. Au lieu de cela, il avait opté pour la manière forte. Briser l'opposition libérale, tel avait été l'objet des quatre ordonnances royales promulguées le 25 juillet, qui se proposaient notamment de réduire le corps électoral et de restreindre la liberté de la presse, considérée comme le principal agent du libéralisme.

L'arme conçue par Charles X pour sauver la monarchie se brise entre ses mains. Lorsque l'opposition aux ordonnances se transforme en une insurrection populaire, il se montre désemparé. Incapable de prendre les mesures énergiques qui auraient peut-être permis de rétablir la situation, il subit, impuissant, la marche inexorable des événements. Prise le 2 août à Rambouillet, sa décision d'abdiquer en faveur de son petit-fils, le duc de Bordeaux, ne change rien au cours des choses. Elle n'arrête pas le mouvement désormais irrésistible qui porte le duc d'Orléans vers la plus haute marche du pouvoir. Le 7 août, tout est consommé. Louis-Philippe s'est installé sur le trône de Charles X. Le drapeau tricolore détrône le drapeau blanc d'Henri IV tandis qu'une nouvelle charte est votée. C'est la première mort, politique, de la dynastie qui peut se targuer d'avoir fait la France.

D'un château à l'autre

Accompagné de la famille royale et de fidèles de la vieille monarchie, Charles X débarque le 23 août en Angleterre. Il commence par s'installer à Holyrood, tout près d'Édimbourg, dans le vieux château des Stuarts. Ce n'est pourtant qu'une première étape. Deux ans plus tard, le dernier frère de Louis XVI et Louis XVIII quitte sa résidence écossaise pour prendre à nouveau le chemin de l'exil. Celui-ci le conduit en Autriche, le refuge de la légitimité en Europe. Il s'y établit à Prague, dans le vieux château royal du Hradčany mis à sa disposition par son propriétaire, l'empereur François Ier.

La famille royale est réunie autour de Charles X qui, malgré son abdication, s'en considère toujours comme le chef et en entend rester le maître. Âgé de soixante-treize ans à son arrivée à Holyrood, il a gardé sa silhouette svelte et élancée. Jamais il ne se départit de cette élégance qui lui est naturelle et fait de lui un survivant de l'Ancien Régime. Le vieux monarque supporte avec stoïcisme les épreuves qui l'accablent. Mais peut-être ne faut-il voir là que l'autre face d'une tendance au fatalisme. Le baron de Damas le décrit dans ses *Mémoires* « dépourvu de volonté » ou, pour le dire autrement, mettant désormais sa volonté au service de l'inaction. Il lui manque le ressort nécessaire pour tenter de forcer les événements. Il y a peu, il est resté sourd aux exhortations des partisans de la continuation de la lutte. Aujourd'hui, dans la retraite de l'exil, il considère d'un œil sceptique l'agitation de ceux qui rêvent de complots en vue d'une nouvelle restauration. Sans doute ne l'exclut-il pas, mais il s'en remet à la Providence pour en fixer l'heure.

Complot de famille

Ce choix de la passivité annonce le conflit avec la duchesse de Berry. Dotée d'une « énergie de fer », Marie-Caroline ne s'est pas laissé gagner par l'abattement qui a paralysé Charles X face à la révolution de

Juillet. D'emblée, elle a décidé de se battre pour faire reconnaître les droits de son fils, le duc de Bordeaux, à la couronne de France. Né le 29 septembre 1820, ce dernier est surnommé « l'enfant du miracle », car il est venu au monde plus de sept mois après l'assassinat de son père, le duc de Berry, le 14 février 1820, par un fanatique isolé. L'autre fils du monarque, le duc d'Angoulême, n'ayant pas eu d'enfants, le futur « Henri V » représente la dernière chance d'avenir pour la dynastie. Les conditions de sa naissance et sa jeunesse sont autant de gages de son innocence et de sa popularité. Aussi sa mère refuse-t-elle de sacrifier son avenir. Plutôt que de prendre le chemin de l'exil, elle presse son beau-père de poursuivre la lutte en Vendée. Ses exhortations sont cependant impuissantes à ébranler le vieux monarque. Tout au contraire, elles ont pour conséquence de le raidir dans sa méfiance à l'endroit de sa belle-fille. À preuve, celle-ci est tenue, à Saint-Cloud comme à Rambouillet, à l'écart des conciliabules et des résolutions de la famille royale.

Décidé à conserver les rênes, Charles X se réserve, par l'acte du 27 novembre 1830, l'exercice de la régence, alors que la tradition voudrait qu'elle revienne à la mère du roi encore mineur. Cette décision ne peut naturellement rencontrer l'adhésion de la duchesse de Berry. Si elle marque à son beau-père la déférence qui lui est due, elle n'en considère pas moins que son abdication a créé une situation nouvelle. Elle s'estime en droit de réclamer pour elle la régence. Mieux, elle agit de plus en plus comme si elle en était investie.

Les trois années suivantes sont dominées par le conflit qui l'oppose à Charles X soutenu par le reste de la famille royale. La question est toujours la même : quelle stratégie adopter pour restaurer la monarchie légitime ? Faut-il attendre un décret de la Providence qui rétablira l'ordre naturel des choses ou bien faire sien l'adage « Aide-toi, le ciel t'aidera » et préparer une insurrection destinée à renverser le pouvoir usurpateur ? La duchesse de Berry n'hésite pas sur le parti à prendre : il faut soulever les provinces royalistes pour installer le duc de Bordeaux sur le trône de France.

Charles X rechigne et, lorsqu'il se résout à donner son accord, c'est du bout des lèvres. Au reste, il se hâte de le reprendre. Des atermoiements qui contribuent à retarder le déclenchement de l'entreprise et finalement à en provoquer l'échec. La duchesse de Berry ne s'estime pas liée par cette volte-face. Mais lorsqu'elle lance l'insurrection, le 4 juin 1832, il est déjà trop tard. À force de repousser l'échéance, on a perdu trop de temps. On a permis au nouveau régime de se consolider et de se préparer à affronter le soulèvement royaliste. Ces reports successifs, dus pour une large part à l'inertie du roi, ont un effet délétère sur les fidèles de la monarchie légitime et finissent par clairsemer leurs rangs. Bref, l'insurrection se solde par un fiasco dont Charles X, dans la logique de sa pensée, ne se fait pas faute d'imputer la responsabilité à sa belle-fille, désormais totalement disqualifiée à ses yeux. Un échec encore aggravé lorsqu'elle tombe, quelques mois plus tard, aux mains de la police de Louis-Philippe et, pis encore, lorsqu'on découvre qu'elle est enceinte.

Plutôt que de réserver ses coups à ses ennemis, Charles X s'acharne sur celle qui a eu l'audace de lui tenir tête. Un arrangement est certes trouvé, qui permet à la duchesse de sauver la face. Il prend la forme d'un mariage avec le comte napolitain Hector Lucchesi-Palli, qui aurait été célébré le 14 décembre 1831 alors qu'elle se trouvait en Italie. Fort opportunément, un acte de mariage est exhibé à l'appui de ses déclarations.

Dès lors, le comte Lucchesi-Palli peut être présenté comme le père légitime de l'enfant. Charles X tient sa vengeance. Que cette explication soit vraie ou fausse, le point décisif est que, par ce mariage, Marie-Caroline s'est exclue de la famille de France. Du même coup, en déduit le roi, elle a également perdu tout droit sur ses enfants et ne pourra donc plus intervenir dans le choix de l'éducation qui doit leur être donnée.

C'est ici que Chateaubriand entre en scène. Quand elle est instruite des intentions de Charles X, Marie-Caroline en est certes ébranlée. Elle n'est pourtant pas abattue au point de les accepter. Comme elle se trouve dans l'impossibilité d'aller plaider sa cause, étant alors encore emprisonnée, elle choisit d'envoyer un ambassadeur à Prague en vue d'obtenir de l'ancien souverain qu'il reconsidère sa position. Son choix se porte sur le plus grand écrivain légitimiste vivant, irascible certes, mais d'une fidélité sans faille qui l'a conduit à démissionner de la Chambre des pairs pour ne pas cautionner l'« usurpation » de Louis-Philippe. Quoi qu'il en dise dans les *Mémoires d'outre-tombe*, le grand homme ne balance pas longtemps. Il se plaît trop dans ce rôle du chevalier de la cause de la mère de son roi.

La mission de Chateaubriand se solde par un échec. Pouvait-il en aller d'ailleurs autrement ? L'Enchanteur peut déployer des trésors d'éloquence, Charles X reste de marbre, tout en se montrant d'une parfaite courtoisie à l'égard de son hôte. Son intervention auprès de la duchesse d'Angoulême, alors à Carlsbad pour y prendre les eaux, n'a pas plus de succès. Chateaubriand a néanmoins laissé de son séjour un récit célèbre qui a la valeur d'un précieux témoignage sur l'exil de Charles X à Prague. La famille royale n'occupe qu'une petite partie des quatre cent quarante pièces du Hradčany.

La vie s'y organise selon des règles immuables. Jour après jour, celle-ci se déroule inexorablement suivant les mêmes horaires et au même rythme. L'étiquette est appliquée avec rigueur. Elle impose aux nouveaux habitants du château une série d'obligations auxquelles aucun d'eux ne songerait à se soustraire. Il y a quelque chose d'irréel dans ce souci de recréer une cour obéissant aux mêmes règles qu'aux Tuileries, comme si entre-temps rien n'avait changé dans la situation du roi et des siens.

Dans ce milieu clos où les heures s'égrènent avec lenteur, un halo de mélancolie entoure les exilés. Il flotte comme une odeur d'agonie qui semble pénétrer toute chose. Sensible plus que tout autre à la tristesse de la monarchie à son couchant, Chateaubriand trouve dans cette fin d'un monde un thème à la hauteur de son inspiration. Décrivant la partie de whist par laquelle, en compagnie du duc d'Angoulême et du duc de Blacas, Charles X conclut sa journée, à la lumière de deux bougies, il la rattache au mouvement de fond qui emporte les Bourbons vers la tombe : « À travers les fenêtres dont les volets n'étaient pas fermés, note-t-il, le crépuscule mêlait sa pâleur à celle des bougies : la monarchie s'éteignait entre ces deux lueurs expirantes. »

Quittant Prague, Chateaubriand porte un jugement accablant sur la famille royale. Quoi qu'il advienne, il restera fidèle à son drapeau. Pourtant, la déférence n'étouffe pas des sentiments on ne peut plus sévères : « La famille royale, décoche-t-il, végétait, isolée dans cette citadelle de la bêtise qu'assiégeaient, sans pouvoir y pénétrer, les générations futures. » Un jugement encore renforcé quand il apprend qu'on se propose de nommer un père jésuite comme précepteur du jeune duc de Bordeaux : « Que, dans l'état actuel de la société en

France, l'idée de mettre un disciple de Loyola auprès de Henri V fût seulement entrée dans la tête de Charles X, il y avait de quoi désespérer de la race. »

Un héritier sous surveillance

Le contrôle et l'orientation de l'éducation du jeune prince promettent d'être l'occasion d'un nouveau conflit avec la duchesse de Berry. Cette affaire ne peut être séparée de la prochaine proclamation de sa majorité. Charles X entend qu'elle se fasse *a minima*. Malgré l'acte d'abdication, il continue de se considérer comme le roi. De ce fait, il trouverait inconvenantes des manifestations en l'honneur de son petit-fils qui ignoreraient la véritable hiérarchie au sein de la famille royale. Or, voici qu'est annoncée pour l'événement l'arrivée de centaines de légitimistes à Prague. Il faut s'attendre au surplus à ce que la duchesse de Berry cherche à profiter de l'occasion pour réclamer que lui soient restituées les prérogatives dont elle a été dépossédée. La crainte d'un scandale conduit Charles X à demander à Metternich, par l'intermédiaire de son ancien ministre, le comte de Montbel, que l'accès de Prague lui soit interdit :

« L'intention de la duchesse est de venir à Prague, explique le fidèle Montbel au chancelier [...]. Le roi Charles X pense qu'elle fera tous ses efforts pour arriver, qu'elle recourra même à des déguisements. Il me charge de vous dire que, dans le moment actuel, il croit que sa présence est impossible, qu'elle entraînerait de graves inconvénients. Il vous prie de bien vouloir donner les ordres pour qu'un pareil événement n'ait pas lieu. »

Et de fait il n'aura pas lieu. Tout aussi soucieux

d'éviter un scandale qui pourrait nuire par ailleurs aux relations entre Vienne et Paris, le chancelier Metternich prend les dispositions nécessaires.

La rencontre entre la famille royale et la duchesse de Berry a finalement lieu à Leoben, en Styrie. Charles X a de toute évidence oublié que la clémence est une vertu des princes. Il se borne à confirmer à la duchesse ses décisions qui sont sans appel. Point de régence, point de droit de regard sur l'éducation des enfants royaux. Tout au plus sera-t-elle autorisée occasionnellement à les voir, mais en dehors de Prague. Il en ressort aussi que l'éducation du duc de Bordeaux ne s'ouvrira toujours pas à de nouveaux horizons. Au grand dam de Chateaubriand, qui avait secrètement rêvé de devenir le gouverneur du prince afin de le préparer à être un souverain en accord avec son temps. Raison de plus pour lui de décocher une nouvelle flèche assassine aux exilés de Prague qui non seulement sont sortis de l'Histoire, ce qui en soi n'est pas très grave, mais qui risquent, ce qui l'est beaucoup plus, d'emporter dans leur linceul le cadavre de la monarchie légitime. Il décrit ainsi, « dans les soirées d'hiver, des vieillards, tisonnant les siècles au coin du feu, enseignant à l'enfant des jours dont rien ne ramènera le soleil ».

Restait la cérémonie de la proclamation de la majorité. Le premier mouvement de Charles X avait été de fermer sa porte à ces importuns qui venaient troubler la quiétude de son exil. Mais comment traiter de la sorte ces pèlerins de la légitimité dont beaucoup avaient pris les armes pour elle lors de la dernière guerre vendéenne ? On les reçoit donc à la sauvette. Une indisposition bienvenue épargne à Charles X d'assister à la cérémonie. Celle-ci se résume à la lecture d'un texte savamment pesé par le duc de Bordeaux dans lequel celui-ci n'a évidemment aucune part. De vibrants « Vive le roi ! », jugés naturellement inconvenants par les absents, accueillent les paroles du jeune prince. Puis l'affaire est close. Le roi ultra a donc gagné sur les deux tableaux. Mais à quel prix ? Puisque l'avenir dure longtemps, celui-ci ne se découvrira que beaucoup plus tard. Plus que jamais enfermé dans le parti de l'intransigeance, n'ayant rien appris ni rien oublié, Charles X vient une nouvelle fois de gâcher les chances de la monarchie.

Après la rencontre de Leoben, Charles X s'est réinstallé à Prague. Lors de son établissement au Hradčany, il avait été admis que le séjour de la famille royale dans la capitale de la Bohême serait seulement provisoire. Mais, en Autriche comme ailleurs, le provisoire peut durer longtemps. Au printemps 1836, cela fait quatre ans que le souverain déchu a pris ses quartiers à Prague et la situation aurait pu perdurer si des circonstances inattendues n'avaient mis la famille royale dans l'obligation de chercher une autre résidence. François Ier étant décédé en mars 1835, il est prévu que, selon l'usage, son successeur Ferdinand Ier se fasse couronner dans des délais rapprochés roi de Bohême à Prague. Pour la cérémonie et les fêtes qui lui sont liées, les services de sa cour vont reprendre possession du Hradčany. Cette annonce ne laisse d'autre choix à la famille royale que de se trouver un nouvel asile. Le choix de Charles X se porte sur Goritz (Gorizia), vieille cité des bordures méridionales de la monarchie autrichienne, dont la douceur du climat lui a été vantée : « Sur la réputation du site de Goritz, de la salubrité de son atmosphère et de ses eaux, le roi se décida, explique Montbel, à se retirer dans ce pays mixte entre l'Allemagne et l'Italie et qui réunissait, disait-on, l'avantage des deux climats. »

Dernière étape

Charles X et sa suite quittent donc Prague dans les premiers jours de juillet 1836. Une circonstance imprévue les empêche cependant de rejoindre Goritz aussi rapidement qu'ils l'auraient souhaité. Une épidémie de choléra s'est déclarée dans le centre de l'Autriche qui oblige à ce parti de prudence. La route de Goritz va ainsi passer par des étapes à Teplice, Budweis et enfin au château de Kirchberg, dans le Waldviertel, dont le duc de Blacas s'est rendu acquéreur pour permettre à son maître d'y faire une longue halte. La ligne de front de la maladie se rapprochant, il est cependant décidé dans les premiers jours d'octobre de reprendre la route du Sud. Partis de Kirchberg le 8 octobre, Charles X et sa suite n'arrivent à Goritz que le 21 octobre. Le vieux roi n'a plus alors que seize jours à vivre.

Avec cette installation, la famille royale s'enfonce encore un peu plus dans l'exil. Son établissement à Prague avait certes déjà pour partie pris cette signification. Pour autant Charles X et les siens y avaient trouvé une résidence en accord avec leur rang. Prague demeurait au surplus la capitale d'un vieux royaume. Enfin Vienne était facile d'accès. Goritz, petite ville de quelques milliers d'habitants, ne présente aucun de ces atouts. De la capitale d'un royaume on passe au centre d'un comté. De plus, par rapport à Vienne, elle occupe une position périphérique.

Le vicomte de La Rochefoucauld donne de Goritz et de son site un tableau peu engageant :

« Une petite ville de dix mille âmes, entourée de collines arides, qui semble toucher au bout du monde, une population généralement laide et sale, des maisons affreuses, des rues mal pavées et tournant sur elles-mêmes comme des serpents, pas de route de communication, des abords difficiles, nulle ressource, enfin une fourmilière au milieu des montagnes, voilà Goritz ! En vain, en arrivant, vous cherchez des yeux et du cœur un château ou au moins une habitation convenable. »

Le charme pittoresque de la cité lui a visiblement échappé. C'est que sa fidélité de royaliste souffre que les vicissitudes de l'Histoire aient contraint les Bourbons à trouver refuge dans une petite ville dont la simplicité est sans rapport avec la majesté de la plus auguste dynastie d'Europe. Il y a là peut-être un nouvel exemple de la résignation affichée par Charles X. Mais, en l'occurrence, il a été avant tout soucieux de trouver un climat moins exposé aux frimas du Nord. Située seulement à une trentaine de kilomètres de Trieste, la ville est baignée par les derniers souffles du climat méditerranéen.

À son arrivée, Charles X s'installe avec le duc de Bordeaux dans le palais que le comte Coronini-Cronberg, chef d'une des grandes familles de la région, a mis à sa disposition. Situé légèrement à l'extérieur de la ville, celui-ci présente l'aspect d'une villa italienne. Sa façade austère n'est toutefois rehaussée d'aucune décoration. Seule une loggia latérale confère une touche de légèreté à un ensemble somme toute assez lourd. Les fenêtres donnent sur un vaste parc où le roi pourra se promener sans risque d'être dérangé. Sa taille modeste interdisant au palais Coronini d'accueillir le reste de la famille royale, le duc et la duchesse d'Angoulême sont logés au cœur de la ville au palais Strassoldo.

Charles X n'a pas le temps de prendre ses habitudes. Les habitants de Goritz ont certes la possibilité de le voir à la messe dominicale célébrée à la cathédrale. Mais, à partir du 1er novembre, le temps change, entraînant une chute de la température. « La bora [vent du nord-est] vint à souffler avec violence, écrit Montbel, des tourbillons de neige encombrèrent les montagnes ; un froid vif pénétrait jusque dans nos veines. » Le vieux roi éprouve alors une première impression de malaise qu'il parvient cependant à dissimuler à ses proches. Les deux jours suivants se passent semble-t-il normalement. Le 3 novembre, la veille de sa fête, un corps de musique lui donne l'aubade sous les fenêtres du palais Coronini. Le soir, il reçoit le comte et la comtesse de Gleisbach à dîner, comme si de rien n'était.

Mais, le lendemain, Charles X confie au duc de Blacas qu'il éprouve une désagréable sensation de froid. S'il reçoit pourtant l'hommage des Français présents à Goritz et des notabilités de la ville, il ne peut en revanche assister au dîner. Alors qu'il fait l'effort de paraître encore le soir, l'altération de son visage frappe ses proches : « Sa voix éteinte, se souvient Montbel, avait quelque chose de caverneux, sa physionomie et ses traits semblaient frappés d'une caducité soudaine. » Bientôt le roi se plaint de douleurs abdominales. Dans la nuit, le mal se déclare : Bougon, le médecin du roi, ne peut que constater une brutale attaque de choléra. La progression de la maladie est foudroyante, au point qu'il faut administrer sans retard l'extrême-onction au mourant. Toujours lucide, celui-ci constate : « Je ne croyais pas que cette maladie tournât si court. » Le temps est venu pour le duc de Bordeaux et sa sœur Louise de France de faire leurs adieux à leur grand-père, que le duc et la duchesse d'Angoulême veillent ensuite jusqu'à la fin. Dès les premières heures du 6 novembre, Charles X, le dernier roi de France, rend son ultime soupir. Le destin ou la Providence a donc voulu qu'il fût frappé par l'épidémie à l'endroit choisi par ses proches pour le soustraire à la contagion.

Les obsèques

Il faut maintenant attendre cinq jours pour la tenue des obsèques. Les embaumeurs se sont rapidement mis à l'œuvre. Leur tâche terminée, la dépouille du défunt est exposée dans le grand salon du palais Coronini. Il appartient encore aux autorités autrichiennes de fixer leur position. Dès le 9 novembre, celle-ci est communiquée par Metternich : « Le deuil, les obsèques, notifie-t-il à Blacas, seront réglés d'après l'étiquette qui aurait fait loi si Charles X était mort à Paris. » En clair, même chassé du trône, un monarque conserve son titre. C'est un roi qui vient de s'éteindre et c'est comme tel qu'il doit être honoré dans la mort.

Le cortège funèbre s'ébranle dans le milieu de la matinée du 11 novembre. Partant du palais Coronini, il se dirige vers la cathédrale où l'office doit être célébré. Il est ouvert par des pauvres tenant un flambeau à la main. Ils sont suivis du clergé. Puis vient le corbillard tiré par six chevaux blancs. Il est flanqué de douze valets en livrée, portant des torches ornées d'écussons aux armes de la maison de France. Alors que la duchesse d'Angoulême et Louise, la sœur aînée d'Henri, se sont directement rendues à la cathédrale, les princes, en grand manteau de deuil, marchent derrière le char funèbre. Le duc d'Angoulême précède son neveu, disposition par laquelle on a voulu souligner que l'ordre hiérarchique au sein de la famille royale n'a pas été modifié par la mort de Charles X. Enfin, sur tout le trajet, des soldats font une haie d'honneur au défunt.

Une foule nombreuse a pris place dans la cathédrale. Quand le cercueil a été dressé sur le catafalque, commence, célébrée par l'archevêque de Goritz, la messe de requiem pour le repos de l'âme du défunt. La cérémonie achevée, le cortège se reforme pour se diriger vers le couvent de Castagnavizza, où la dépouille doit reposer.

Pour le choix du lieu de sépulture, l'affaire a été rapidement tranchée, Charles X ayant fait connaître ses intentions peu avant de mourir. Dès son arrivée à Goritz, ses promenades l'avaient porté vers le couvent de Castagnavizza. Il y avait découvert le havre de paix où il avait exprimé le vœu de reposer. « Situé sur la cime d'une colline d'où l'on découvre une immense étendue, explique La Rochefoucauld, le couvent des capucins de l'Annonciation de la très Sainte Vierge touche à la ville de Goritz. » Construit à l'initiative du comte Matthias Thurn und Taxis, il avait d'abord été destiné aux carmes, qui l'avaient occupé jusqu'au règne de Joseph II. Il avait alors compté parmi les victimes de la politique religieuse de l'empereur philosophe qui s'était attaqué aux ordres contemplatifs, accusés de ne pas satisfaire à l'exigence d'utilité pratique. Le couperet était tombé en 1784.

Le pire, c'est-à-dire la vente du monastère, avait cependant été évité. Mieux, douze ans plus tard, la chapelle du couvent avait été rendue au culte. Elle avait été mise à la disposition d'un groupe de religieux français condamnés à l'exil par la Révolution. Ce lien avec la France est encore renforcé en 1811. Deux ans plus tôt, Goritz a été incorporé aux Provinces illyriennes, qui, formées à partir de territoires du sud de la monarchie autrichienne, ont été rattachées à l'Empire français. Gouverneur de ces provinces, le maréchal Marmont décide d'installer à Castagnavizza la communauté de franciscains dont Joseph II avait fermé l'établissement à Goritz. Le retour de ces régions à l'Autriche en 1814, non seulement ne remet pas en cause ce choix, mais Castagnavizza devient même en 1822 le centre de la province franciscaine de la Sainte-Croix. Clin d'œil du destin, Marmont ne pouvait savoir qu'il rendait service à son futur roi et qu'il commanderait les forces royales à Paris durant les Trois Glorieuses.

C'est donc sous la protection de l'ordre de Saint-François que Charles X termine son pèlerinage terrestre. Sa dépouille est descendue dans la crypte de la famille Thurn und Taxis. Le lendemain des obsèques, le cercueil de plomb dans lequel le corps a été placé est renfermé dans un deuxième cercueil en bois de noyer, sur lequel est fixée une boîte de vermeil contenant le cœur du roi. Le tout est enveloppé dans un troisième cercueil du même bois. Sur une plaque de cuivre on peut lire l'inscription :

« Ci-gît très haut, très puissant et très excellent prince Charles, dixième de nom, par la grâce de Dieu roi de France et de Navarre, mort à Goritz, le six novembre mil huit cent trente-six, âgé de soixante-dix-neuf ans et vingt-huit jours. »

Charles X, le dernier roi de France, repose désormais dans le silence de cette crypte. Il y sera rejoint, l'heure venue, par le duc d'Angoulême, la duchesse d'Angoulême, Louise de France, devenue duchesse de Parme, le comte de Chambord et, pour finir, la comtesse de Chambord. Castagnavizza, même enveloppée du linceul de l'oubli, est ainsi devenue, en terre étrangère, l'autre Saint-Denis de la monarchie française.

Bibliographie sélective

Bader, Luigi, *Les Bourbons de France en exil à Gorizia*, Paris, 1973.

Bled, Jean-Paul, *Les Lys en exil ou la Seconde Mort de l'Ancien Régime*, Paris, Fayard, 1992.

—, *L'Esilio dei Gigli. I Borboni di Francia e di Spagna a Gorizia e Trieste*, Gorizia, LEG, 2003.

Cabanis, José, *Charles X. Le roi ultra*, Paris, Gallimard, 1972.

Garnier, Jean-Paul, *Charles X, le roi, le proscrit*, Paris, Fayard, 1967.

On ajoutera les témoignages de contemporains, et à tout seigneur tout honneur :

Chateaubriand, vicomte François René de, *Mémoires d'outre-tombe*, 2 vol., Paris, Gallimard, coll. « La Pléiade », 1966-1969.

Damas, baron de, *Mémoires (1785-1862)*, publiés par son petit-fils le comte de Damas, Paris, Plon-Nourrit et Cie, 1922.

Gontaut, duchesse de, *Mémoires (1773-1836)*, Paris, Plon-Nourrit et Cie, 1892.

Montbel, comte de, *Dernière époque de l'histoire de Charles X; Ses derniers voyages, sa maladie, sa mort, ses funérailles, son caractère et ses habitudes dans l'exil*, Paris, Angé, 1837.

18

La tristesse de Louis-Philippe
26 août 1850

par Arnaud Teyssier

À la fin du mois d'août 1850, dans la douceur de l'été finissant, le public éclairé du *Journal des débats* pouvait lire sous la plume de Cuvillier-Fleury, ancien précepteur du duc d'Aumale et intime de la famille d'Orléans :

« Une triste nouvelle, trop prévue depuis quelque temps, s'est répandue aujourd'hui à Paris, où elle a produit une impression douloureuse et universelle. Le roi Louis-Philippe est mort hier au château de Claremont, à 8 heures du matin, dans la soixante-dix-septième année de son âge. »

Les contemporains ne le savent pas encore, mais le dernier roi de notre histoire vient de mourir, celui qui se décrivait lui-même avec lucidité comme « le dernier roi possible ». Depuis la révolution de février 1848 et la chute de la monarchie de Juillet, une république fragile et instable, deuxième du nom, s'est installée. Elle n'a rien trouvé de mieux que d'élire à sa tête le neveu de l'Empereur : Louis-Napoléon Bonaparte, un homme secret et obscur, qui fut emprisonné naguère pour complot ; on l'a pris d'abord pour un aventurier, et voici qu'il se révèle un politique habile. L'Histoire bégaie. Personne ne se doute encore que le prince-président, à qui les institutions nouvelles interdisent un second mandat, commettra bientôt un coup d'État et lancera la France dans une nouvelle et éphémère aventure institutionnelle : une monarchie impériale sans autres racines que la gloire du premier Empire et qui ne survivra pas à la défaite militaire de 1870.

La monarchie impossible

Cela, Louis-Philippe ne le verra pas, même s'il a pressenti que la France glissait vers de nouveaux gouffres. « Je ne pensais pas que je fusse la clef de voûte », avait-il pris conscience, presque hébété, sur le chemin de l'exil. Décidément, le seul tort de ce souverain éclairé et patriote aura bien été, selon le mot de Victor Hugo, d'avoir été « modeste au nom de la France ».

Ce sentiment d'un échec qui dépassait de loin le destin de sa propre dynastie l'aura habité jusqu'en ses derniers jours, qui furent d'une tristesse infinie. Dans son exil anglais de Claremont, ce manoir du Surrey mis à sa disposition par la reine Victoria, Louis-Philippe a peu à peu dépéri au spectacle de l'évolution de la France, en pensant à cette ultime occasion manquée : celle d'une monarchie constitutionnelle, d'une monarchie libérale et parlementaire conçue sur le modèle anglais et qui aurait réconcilié la France de la tradition et celle de la Révolution. Nul doute que les pensées de ses derniers jours n'aient été avant tout des souvenirs douloureux, et un sentiment d'insupportable gâchis. En 1838, un évêque avait imploré son aide pour restaurer sa cathédrale. Louis-Philippe lui avait fait cette réponse profonde et singulière : « Ma vie est consacrée à prévenir le retour des maux dont nous avons tant souffert. Je serai heureux de contribuer à effacer les traces qui en sont restées dans votre antique cathédrale. » Comment s'étonner que le dernier de nos rois, dans ses derniers jours, se soit consumé d'amertume et d'angoisse devant ce cycle révolutionnaire qui n'en finissait pas de s'achever ?

Claremont : l'endroit est agréable, mais le « château » n'est somme toute qu'une belle maison de campagne. Louis-Philippe et Marie-Amélie, alors duc et duchesse d'Orléans, y étaient venus en visite en 1816, lors de leur premier séjour en Angleterre, quand ils vivaient heureux dans leur douce demeure de Twickenham. Ils avaient trouvé la maison vaste et commode, le parc grand et giboyeux. Ils étaient jeunes encore, les Bourbons étaient de retour sur le trône, des jours meilleurs semblaient les attendre bientôt dans une France apaisée. La propriété est restée belle, et si anglaise, en septembre surtout. Un visiteur la décrira ainsi, à la fin de l'été 1849 : « Le temps est devenu très beau, et a merveilleusement mis en valeur les belles pelouses vertes, les magnifiques *rotodentrusos*, le lac gracieux et les beaux arbres séculaires qui font l'ornement de cette royale résidence. » Pour atteindre la maison, se souvient un autre, il faut traverser le vaste parc vallonné et parsemé de chênes, tilleuls et châtaigniers. « L'avenue monte et conduit devant un vaste palais carré, dont les deux étages de très hautes fenêtres sont couronnés d'une balustrade de pierre encadrant un toit plat. Un péristyle dans le goût grec, soutenu par quatre colonnes, et montant à la hauteur du toit, donne accès dans le château. »

Louis-Philippe a toujours aimé l'Angleterre. C'est là qu'il a trouvé refuge, jadis, après ses pérégrinations des temps révolutionnaires. Cet homme pacifique, subtil et bienveillant en apprécie le climat, l'esprit, les mœurs, la langue, la civilisation. Mais il n'avait jamais pensé qu'il reprendrait, à soixante-quatorze ans, le chemin de l'exil que lui avaient imposé, jadis, les temps difficiles de la Révolution et de l'Empire.

C'était le 24 février 1848. Le souvenir des heures qui vont suivre en est si obsédant que le roi a jugé utile de tout consigner pour pouvoir, le jour venu, raconter, expliquer, justifier. Ce jour-là, de simples mouvements de rue tournent mal. Le régime de Juillet, qui se méfie des instincts du suffrage universel et ne se résigne pas à élargir le droit de vote, tombe, sous les coups conjugués des républicains modérés et d'ouvriers parisiens en colère. Depuis deux ans il a laissé monter le mécontentement, se dégrader le climat politique et moral, s'installer un décalage tragique entre les institutions et la société. Quel paradoxe ! Depuis que la révolution bourgeoise de 1830 a chassé Charles X et placé sur le trône le duc d'Orléans – la « meilleure des républiques », avait dit l'inimitable La Fayette –, la France ne s'était jamais aussi bien portée. Le pays se développait, la prospérité s'installait, les libertés parlementaires progressaient. Le roi des Français était parvenu à préserver la France de la guerre. Était-ce donc la gloire des armes qui manquait aux Français ? Était-ce cette richesse nouvelle qui pesait sur la morale collective et exaspérait les inégalités ? Était-ce le roi lui-même qui vieillissait, alors qu'il ne pouvait plus compter sur l'appui de son fils aîné, « Chartres », l'espoir de la dynastie mort en 1842 ?

Toujours est-il qu'en février 1848, l'atmosphère, à Paris du moins, est devenue en peu de temps délétère. Le développement du chômage nourrit le mécontentement dans le milieu ouvrier, qui commence à s'organiser dans le cadre de sociétés clandestines. Les idées socialistes se structurent et se propagent. Cette évolution est sans lien direct avec le mécontentement politique de la bourgeoisie, qui veut accéder plus largement au suffrage, mais les deux mouvements vont progressivement se rejoindre. C'est là, sans doute, ce que Louis-Philippe et son grand ministre, Guizot, au pouvoir depuis 1840, n'ont pas su comprendre, du moins pas assez vite.

Cette monarchie qui paraissait solidement installée aura été vaincue, note l'historien Thureau-Dangin, « sans qu'il y ait eu bataille, car certes on ne peut donner ce nom aux échauffourées partielles qui, en trois jours, n'ont coûté la vie qu'à 72 soldats et 289 émeutiers ». Ernest Renan sera plus tranchant : « Une bande d'étourdis, contre lesquels aurait dû suffire le bâton du constable, renversa une dynastie sur laquelle la partie sensée de la nation avait fait reposer toute sa foi politique, toutes ses espérances. Le choc ne fut rien, la ruine fut immense. » Humain, trop humain, voulant à tout prix respecter la Charte et une légalité dont plus personne dans le fond ne se souciait, Louis-Philippe a refusé de verser le sang et laissé place à une révolution d'avocats. Il abdique, sous la contrainte d'un entourage trop vite terrifié, et quitte Paris dès le 25. Mais les événements vont trop vite, la régence ne peut s'installer, la république est proclamée. La stupeur du roi est totale : il doit gagner l'Angleterre pour un nouvel exil.

Le roi et la reine débarquent sous le nom de comte et comtesse de Neuilly, rejoints bientôt par leur famille et quelques fidèles. Tous s'installent à Claremont. Ce n'est qu'au bout d'un an que les visiteurs commencent à faire leur pèlerinage : personnalités politiques, comme Charles de Rémusat, Thiers ou Guizot, amis, journalistes, familiers… Le roi reçoit volontiers, travaille tous les jours – un peu moins le dimanche, parce que, dit-il, « le dimanche, en Angleterre, appartient à la famille », et qu'il n'y a donc pas de visites. La maison est bientôt pleine. En mars 1850, le général Atthalin, un proche parmi les proches, décrira dans une lettre à son épouse les difficultés provoquées par la venue de la duchesse d'Orléans, accompagnée de toute une maisonnée : « On a dû s'occuper de trouver le plus près possible du château de Claremont une maison dans laquelle la princesse puisse s'établir, elle, ses enfants et les personnes de sa suite, car Claremont est occupé de la cave au grenier par tous les princes et princesses grands et petits qui entourent le roi et la reine. » Le même Atthalin décrit sa journée à Claremont, une journée d'hiver, en janvier 1850, et retrace l'ambiance quotidienne de la vie au château, où les heures s'égrènent lentement autour du vieux roi et de sa famille, entre la lecture, les conversations et de courtes promenades dans le parc : « Comme on ne déjeune qu'à 11 heures, je suis toujours prêt à temps, et me rends exactement à cette heure au salon où toute la famille royale, y compris tous les petits-enfants, se réunit pour passer de là à la salle à manger. Le déjeuner fini, on revient au salon où on lit les journaux venus le matin pendant que les enfants tourbillonnent et jouent sous la surveillance des jeunes mamans en attendant l'heure des petites études auxquelles ils sont déjà astreints; à midi la reine rentre chez elle; le roi continue souvent ses conversations et se retire un peu plus tard. Chacun va alors à ses affaires ou se livre à ses occupations, et s'il l'aime mieux à des distractions telles que chasses, parties de patin, promenades, etc. Leurs Majestés se promènent quand le temps le permet de 2 à 3 heures, souvent à pied et quelquefois en voiture; malheureusement, il y a satiété à l'égard des promenades dans le parc, et ce n'est plus que comme moyen d'hygiène qu'elles sont pratiquées par les grands-parents; le roi veut bien m'associer à ces exercices auxquels je me trouve très heureux de prendre part [...]. Le dîner est à 6 h 30 et se compose des mêmes convives, c'est-à-dire de toute la famille royale, Mme de Marmier[1], le général Dumas[2], M. Trognon, un instituteur des enfants du duc de Nemours, un aumônier et moi, quelquefois aussi le médecin M. de Mussy[3], mais rarement parce qu'il habite Londres et ne vient réellement qu'en visite à Claremont. Après le dîner on rentre au salon où les enfants jouent jusqu'au moment d'aller se coucher, et où l'on passe ensuite le reste de la soirée jusqu'à 10 h 30 ou 11 heures, la reine et les princesses travaillant à une table ronde, et le roi écoutant les lectures qui lui sont faites alternativement des journaux anglais et français venus dans le cours de la journée. Le signal de la retraite est encore donné par la reine. Après quelques petites causeries, le roi se retire à son retour,

1. La duchesse de Marmier, née Stéphanie Jacqueline de Choiseul-Stainville, était affectée au service de la reine.

2. Fils du général-comte Mathieu Dumas, figure de proue du premier Empire.

3. Henri Guéneau de Mussy, médecin de la famille royale établi en Angleterre.

et alors chacun gagne son appartement et va se coucher s'il n'a pas autre chose à faire. »

C'est dans ce cadre, ce décor, et pour l'essentiel dans cette compagnie que le roi va mourir quelques mois plus tard. Jusqu'au bout, Louis-Philippe offrira toujours le même abord, ouvert, bienveillant, avide de converser et d'échanger sur ce qui demeure sa seule passion : la France. Quelque quinze ans plus tôt, l'un de ses ministres, Rémusat, le décrivait ainsi : « Un homme de moyenne taille, assez fort, agile et dispos, marchant bien, la tête haute, mais un peu disgracieux, parce qu'il avait le buste trop long pour sa taille. Sa figure était une large face régulière, assez belle dans l'ensemble, et qu'on eût dite faite pour porter la grande perruque de Louis XIV dont elle avait singulièrement la ressemblance [...]. La figure du roi au repos était assez imposante. Ses yeux un peu bridés et moins beaux qu'animés avaient une expression de finesse, de bonté et de gaieté. » Avec les années, la silhouette s'est épaissie. Le roi est vieux, il a échoué, il est amer, les épaules sont devenues lourdes. Il a le sentiment, peut-être, que son destin, inéluctable, s'est accompli. Louis-Philippe n'a jamais été délivré de ce sentiment de fatalité qui pesait sur lui depuis ses jeunes années, depuis les orages révolutionnaires et les périples à travers le monde, et ce sentiment qui ne le quitta jamais, il lui faudrait un jour l'assumer. Assumer la faute de son père, qui avait voté, par peur plus que par raison, la mort de Louis XVI. Assumer la sauvegarde de la royauté contre les erreurs mêmes de la branche aînée et des royalistes.

C'est cela, l'esprit un peu crépusculaire de Claremont que partagent le roi et les princes, ses enfants chéris, et auquel seule échappe la troupe joyeuse et insouciante des petits-enfants. C'est un curieux mélange de tristesse résignée et d'intérêt en perpétuel éveil pour le monde extérieur. Jamais Louis-Philippe, Marie-Amélie ni leurs enfants ne se comporteront en « émigrés », confits dans leur amertume ou dans une haine croissante de la terre natale. « Ils n'ont pas d'humeur contre leur temps, note Rémusat. Je connais peu d'hommes moins réactionnaires que ces émigrés-là. »

Jusqu'à son dernier jour, le roi exilé ne se lasse pas de commenter les événements, quelquefois trop vivement aux yeux de ses proches qui redoutent des indiscrétions. Il lit la presse européenne avec une curiosité, un intérêt sans relâche. Il fait garder les coupures de presse, lit avec avidité ce qu'on écrit de lui, en France et en Europe. Il voit qu'il n'est pas souvent ménagé : on lui prête des sentiments avaricieux, de l'étroitesse d'esprit, de la pusillanimité. Au début, il essaie simplement de comprendre, ou même de se justifier. En janvier 1849, il écrit ainsi une lettre étonnante à sa fille Louise, reine des Belges, qui est bien évidemment destinée à être lue par son mari, et à faire écho, au-delà, dans les cours d'Europe. Le vieux roi reprend les habitudes du jeune prince qu'il était en exil : en composant son courrier, il organise habilement sa propagande. Louis-Philippe écrit, relit, corrige : « Il me semble certain que nul ne prévoyait (et assurément pas plus moi que tout autre) jusqu'à quel degré funeste les conséquences du 24 février devaient porter les maux ou les souffrances qui l'ont suivi, mais il est également certain que l'opinion n'aurait jamais pris la marche rétrograde qu'elle a prise, et la conviction qui m'est restée, c'est que l'opinion était au fond bien plus pervertie qu'on ne le croyait en général et que je ne le croyais moi-même, quoique je me fisse à cet égard beaucoup moins d'illusions que bien d'autres. » On voit à quel point le roi en exil est livré à la torture et au doute : il laisse apparaître clairement qu'il n'a pas su prévoir les choses, qu'il en est conscient et en éprouve grand remords. Dans la lettre qu'il enverra effectivement, il changera certaines formulations, pour atténuer ce sentiment de doute, mais voilà bien quel est son état d'esprit, au soir de sa vie : la sidération.

Inutile Cassandre

Car, avec le temps, Louis-Philippe se fait plus amer, mais aussi par moments plus combatif. Il se sent moins coupable, encouragé par le spectacle affligeant que lui donne le régime de la IIe République. Chez lui, les pensées se pressent, le vieillard oscille entre l'accablement et la révolte, son esprit parfois s'aiguise. Comment ne céderait-il pas à l'ironie devant « tous ces fiers républicains » qui ont dû, par la force des choses, « adapter et suivre ce système de paix et de politique conservatrice qu'ils avaient tant attaqué et vilipendé comme *ma pensée immuable* », et qui ont même été contraints, selon toute apparence, « de le pousser plus loin que je n'aurais pu et peut-être voulu le faire » ? Les nouveaux maîtres ont vite abandonné les révolutionnaires de tous les pays « après les avoir excités par leurs pompeuses et fallacieuses promesses ». Le retour aux réalités s'impose à tous. L'équilibre factice de la Constitution de 1848 révèle ses contradictions, le président de la République est réduit, observe le roi, au statut et à la position d'une « momie bien emmaillotée », ce qui, s'agissant de Louis-Napoléon Bonaparte, ne peut à l'évidence conduire qu'à une crise tragique. L'Europe tout entière, qui rechignait tant à entendre les conseils de modération du roi des Français et qui ne s'est guère émue de sa chute, l'Europe, vraiment, ne va guère d'un meilleur train… Certes, les nations « se dégrisent ». « Mais comment ce dégrisement sera-t-il exploité ? Quelles seront les nouvelles structures sociales qui surgiront de la crise actuelle ? » Quant aux Français, quelle misère que de les voir céder, par intermittences plus ou moins violentes, au démon de l'égalitarisme : « *Point de supérieurs*, voilà le sentiment qui rend impraticables toutes les combinaisons théorétiques des gouvernements » !

Un sujet commence à dominer certains esprits en France : comment favoriser un rapprochement entre légitimistes et orléanistes, afin de préparer une éventuelle restauration monarchique ? Louis-Philippe écoute, entend les arguments parfois contradictoires de son entourage, mais dans le fond reste sceptique. Il considère que, si fusion il y a, elle devra commencer par les « partis », donc par la politique réelle, et non par les familles. Il sait que les conditions politiques ont changé, que le temps du « respect » pour les vieilles dynasties est révolu. Un jour, au maréchal Soult, venu lui rendre visite, il confie cette interrogation sur le petit-fils de Charles X, « Henri V », l'exilé de Frohsdorf : « Est-ce bien sûr que Chambord parle français ? Tout au moins doit-il avoir de l'accent ? Le voyez-vous en France en face de mes fils qui sont des colosses dans l'armée, entendez-vous, des colosses ? »

La tête travaille, mais l'esprit reste méthodique. Louis-Philippe continue d'œuvrer à la rédaction de ses *Souvenirs*, avec toujours ce souci de justifier son père, le régicide, plus que de se justifier lui-même. Son écriture n'a pas changé depuis sa jeunesse, elle est toujours large, belle et lisible. Elle n'a tremblé qu'une fois : le

24 février 1848, lorsqu'il a dû signer son acte d'abdication dans l'agitation et les glapissements des familiers et des courtisans qui ne songeaient qu'à fuir. Ce jour-là, seules les femmes ont eu vraiment du courage, et singulièrement la reine, Marie-Amélie…

Le vieux roi multiplie les correspondances avec les têtes couronnées, avec ses anciens ministres, reçoit témoignages et cadeaux. Mais les apparences sont trompeuses aux yeux de qui le voit dans la vie de tous les jours. La vérité est qu'il s'enfonce doucement dans la mort. En juillet 1850, Guizot le trouve terriblement amaigri, « horriblement changé », mais la voix toujours « ferme » et même l'esprit « net et serein ». Fin novembre, le journaliste Édouard Lemoine, qui lui rend visite, le trouve bien changé depuis un an : « La démarche était devenue lourde et lente ; le regard avait perdu de sa vivacité, le dos s'était arrondi. » Le soir, pour gagner la salle à manger, il faut que ses petits-enfants le prennent par la main pour qu'il presse le pas. Mais la voix reste claire, le ton, posé, les facultés intellectuelles, intactes ; la vivacité d'esprit demeure.

Quelques jours avant sa mort, il reçoit des « souvenirs de Randan », ce beau château d'Auvergne, propriété de sa sœur, où il vécut des jours heureux avec sa famille : ce sont des feuilles, des brins d'herbe, des fleurs séchées qui viennent de cette belle demeure où, en famille, le roi des Français aimait à séjourner. Ces quelques feuilles de Randan proviennent très précisément, lui dit-on, du sol situé sous les fenêtres de la chambre de sa sœur tant aimée, Madame Adélaïde[1] ;

1. Adélaïde d'Orléans (1777-1847), devenue « Madame Adélaïde » par ordonnance royale à l'avènement de Louis-Philippe, avait toujours été très proche de son frère, dont elle avait partagé l'éducation, puis

ces quelques autres, lui précise-t-on encore, étaient sur le chêne « au pied duquel elle allait s'asseoir ». D'autres reliques aussi modestes évoquent les lieux familiers de « Chartres », le fils disparu. Témoignages d'un passé émouvant, mais aussi déchirant, qui semblent refermer définitivement sur le roi le tombeau de l'exil.

Heureusement, il y a les petits, qui raffolent des histoires de leur grand-père, et qui animent le manoir anglais un peu sinistre de leurs cris et distractions. Les petits-fils du roi apprécient particulièrement la lanterne magique qui se trouve sur la table dans la bibliothèque et qui leur permet de découvrir des vues de ce Paris qu'ils n'ont fait qu'entrevoir. Les enfants ont appris à s'en servir avec leur grand-père. Pour lui, l'exercice, auquel il se prête d'abord avec délices, peut se faire subitement douloureux. Un jour, un familier a eu l'idée curieuse de lui apporter « une collection de vues daguerréotypées » des ruines du château de Neuilly, séjour béni des Orléans depuis la Restauration, puis incendié entièrement en 1848. « L'effet en a été tel, écrit Atthalin, en visite à Claremont et témoin de la scène, que je ne puis pas avoir de doutes sur l'opportunité qu'il y avait à s'abstenir, et à réprimer une première pensée née d'un sentiment d'affection et de dévouement. » Il évoque « la brutale et sauvage ingratitude dont ces ruines sont une flétrissante attestation ». Les ruines du « cher Neuilly » rappellent au roi les destructions de la Révolution, la mise à sac des Tuileries, du Palais-Royal, la bête sauvagerie des meutes révolutionnaires. Cet homme qui a sauvé, reconstruit, restauré Versailles de

une partie des épreuves. Douée d'un fort caractère, elle exerçait une grande influence sur lui. Elle avait acheté au duc de Praslin ce ravissant refuge de Randan, au cœur du Puy-de-Dôme.

ses efforts et de ses deniers ne supporte pas la destruction, la table rase, l'anéantissement.

Mort de chagrin

La mort, donc, s'insinue de toutes parts dans cet exil ambigu, où la douceur se fait torpeur, engourdissement. Cuvillier-Fleury est de ceux qui n'hésitent pas dans la formulation du diagnostic physique et moral : la mort de Louis-Philippe a été précipitée par le chagrin et l'amertume. « Depuis quelques mois, écrit-il en apprenant sa mort, sa santé déclinait visiblement, sans que l'altération particulière d'aucun organe permît d'attribuer ce dépérissement graduel à une autre cause que celle que nous venons de signaler. » La première communion de son petit-fils, le comte de Paris[1], le 20 juillet 1850 à la chapelle catholique française de Londres, a été la dernière sortie publique de Louis-Philippe. Il y est apparu subitement vieilli, en dépit de ses efforts assez touchants pour rajeunir son apparence. Toutefois, le duc d'Aumale peut écrire à Cuvillier-Fleury, de Claremont, le 28 juillet : « Le roi va toujours, grâce à Dieu, aussi bien que possible. » Le jeune prince a même loué « une petite maison pour trois mois » à Richmond, où il compte s'installer vers le 15 août et où il convie déjà son ancien précepteur. Mais il devra finalement différer son départ : le 16 août, son épouse, enceinte de sept mois, fait un faux pas et perd son enfant. « Le malheur qui

1. Philippe d'Orléans, comte de Paris (1838-1894), fils du duc d'Orléans et donc destiné au trône après la mort de son père en 1842. C'est en sa faveur que Louis-Philippe abdiquera, le 24 février, en vain.

s'attache à ce fatal endroit nous a frappés hier même », écrit-il à Cuvillier. « Fatal endroit » : la vérité surgit, au détour d'une phrase. Dix jours plus tard, son « bon père » aura rendu l'âme.

Une rémission semblait pourtant s'être produite en juin, à l'occasion d'un séjour au bord de la mer, à Saint-Léonard. Mais, vers la fin de l'été, un nouvel affaiblissement, très marqué, laisse penser aux médecins que l'issue est proche. Le samedi 24 août, le roi se fait porter sur les deux perrons, baignés de soleil, de la double façade du manoir. Le soir, il assiste comme d'habitude au dîner familial, mais sans y prendre part lui-même. La nuit est difficile, le sommeil agité. La reine, qui puise dans une foi chrétienne inébranlable le courage de tout dire, ne lui dissimule pas qu'il doit affronter une issue fatale. Le matin du 25 août, le Dr Guéneau de Mussy, dont le roi, par prudence, souhaite obtenir l'avis plus autorisé, se montre embarrassé. Louis-Philippe lui sourit : « Je comprends, cher docteur, vous venez m'apporter mon congé ! »

Le temps est venu, la pieuse Marie-Amélie disait donc vrai. L'abbé Guelle, son aumônier, vient administrer au souverain les derniers sacrements, en présence de tous les siens. Louis-Philippe entend mourir à la manière des rois : avec simplicité, aux yeux de tous, dans le respect de la religion chrétienne. Assis dans son grand fauteuil préféré, il embrasse ensuite chacun de ses petits-enfants et les bénit un à un. C'est la mort même de Louis XIV – strictement au même âge, d'ailleurs, par une curieuse concordance. Mais le tableau que forment autour du roi mourant la reine Marie-Amélie, la duchesse d'Orléans et ses deux jeunes fils, le duc de Chartres et le comte de Paris ; le duc et la duchesse de Nemours, le prince et la princesse de

Joinville, le duc et la duchesse d'Aumale… ce tableau vivant n'est pas seulement une scène de convention. Louis-Philippe formait depuis toujours, avec son épouse et ses huit enfants, ainsi qu'avec sa sœur Adélaïde, une famille très unie et soudée par une sincère affection. L'exil n'a fait qu'accentuer ces liens. Seule Louise, reine des Belges, n'a pu être présente : malade, elle suivra bientôt son père dans la tombe, le 11 octobre 1850.

Le roi, donc, va mourir. Il dicte dans l'après-midi plusieurs dispositions complémentaires pour son testament, ainsi qu'une ultime page destinée aux *Mémoires* de sa vie, ces « dictées de Claremont » qu'il a entrepris de composer depuis plusieurs années mais qui demeureront inachevées et ne seront publiées que très longtemps après sa mort (1973). Dans la soirée, il est pris d'une fièvre violente, suivie d'une brève rémission. Au matin, à 7 heures, il semble paisible, en pleine possession de ses moyens intellectuels. Mais une heure plus tard, il s'éteint, sans souffrance apparente.

La volonté profonde de Louis-Philippe, telle qu'il l'avait exprimée, était que son corps fût « transporté sans pompe à la chapelle de Saint-Louis, à Dreux, afin d'y être enseveli dans le tombeau situé en avant de l'autel de la Sainte Vierge », et qu'il y fût rejoint, le moment venu, par son épouse. Il ajoutait : « J'ai la confiance que, quelle que puisse être la suite des événements qui nous ont si douloureusement éloignés de notre patrie, le souvenir de notre dévouement ne sera pas effacé, et qu'aucun obstacle ne sera apporté à ce que nos restes mortels reposent en paix dans son sein. »

Ce vœu sera exaucé, mais seulement un quart de siècle plus tard. Inhumé d'abord modestement – c'était d'ailleurs le vœu de simplicité qu'il avait formé – dans le caveau d'un particulier près de la chapelle de

Weybridge (« le pauvre curé a été bien terne et bien timide », écrira Aumale), le corps de Louis-Philippe sera rapatrié en juin 1876, avec celui de Marie-Amélie (disparue en 1866), et placé dans la chapelle royale de Dreux sous un monument sculpté par un jeune artiste de trente ans, Antonin Mercié.

Deux questions restent aujourd'hui sans réponse claire ou définitive.

En premier lieu, les causes de la mort. Cet affaiblissement, cet amaigrissement observés depuis des mois étaient-ils le fait d'une maladie précise, par exemple une leucémie ? Le médecin, Guéneau de Mussy, semble l'avoir envisagé.

Doit-on penser à un effet prolongé des canalisations défectueuses de Claremont, à un empoisonnement progressif par le plomb ? C'est possible. L'installation dans les lieux, en 1848, avait été d'abord catastrophique. Inhabitée depuis un certain temps, la demeure avait été mal entretenue et ses canalisations avaient provoqué une intoxication générale. Le bibliothécaire Vatout et plusieurs personnes de la maisonnée furent alors emportés. La reine et Joinville tombèrent gravement malades. Seuls Nemours et le roi, plus portés sur la bière et sur le vin que sur l'eau, ainsi que les plus jeunes, les petits-enfants, gros consommateurs de lait, restèrent à peu près indemnes. Du coup, toute la maisonnée – le roi et la reine, le couple Montpensier, la princesse Clémentine, le prince et la princesse de Joinville, le duc et la duchesse d'Aumale – avait dû se replier dans le Sussex pendant plusieurs mois avant de pouvoir retrouver le domaine, assaini pensait-on. Ou le souverain est-il tout simplement mort de vieillesse, d'une faiblesse générale, accablé de tristesse par sa fatale condition d'exilé, le sentiment d'un sort injuste, le spectacle d'un pays à la dérive ? Ce facteur, nous l'avons dit, a certainement joué. Il est incontestable que la pensée du tombeau ne l'a plus abandonné dès lors qu'il a quitté pour la dernière fois le sol français, en février 1848. Cet exil ultime, le troisième après ceux de la Révolution et des Cent-Jours, c'était déjà la mort, un sentiment de déclin irrépressible qui ne pouvait que se confondre avec l'état d'anarchie désastreux dans lequel la France semblait à nouveau plongée.

Seconde question, cette pieuse mort du dernier roi des Français n'était-elle que respect des traditions ou délicatesse envers une fort dévote épouse (« Amélie es-tu contente ? », lui demanda-t-il après s'être confessé et avoir communié) ? La postérité garde de Louis-Philippe l'image d'un prince plutôt voltairien, marqué par son éducation[1] et le souvenir de son père « Égalité ». Le nouveau testament qu'il avait rédigé à Saint-Léonard en mai 1849 était pourtant de tonalité beaucoup plus religieuse que ses versions plus anciennes du temps du règne. Les souvenirs qu'il avait commencé de composer portent pour l'essentiel sur les années de jeunesse. Ils ne nous disent rien de l'homme mûr, puis vieillissant, du père terrassé par la mort précoce, en 1839, de sa fille Marie, l'artiste, le sculpteur, puis par celle de son fils aîné, trois ans plus tard. On l'a dit bavard impénitent, causeur souvent brillant mais intarissable, surtout sur ses vieux jours. Il est vrai qu'il avait tellement lu, mais surtout tellement vu et tellement vécu depuis qu'il avait

1. Cette éducation était l'œuvre de Mme de Genlis (1746-1830) et avait été très marquée par l'esprit du temps : elle était « très démocratique comme le siècle », dira Louis-Philippe. Bien qu'elle critiquât volontiers les philosophes, la pédagogie de la comtesse avait subi l'influence de Rousseau. Mais elle n'était pas antireligieuse.

assisté, à seize ans, au côté de Louis XVI, à l'ouverture des états généraux, le 5 mai 1789...

Alexis de Tocqueville, qui avait été reçu en audience par le roi quand il était député, lui reprochait de s'écouter parler et de ne pas recueillir avec suffisamment de dévotion les prédictions de sa grande intelligence... Mais, en réalité, le souverain parlait assez peu de lui-même. Il sera resté secret jusqu'à son dernier jour, et il a d'ailleurs été fort mal compris par la postérité, encouragée dans cette facilité par la talentueuse mauvaise foi de Chateaubriand qui l'a accablé dans les *Mémoires d'outre-tombe*[1]. Cet homme intelligent, cultivé, courageux, qui avait été témoin d'événements aussi majeurs que dramatiques, qui s'était senti investi de la responsabilité historique de réparer une France dévastée par les troubles et par les guerres, qui avait vu s'effondrer en quelques heures le régime paisible et prospère qu'il avait mis dix-huit ans à fonder, ne pouvait pas rester indifférent au grand mystère. Il avait de surcroît maintes fois croisé la mort, et de près, notamment à travers les multiples attentats organisés contre sa personne – des attentats si nombreux qu'ils gardent quelque chose d'inexplicable. Il ne pouvait séparer sa destinée individuelle de l'aventure collective. Il avait lu Joseph de Maistre et vu tomber les trônes : comment, dès lors, ne pas s'interroger sur les desseins de la Providence ?

Dans ses notes recueillies après sa mort sous le titre *Choses vues*, Victor Hugo rapporte une scène qui, en

1. « La supériorité de Philippe est réelle, mais elle n'est que relative ; placez-le à une époque où la société aurait encore quelque vie, et ce qu'il y a de médiocre en lui vous apparaîtra [...]. Narquois et rusé, Louis XI de l'âge philosophique, le monarque de notre choix conduit dextrement sa barque sur une boue liquide », écrit-il notamment à son sujet.

quelques phrases, dit tout sur le destin de ce roi oublié, qui fut somme toute un assez grand roi, un « prince qui sut faire du pouvoir malgré l'inquiétude de la France, et de la puissance malgré la jalousie de l'Europe ». La scène se passe en août 1844.

« L'autre mois, le roi alla à Dreux. C'était l'anniversaire de la mort de M. le duc d'Orléans. Le roi avait choisi ce jour pour mettre en ordre les cercueils des siens dans le caveau de famille.

« Il se trouvait dans le nombre un cercueil qui contenait tous les ossements des princes de la maison d'Orléans que Mme la duchesse d'Orléans, mère du roi, avait pu recueillir après la Révolution, où ils furent violés et dispersés. Ce cercueil, placé dans un caveau séparé, avait été défoncé dans ces derniers temps par la chute d'une voûte. Les débris de la voûte, pierres et plâtras, s'y étaient mêlés aux ossements.

« Le roi fit apporter ce cercueil devant lui et le fit ouvrir. Il était seul dans le caveau avec le chapelain et deux aides de camp. Un autre cercueil plus grand et plus solide avait été préparé. Le roi prit lui-même et de sa main les ossements de ses aïeux l'un après l'autre dans le cercueil brisé et les rangea avec soin dans le cercueil nouveau. Il ne souffrit pas que personne autre y touchât [...]. Cette cérémonie dura de 9 heures du matin à 7 heures du soir, sans que le roi prît de repos ni de nourriture. »

Culte morbide du passé ? En vérité, la mort avait toujours été présente dans sa vie, elle accompagnait ce sens aigu de l'Histoire, stimulant et douloureux, qu'il avait acquis face aux événements et qui ne l'avait jamais quitté.

Bibliographie sélective

Antonetti, Guy, *Louis-Philippe*, Paris, Fayard, 1994.
Aprile, Sylvie, *La Révolution inachevée*, Paris, Belin, 2010.
Broglie, Gabriel de, *La Monarchie de Juillet*, Paris, Fayard, 2011.
Cuvillier-Fleury, Alfred Auguste, *Portraits politiques et révolutionnaires*, 2 vol., Paris, Michel Lévy, 1851.
Price, Munro, *Louis-Philippe, le prince et le roi. La France entre deux révolutions*, Paris, de Fallois, 2009.
Teyssier, Arnaud, *Les Enfants de Louis-Philippe et la France*, Paris, Pygmalion, 2006.
—, *Louis-Philippe. Le dernier roi des Français*, Paris, Perrin, 2010.

19

Le crépuscule de l'Aigle
Les derniers jours du dernier empereur

par Éric ANCEAU

9 janvier 1873, Chislehurst, petite bourgade de la grande banlieue de Londres. C'est en ce jour et en ce lieu que s'éteignit Napoléon III qui avait dirigé la France pendant près de vingt-deux ans, d'abord comme premier président de la République, puis comme dernier souverain français. L'homme qui avait vécu en exil de l'abdication de son oncle, Napoléon Ier, en 1815, alors qu'il n'avait que sept ans, jusqu'à son accession au pouvoir, en 1848, venait d'y mourir, à soixante-quatre ans seulement, en demandant à son ami et confident, le Dr Conneau : « Henri, tu étais à Sedan ? » et, sur sa réponse affirmative, ajoutant dans un dernier souffle : « N'est-ce pas que nous n'avons pas été lâches ? » Sedan avait été son Waterloo. Chislehurst fut son Sainte-Hélène. Il y avait amené le mal dont il souffrait depuis de nombreuses années, la douleur de la défaite militaire,

la tristesse de n'avoir pu transmettre la couronne à son fils unique, le prince impérial.

Un grand malade

La santé de Louis-Napoléon Bonaparte avait toujours été fragile, mais l'humidité et l'inactivité du fort de Ham, au milieu des marais picards, où il avait été enfermé en 1840, pendant près de six ans, pour avoir tenté de renverser le roi Louis-Philippe, l'avaient dégradée. Il avait eu, à partir de ce moment-là, des douleurs rhumatismales, des poussées hémorroïdaires et des crises de goutte. Après un répit relatif durant ses années de présidence, ces maux l'avaient repris au début de l'Empire. Sa santé chancelante fut encore affaiblie par son appétit frénétique de femmes. Napoléon III eut de nombreuses maîtresses, parfois en même temps. Il fit plusieurs malaises et fut victime d'une crise cardiaque, en août 1864, au cours de l'un de ses rendez-vous galants.

Cependant, un mal bien plus grave commença à l'affecter à partir de 1863, la lithiase, ou maladie de la pierre, en d'autres termes, la présence d'un calcul dans sa vessie. Cette année-là, il eut une hématurie prolongée et commença à se plaindre d'une vive douleur dans le bas-ventre. Comme les médecins ne parvenaient pas à diagnostiquer l'origine du mal, il se rendit en cure à Vichy et les eaux fortement minéralisées et alcalines de la station de l'Allier ne firent que grossir le caillou. L'été suivant, les douleurs au bas-ventre devinrent plus aiguës et s'associèrent à des accès de fièvre et à des gênes urinaires. En 1865, il souffrit tellement qu'il manqua plusieurs séances du Conseil des ministres, crut plusieurs fois sa dernière heure arrivée et rédigea son testament. Le Dr Larrey, fils du chirurgien des armées de Napoléon Ier, l'examina, soupçonna la maladie de la pierre et préconisa, pour s'en assurer, une exploration de la vessie que Napoléon III refusa, autant pour des impératifs politiques – son fils n'avait pas dix ans – que par peur du verdict. En juillet 1866, il eut une telle crise, lors de son séjour à Vichy, qu'il dut être ramené d'urgence à Saint-Cloud, où il resta alité pendant plusieurs jours. Dès lors, il devint un souverain intermittent. Entre deux crises, il dirigeait la France comme à l'ordinaire. Pendant les crises, il n'était tout simplement pas en état de le faire. Le chloral que ses médecins lui administraient le faisait somnoler. Civiale, le meilleur spécialiste de la maladie de la pierre, qui aurait pu le convaincre de procéder sans tarder à une lithotritie, l'opération consistant à broyer la pierre directement dans la vessie avant d'en évacuer les débris par les voies naturelles, mourut avant d'y parvenir, en 1867.

À la fin de l'été 1869, le souverain traversa la crise la plus longue et la plus douloureuse de sa maladie. Il fit plusieurs syncopes. Soigné à l'opium, il restait hébété pendant des heures. Sa voix s'assourdissait et son écriture devenait quasi illisible. À la Cour, certains parlaient d'agonie alors que le *Journal officiel* et les journaux qui lui étaient favorables évoquaient de simples douleurs rhumatismales ou hémorroïdales pour rassurer l'opinion. La rumeur d'une maladie grave se répandit cependant. L'amélioration survenue en octobre ne parvint pas totalement à la dissiper. Cette crise incita néanmoins Napoléon III à organiser la régence et à laisser son épouse, l'impératrice Eugénie, partir seule pour inaugurer le canal de Suez. Paradoxalement, il risquait de devoir prématurément céder les rênes du pouvoir à une femme qui n'était pas populaire et qui avait la réputation d'être conservatrice au moment précis où il « couronnait l'édifice impérial par la liberté », comme il s'y était toujours engagé. Il voulait en effet que son fils, en faveur duquel il avait prévu d'abdiquer à sa majorité, en 1874, pût monter sur le trône sous les applaudissements de la jeune génération libérale.

Au printemps 1870, il souffrit de nouveau le martyre. Son ami Malmesbury, qui ne l'avait pas vu depuis trois ans, le trouva « très changé », « prématurément vieilli et affaissé ». Quelques jours plus tard, à la fin d'un dîner chez sa cousine, la princesse Mathilde, il eut tellement mal qu'il lui fallut rentrer précipitamment aux Tuileries. « Je me sens là un paquet de pointes d'aiguilles qui m'enlève toutes mes forces », dit-il en montrant son bas-ventre. Son calcul avait provoqué une inflammation de la vessie et une infection urinaire. Alors que la saison était douce et ensoleillée, il grelottait pendant plusieurs jours, au point de passer des heures près du feu. Le 19 juin, le Dr Germain Sée, mandé à Saint-Cloud, trouva l'état de tous ses organes plutôt bon, à l'exception de la vessie. Il se dit persuadé de la présence d'un calcul et conclut à la nécessité d'une exploration. Le 1er juillet, une consultation de quatre médecins, Nélaton, Corvisart, Ricord et Fauvel, confirma le diagnostic, déconseilla cependant le sondage immédiat, qui risquait d'être fatal, recommanda le plus grand repos et prescrivit, par la suite, l'opération. L'avis du chirurgien de l'Empereur, Nélaton, fut déterminant. Il avança, non sans raison, que, tant que le calcul serait en place, le malade souffrirait, mais que, lorsqu'on s'aviserait de le détruire, la mort surviendrait sans doute. Après avoir opéré quelques mois plus tôt deux autres lithiasiques célèbres, le président du Sénat, Troplong, et le ministre de la Guerre, le maréchal Niel, qui n'avaient pas survécu, il ne voulait pas non plus passer à la postérité comme celui qui aurait tué Napoléon III et il répondit à Germain Sée qui s'impatientait : « Mon cher confrère, vous êtes bien jeune. Vous ne savez pas ce que c'est que de soigner un souverain; ce n'est pas un malade comme un autre; il faut savoir attendre et dissimuler quelquefois le diagnostic. » Le résultat de la consultation fut placé par Conneau sous enveloppe cachetée dans un tiroir, d'où il ne fut sorti qu'après la chute du régime, par les républicains. Le médecin de l'Empereur cacha la gravité du mal à l'Impératrice pour l'épargner et se contenta de lui parler de rhumatismes et de cystite. Napoléon III connut-il lui-même la gravité de son mal ? Il affirma plus tard : « Si j'avais su que j'étais atteint de la maladie de la pierre, jamais je n'aurais déclaré la guerre. » Son fidèle Conneau ne voulut peut-être pas l'inquiéter. En fait, le souverain refusa plus probablement de voir la vérité. Il ne pouvait d'ailleurs se résoudre ni au sondage ni à l'opération. Tout en étant très courageux, il était naturellement sensible à la douleur physique et craignait de finir comme Niel. De toute façon, la crise de la succession d'Espagne, au cours de laquelle Berlin chercha à imposer un membre de la famille royale de Prusse sur le trône de Madrid, puis la guerre contre l'Allemagne qui s'ensuivit ajournèrent toute décision.

Napoléon III eut le tort de vouloir commander personnellement son armée, comme son oncle l'avait fait avant lui. Il partit pour le front, avec Auger, jeune interne de Nélaton qui emmenait dans ses bagages une sonde urétrale et un urinal. Dans *La Débâcle*, Zola, bien informé, le décrivit : « Fardé comme un acteur, les chairs avivées de vermillon, sûrement s'étant fait peindre pour ne pas promener parmi son armée l'effroi de son masque blême, décomposé par la souffrance. » La culotte bourrée de serviettes entourant l'urinal, il ne tenait que très difficilement à cheval. Dès le premier combat à Sarrebruck, le 2 août 1870, il dut descendre de sa monture avec l'aide du prince impérial, s'appuyer contre un arbre pour ne pas tomber et gagner finalement sa voiture au bras d'un aide de camp. Un médecin qui le vit alors écrivit « qu'il urinait du sang presque pur ». De Metz à Châlons, puis de Châlons à Sedan, il quitta plusieurs fois sa voiture pour prendre du repos ou pour enlacer un arbre en hurlant de douleur. Lors de la bataille de Sedan, le 1er septembre, l'armée française qu'il n'avait pas voulu quitter fut prise dans la nasse et écrasée par le feu des batteries allemandes. Malgré son mal, il erra pendant presque six heures, à cheval, au milieu des combats. Il cherchait manifestement la mort en se portant aux points les plus chauds, mais celle-ci ne voulut pas de lui, comme elle n'avait pas voulu de Napoléon à Waterloo. Des obus éclataient pourtant à quelques pas de lui en tuant ou en blessant grièvement plusieurs officiers de son état-major. Après avoir signé la capitulation, le 2 septembre, il fut emmené en captivité au château de Wilhelmshöhe, près de Kassel. Pendant tout le trajet, déprimé, épuisé et très souffrant, il urina du sang. Dans le même temps, Paris renversait l'empire et proclamait la république. S'il est difficile à un régime de survivre à une débâcle, le constat était encore plus vrai pour l'empire des Bonaparte, dont la légitimité reposait en grande partie sur la gloire militaire. Nul ne le savait mieux que Napoléon III. Il était politiquement mort.

Wilhelmshöhe. Dans cette ancienne demeure des électeurs de Hesse, où son oncle Jérôme avait résidé pendant qu'il était roi de Westphalie, sous le premier Empire, Napoléon III recouvra la santé. Il avait été laissé libre de ses mouvements et accomplissait presque tous les jours une longue promenade dans le parc. Dans l'après-midi et le soir, après le dîner, il conversait longuement avec ses amis. Il s'était aussi activement remis à travailler, à lire la presse et à rédiger sa correspondance. Son séjour dura six mois qui furent sans doute les plus calmes depuis le déclenchement de son mal. Après le vote des préliminaires de paix par l'Assemblée nationale, le 1er mars 1871, il n'était plus utile aux Allemands qui faisaient peser jusque-là la menace d'une restauration impériale sur les républicains pour hâter les négociations. Il put rejoindre son épouse et son fils en Angleterre.

Dans le grand manoir de Camden Place, à Chislehurst, le souverain déchu entretint une petite cour. Très vite, il organisa sa vie selon un emploi du temps bien réglé qui rappelait celui de Wilhelmshöhe. Il consacrait ses matinées à ses travaux d'écriture. L'après-midi, il les quittait pour se promener, au bras de l'Impératrice, tout en fumant des cigarettes. Il passait ses soirées en famille, dans le grand salon. Publiquement, il se comportait en *gentleman-farmer* et fut vite adopté par la société locale. Il poussait sa volonté d'assimilation jusqu'à assister aux parties de cricket du club local. Il répondait aussi aux invitations des casernes, des usines et des écoles, reçut les cadets de l'école de Woolwich et alla visiter le musée de Kensington. Il se rendait d'ailleurs fréquemment dans les clubs de Londres, en prenant le train de Charing Cross comme un simple particulier. Sa maladie semblait un mauvais souvenir.

Comme les élections législatives du 8 février 1871 n'avaient pas amené la vague bonapartiste escomptée et comme les républicains refusaient d'organiser le plébiscite qu'il réclamait, l'ancien empereur envisagea même, semble-t-il, de tenter un nouveau coup d'État à partir de Lyon, où commandait le fidèle Bourbaki. Cependant, au printemps 1872, il eut une nouvelle atteinte de sa maladie. Sir Henry Thompson, un célèbre urologue, jadis élève de Civiale, qui avait opéré avec succès le roi des Belges d'un calcul rénal, fut consulté et préconisa une opération que Napoléon III différa. Alors que son épouse et son fils étaient en Écosse, il se rendit sur la côte méridionale de l'Angleterre pour se soigner, avant de retrouver son épouse à Cowes, dans l'île de Wight. Les soins de l'établissement thermal ne furent d'aucun effet sur son mal. Au retour, il dut laisser Eugénie et le prince impérial se rendre seuls à leurs nombreuses invitations. À son grave souci de santé s'ajouta bientôt la tristesse de voir s'éloigner son fils. Reçu début octobre à la prestigieuse académie royale militaire de Woolwich, le jeune prince ne revint plus à Chislehurst que le dimanche.

S'il voulait mener à bien son projet de coup d'État, Napoléon III devait être en forme. Il fit de nouveau appeler sir Henry Thompson, qui souhaita recueillir l'avis de confrères avant de suggérer une nouvelle fois une opération. Conneau et Evans, le dentiste américain du couple impérial, amenèrent alors de Londres un praticien réputé, sir James Paget. Victoria envoya de son côté son médecin personnel, sir William Gull. Le 18 novembre, les trois spécialistes prônèrent un examen approfondi sous chloroforme. Celui-ci fut pratiqué le

6 décembre. Il confirma le diagnostic initial. Dès lors, une lithotritie semblait s'imposer. Elle fut suggérée au malade qui hésitait encore. Il allait si mal qu'il fut pris d'une nouvelle crise alors qu'il visitait le cimetière du village à la recherche d'un emplacement où se faire enterrer, mais son projet ne pouvait plus être différé. En effet, son cousin, le prince Napoléon, qui s'était fait l'éloquent avocat d'un coup de main et qui en avait préparé le plan d'ensemble, arrivait à Camden Place pour en arrêter les derniers détails. Lors d'une réunion entre les conjurés qui eut lieu le 9 décembre 1872, le jour de l'action fut fixé au 31 janvier suivant. Malgré son mal, l'empereur déchu semblait plus décidé que jamais. Il voyait sans doute dans cette ultime tentative un moyen d'effacer la capitulation de Sedan ou, au moins, de mourir en défendant ses idées : « Ce qui peut m'arriver de pis, c'est d'être fusillé [...]; ça vaut mieux que de mourir en exil et dans mon lit. » Le prince Napoléon lui demanda alors si son état lui permettrait réellement de participer. Le souverain lui répondit qu'il le pensait, mais décida de se mettre à l'épreuve. Il essaya de se rendre à Woolwich pour voir son fils, mais dut rebrousser chemin après quelques centaines de mètres tant la douleur était intense et il eut un accès de fièvre qui dura trois jours. Il ne pouvait pas montrer aux Français l'image d'un souverain impotent, tel Louis XVIII, alors qu'il prétendait une nouvelle fois jouer Napoléon lors de son vol de l'Aigle. Dès lors, il accepta l'opération.

Un décès postopératoire

Un nouveau sondage effectué le jour de Noël permit d'ailleurs de conclure qu'il ne fallait plus attendre, car le calcul avait la taille d'un œuf de pigeon. Incrédule, Gull demanda même à Corvisart : « Comment cet homme-là s'est tenu cinq heures à cheval sur le champ de bataille de Sedan ? Comme il a dû souffrir. » L'opération fut repoussée de quelques jours pour permettre à Napoléon III de passer les fêtes de fin d'année en compagnie de son fils et de deux de ses camarades anglais. Finalement tentée le 2 janvier 1873, elle eut lieu sous chloroforme et dura plusieurs heures mais entama à peine le caillou. Il fallut en prévoir une nouvelle. Thompson se montrait très pessimiste, car Napoléon III était très affaibli et subissait une vive inflammation des reins et de l'urètre. Il écrivit au prince de Galles, qui avait tenu à être informé : « Je considère le cas comme extrêmement grave. [...] Je vais avoir besoin de toutes mes forces, de toutes mes ressources pour le sauver, et je peux échouer. Je suis très inquiet. » La nouvelle opération eut lieu le 6. Elle fut plus efficace que la première, mais aussi plus laborieuse. Thompson brisa le calcul en deux mais ne put en extraire que quelques esquilles à la pompe. Napoléon III demeura prostré durant toute la journée du 7. Eugénie demanda à son époux s'il voulait que l'on fît venir leur fils, reparti à Woolwich. « Il ne faut pas le déranger, il travaille », répondit-il. Eugénie cherchait, par ailleurs, à rassurer le prince impérial sur l'état de santé du malade. La presse anglaise publiait régulièrement des bulletins de santé. L'*Evening* écrivit ainsi : « L'ancien empereur a passé une bonne nuit. Le pouls est meilleur et l'état général est plus satisfaisant qu'il y a deux jours. » La prostration du malade persista néanmoins le 8. Comme il restait de gros débris dans la vessie, Thompson décida de procéder à une troisième opération, intervention de dernier recours et à haut risque. Elle devait se dérouler le 9 à midi, mais ne put jamais avoir lieu.

Le malade, auquel de l'opium et du chloroforme étaient administrés en permanence, alternait les moments d'intense douleur et de délire profond. Dans la soirée du 8, il reçut du chloral hydraté pour passer une nuit tranquille. Il sembla dormir paisiblement. Conneau lui rendit visite à 2 heures du matin, Corvisart à 4 et Thompson à 6. À 9 h 45, les trois médecins l'examinèrent et jugèrent préférable de repousser l'opération. Eugénie sortait déjà pour aller porter des nouvelles à son fils lorsqu'elle fut rappelée. L'état du malade venait de se dégrader brutalement. On envoya chercher le père Goddard, curé de Chislehurst et intime de Camden Place depuis deux ans, ainsi que le prince impérial. Seul le premier eut le temps d'arriver. Napoléon III reçut l'extrême-onction et s'éteignit à 10 h 45. Alors qu'une partie de l'opinion rendit l'opération responsable, l'autopsie pratiquée le lendemain fut formelle. Elle confirma la taille de la pierre, révéla que Napoléon III avait sans doute succombé à une destruction du parenchyme rénal et qu'il serait sans doute mort, sans opération, dans les trois ans. Celle-ci n'avait fait que hâter sa fin. En dernière analyse, ces disputes sont de peu d'importance. Le dernier empereur était mort à Sedan.

Des obsèques touchantes

En Angleterre, l'émotion fut très vive et la presse s'en fit l'écho. Le *Times* consacra aussitôt douze colonnes à l'événement et assura qu'aucun autre n'avait autant peiné le pays depuis la mort du prince Albert, en 1861.

Il fit l'éloge de Napoléon III : « Il a vécu un long règne qui laissera une grande place dans l'histoire. » La reine Victoria voulut rendre un dernier hommage à l'ancien souverain, mais ne le put car son gouvernement craignait que les bonapartistes ne profitassent de l'occasion pour proclamer le prince impérial Napoléon IV et qu'il en résultât un incident diplomatique avec la France. Cependant, le prince de Galles vint s'incliner devant la dépouille mortelle dès le 11 et revint le 14 en compagnie de son frère, le duc d'Édimbourg. La cour d'Angleterre prit le deuil pendant douze jours. La plupart des autres cours européennes en firent autant, adressèrent leurs condoléances à l'impératrice, et dépêchèrent leurs ambassadeurs à Camden Place. Des souscriptions furent ouvertes dans les principales villes italiennes pour élever un monument en l'honneur du vainqueur de Magenta.

En revanche, les réactions furent beaucoup plus partagées en France. À l'exception des journaux bonapartistes, la presse se montra très critique, à l'exemple du *Journal des débats* : « Napoléon est mort ! Ce n'est pas un malheur pour la France, voilà ce qu'on se dira. » À l'initiative des impérialistes, des prières et des messes eurent lieu à travers tout le pays, mais principalement dans la moitié ouest, le Nord, le Pas-de-Calais et la fidèle Corse. Ancien principal ministre de l'Empire et désormais chef du parti bonapartiste L'Appel au peuple, Rouher fit ouvrir des registres de condoléances qui furent rapidement couverts de milliers de signatures. À la tête de tous les principaux dignitaires du régime déchu, il traversa la Manche, comme des milliers de Français sympathisants de tous milieux et anonymes. Une délégation d'ouvriers fit le déplacement. Selon les estimations, de 20 000 à 200 000 personnes se rendirent ainsi à Chislehurst. La réalité fut sans doute proche des 60 000 pèlerins, dont un dixième de Français. Pour faire face à l'affluence, le corps embaumé fut déplacé, le 13 au matin, de sa chambre au hall d'entrée du manoir transformé en chapelle ardente. Ce fut le lendemain soir qu'il fut mis en bière dans un uniforme de général de division, petite tenue, avec son alliance et l'anneau de son oncle et, sur la poitrine, un crucifix en nacre, le grand cordon et la plaque de la Légion d'honneur, ses décorations, des photographies de son épouse et de son fils, des fleurs naturelles et artificielles et des bouquets d'immortelles.

À la demande du gouvernement français, les obsèques qui se déroulèrent le 15 revêtirent un aspect purement privé et il fut entendu que les personnes qui y assisteraient le feraient à titre personnel. À 10 heures, en présence d'une foule massive, le corbillard emmena Napoléon III de Camden Place à l'église de Chislehurst. Il était précédé par la délégation ouvrière. Le prince impérial, très ému, conduisait le deuil, suivi par les membres de sa famille, les dignitaires de l'Empire, le grand chambellan qui représentait Victoria et le corps diplomatique accrédité à la cour britannique. Deux cents personnes prirent place dans la petite église, pendant que les autres attendaient dans le cimetière, au milieu des tombes. L'évêque de Southwark donna l'absoute. Lady Cowley relata la journée à la reine Victoria : « L'enterrement fut la scène la plus touchante à laquelle j'ai [*sic*] jamais assisté. Dans l'église, tout le monde était en larmes, et les dignitaires qui marchaient avec le cercueil et se tenaient auprès de celui-ci sanglotaient. Toute la pompe et les cérémonies de Notre-Dame n'auraient pu rivaliser avec la scène dans la petite église de St. Mary. »

Après sa mort, les bonapartistes ne surent profiter de l'échec de la restauration royale imputable principalement au refus du drapeau tricolore par le comte de Chambord. Le décès du prince impérial au cours d'un affrontement avec les Zoulous, en juin 1879, fut une nouvelle tragédie pour la dynastie au moment précis où les républicains, qui avaient progressé d'élection en élection, prenaient le contrôle de tous les pouvoirs. Les Bonaparte se déchiraient. Détachée des affaires politiques, l'impératrice Eugénie s'était installée à Farnborough, dans le Hampshire. Puisque l'exil se prolongeait dans la mort, elle avait fait construire, non loin de son manoir, l'abbaye Saint-Michel, sur les plans de l'église Saint-Augustin, à Paris, inaugurée vingt ans plus tôt, sous le second Empire, et qui était destinée à recevoir sa sépulture et celle de son époux. Ce fut là qu'elle fit inhumer Napoléon III et son fils, le 9 janvier 1888, puis qu'elle vint elle-même les rejoindre, en 1920. C'est encore là que se trouvent les restes du dernier souverain français.

BIBLIOGRAPHIE SÉLECTIVE

Sources

Anger, Théophile, *Notes de guerre, 1870-1871*, Paris, Imprimerie de A. Noël et Chalvon, 1914.

Evans, Thomas William, *Mémoires*, Paris, Plon-Nourrit, 1910.

Giraudeau, Fernand, *La Mort et les funérailles de Napoléon III*, Paris, Amyot, 1873.

Études

Anceau, Éric, *Napoléon III, un Saint-Simon à cheval*, Paris, Tallandier, 2008 et 2012.

Arjuzon, Antoine d', *Victoria et Napoléon III*, Biarritz, Atlantica, 2007.

Chaudun, Nicolas, *L'Été en enfer. Napoléon III dans la débâcle*, Arles, Actes Sud, 2011.

Guest, Ivor, *Napoleon III in England*, Londres, British Technical & General Press, 1952.

Lecomte, Georges, *Napoléon III, sa maladie, son déclin*, Lyon, Lab. Ciba, 1937.

Ridley, Jasper, *Napoleon III and Eugénie*, Londres, Constable, 1979.

Williams, Roger L., *The Mortal Napoleon III*, Princeton, Princeton University Press, 1971.

Notices biographiques des auteurs

Éric ANCEAU, président du jury du prix Mérimée et vice-président du Comité d'histoire parlementaire et politique, enseigne l'histoire de la France contemporaine à Paris-Sorbonne et à Sciences-Po Paris. Il a publié une douzaine d'ouvrages dont plusieurs ont été primés par l'Institut de France, en particulier *Napoléon III. Un Saint-Simon à cheval* (Tallandier, 2008) qui a reçu le prix Drouyn de Lhuys de l'Académie des Sciences morales et politiques et le prix du Mémorial de la Ville d'Ajaccio.

Jean-Pierre BABELON, de l'Institut, diplômé de l'École des Chartes et de l'École du Louvre, conservateur puis inspecteur général aux Archives de France, a été le premier directeur général du musée et du domaine national de Versailles et de Trianon. Il a enseigné à l'École du Louvre et à l'École pratique des hautes études. Spécialiste de l'histoire de l'architecture et de l'histoire de Paris, il est l'auteur de plusieurs ouvrages de référence, et notamment son *Henri IV* paru aux éditions Fayard (deux éditions en 1982 et 2009). Il est membre du conseil scientifique du *Figaro Histoire*.

Simone BERTIÈRE, ancienne élève de l'ENSJF, agrégée des lettres, passée à l'histoire au terme d'une carrière universitaire littéraire, a conquis une importante notoriété par son vaste panorama des reines de France aux Temps modernes, et surtout par des biographies – la *Vie du cardinal de Retz*, *Marie-Antoinette l'insoumise*, *Mazarin le maître du jeu* et *Condé le héros fourvoyé* –, couronnées par de nombreuses récompenses et qui font référence. En cours de publication : une analyse du *Procès Fouquet* (tous volumes aux Éd. de Fallois et Livre de poche). Simone Bertière est membre du conseil scientifique du *Figaro Histoire*.

Jean-Paul BLED, professeur émérite à l'université de Paris-IV-Sorbonne, spécialiste de l'histoire de l'Allemagne et la monarchie des Habsbourg, a notamment publié *François-Joseph*, *Marie-Thérèse d'Autriche* et, récemment, *Bismarck* (tous disponibles dans la collection « Tempus », Perrin) ainsi que *Les Lys en exil* (Fayard). Il est membre du conseil scientifique du *Figaro Histoire*.

Philippe CONTAMINE, de l'Institut, agrégé d'histoire et docteur ès lettres, spécialiste de la guerre et de la noblesse à la fin du Moyen Âge, est un des médiévistes français les plus reconnus. Il a été professeur d'histoire du Moyen Âge à l'université de Nancy-II, ainsi qu'aux universités de Paris-X et de Paris-IV-Sorbonne. Son ouvrage le plus récent est *Jeanne d'Arc : Histoire et dictionnaire* (collection « Bouquins », Robert Laffont).

Laurent FELLER, ancien élève de l'École normale supérieure, ancien membre de l'École française de Rome, est professeur d'histoire médiévale à l'université de Paris-I-Panthéon-Sorbonne et membre de l'Institut universitaire de France. Il a récemment publié chez Perrin *L'Assassinat de Charles le Bon, comte de Flandre : 2 mars 1127*, pour lequel il a reçu le prix Provins Moyen Âge.

Patrice GUENIFFEY est directeur d'études à l'École des hautes études en sciences sociales, au Centre de recherches politiques Raymond-Aron. Il a notamment publié *Histoires de la Révolution et de l'Empire* (dans la collection « Tempus », Perrin) et très récemment *Bonaparte* (Gallimard).

Jacques HEERS (†), professeur à la faculté des lettres et sciences humaines de l'université Paris-X puis directeur des études médiévales à Paris-IV-Sorbonne, membre du conseil scientifique du *Figaro Histoire*, était spécialiste de l'histoire du Moyen Âge. Il a publié chez Perrin de nombreux livres, dont des biographies de Jacques Cœur et Louis XI disponibles dans la collection « Tempus ». Son dernier ouvrage, *Histoire des croisades*, est paru en février 2014.

Archiviste paléographe et docteur habilité en histoire, Françoise HILDESHEIMER est conservateur général aux Archives nationales et professeur associé à l'université Paris-I. Elle a édité les ouvrages politiques (*Testament politique*, Paris, H. Champion, 2012) et théologiques de Richelieu (avec S.-M. Morgain, Paris, H. Champion, 2002-2005), afin de restituer au ministre, dont elle a donné une biographie (*Richelieu*, Flammarion, 2004), sa qualité d'ecclésiastique.

Didier LE FUR est docteur en histoire et spécialiste des XVe et XVIe siècles. Il a écrit de nombreux ouvrages dont, chez Perrin, *Charles VIII* et *Marignan : 13-14 septembre 1515*, ainsi que *Louis XII* (« Tempus », 2010).

Jacques LE GOFF est mondialement reconnu comme l'un de nos plus grands médiévistes. Il s'est surtout intéressé à l'économie, à la culture et aux mentalités médiévales depuis ses deux premiers livres : *Marchands et banquiers du Moyen Âge* (PUF, 1956) et *Les Intellectuels au Moyen Âge* (Seuil, 1957) ; et récemment chez Perrin *À la recherche du temps sacré. Jacques de Voragine et la Légende dorée* (2011). Il a publié une synthèse, *La Civilisation de l'Occident médiéval* (1964, 1982), et soutenu « La naissance de la croyance au purgatoire au XIIe siècle » (*La Naissance du purgatoire*, 1981 ; rééd. 1991). On considère comme son principal livre son *Saint Louis* (Gallimard, 1996 ; rééd. 2013).

Thierry LENTZ, directeur de la Fondation Napoléon à Paris, s'est fait connaître comme l'un des meilleurs spécialistes du Consulat et du premier Empire par de nombreux ouvrages, dont *Le Congrès de Vienne. Une refondation de l'Europe, 1814-1815* chez Perrin, qui a reçu le prix Pierre-Lafue. *Les Vingt Jours de Fontainebleau* viennent de paraître chez Perrin.

Georges MINOIS, ancien élève de l'École normale supérieure, est agrégé et docteur en histoire. Il est l'auteur d'une œuvre abondante parmi laquelle, chez Perrin, *Charles VII*, *La Guerre de Cent Ans*, *Charlemagne* et, prochainement, *Philippe le Bel*.

Daniel de MONTPLAISIR, haut fonctionnaire, conseiller de l'Assemblée nationale et historien, a écrit de nombreux ouvrages sur la monarchie française, dont *Le Comte de Chambord, dernier roi de France*, chez Perrin, et *Louis XX, petit-fils du Roi-Soleil*.

Jean-Christian PETITFILS, historien et écrivain, est l'auteur d'une trentaine d'ouvrages et d'essais, dont une biographie de Louis XIV chez Perrin, couronnée en 1996 par le Grand Prix de la biographie historique de l'Académie française. Il est membre du conseil scientifique du *Figaro Histoire*.

Jean-François SOLNON, agrégé d'histoire, docteur en histoire et docteur ès lettres, est professeur d'histoire moderne à l'université de Besançon et président du jury Lucien-Febvre. Spécialiste renommé de l'Ancien Régime, il est l'auteur d'essais et de biographies et est lauréat de plusieurs prix d'histoire. Il a notamment publié chez Perrin *Henri III, un désir de majesté*, *Catherine de Médicis* et, dernièrement, *Les Couples royaux dans l'histoire : le pouvoir à quatre mains.*

Arnaud TEYSSIER, ancien élève de l'École normale supérieure et de l'ENA, est professeur associé à l'université Paris-I-Panthéon-Sorbonne. Il a publié chez Perrin plusieurs ouvrages salués par la critique, dont *Louis-Philippe, le dernier roi des Français* (prix Hugues-Capet) et l'*Histoire politique de la Ve République* (collection « Tempus »). Sa biographie de Richelieu paraîtra prochainement chez Perrin.

Laurent THEIS, ancien élève de l'École normale supérieure et président honoraire de la Société de l'histoire du protestantisme français. Parmi son œuvre consacrée au Moyen Âge et au XIXe siècle : *L'Avènement d'Hugues Capet*, *Robert le Pieux, le roi de l'an mil, de l'histoire au mythe* et *François Guizot*, Grand Prix de la biographie historique de l'Académie française.

POCKET N° 15711

« Leur capacité à faire face dans l'adversité et à s'imposer, chacune à leur manière, est admirable. »

Le Figaro littéraire

Jean des CARS

LA SAGA DES REINES

Les douze souveraines dont Jean des Cars a choisi de raconter les vies sont autant de mythes qui enflamment les mémoires : citons par exemple : Catherine de Médicis, Elizabeth Ire d'Angleterre, Sissi, Catherine II de Russie, Marie-Antoinette…

Reines en titre, épouses ou régentes, elles ont marqué leur époque, forgé des ententes, ourdi des complots, déclenché des guerres, travaillé à la paix, rayonné par leur intelligence ou leur charme. Sans elles, notre histoire eût été différente et, osons le prétendre, moins passionnante.

POCKET N° 15686

« Aussi documenté que passionnant. »

François-Guillaume Lorrain
Le Point

Jean-Christophe BUISSON

ASSASSINÉ(E)S

L'Histoire est tragique et accouche toujours dans la violence, comme le dit Marx. La preuve dans cet ouvrage d'investigation historique qui raconte – de l'Antiquité à nos jours – l'histoire méconnue, déformée ou oubliée d'assassinats majeurs, tant par les personnalités frappées que par les conséquences engendrées.

Embrassant les siècles et les continents, Jean-Christophe Buisson surprend et passionne avec ces récits qui sont autant de thrillers mettant en scène complots, meurtres, attentats et coups d'État.

LE FIGARO HISTOIRE
bimestriel
14, boulevard Haussmann
75009 Paris

Imprimé en France par

MAURY IMPRIMEUR
à Malesherbes (Loiret)
en avril 2016

POCKET – 12, avenue d'Italie – 75627 Paris Cedex 13

N° d'impression : 208036
Dépôt légal : avril 2015
Suite du premier tirage : avril 2016
S25334/02